拿破仑传

（Alain Frérejean）

至死方休

NAPOLÉON
FACE À LA MORT

[法] 阿兰·弗雷勒让 著
张驭茜 戴雅楠 译

中国出版集团
东方出版中心

图书在版编目(CIP)数据

拿破仑传：至死方休 /（法）阿兰·弗雷勒让著；张驭茜, 戴雅楠译. -- 上海：东方出版中心, 2024. 9.
ISBN 978-7-5473-2474-5

Ⅰ. K835.655.2
中国国家版本馆 CIP 数据核字第 2024K1U914 号

上海市版权局著作权合同登记：图字：09-2024-0636号

NAPOLÉON FACE À LA MORT
by Alain Frérejean
Copyright ⓒ2021 by Editions de l'Archipel
Copyright licensed by Editions de l'Archipel
arranged with Andrew Nurnberg Associates International Limited

拿破仑传：至死方休

著　　者	[法] 阿兰·弗雷勒让
译　　者	张驭茜　戴雅楠
策划编辑	潘灵剑
责任编辑	赵　明
助理编辑	沈辰成
封面设计	钟　颖

出 版 人　陈义望
出版发行　东方出版中心
地　　址　上海市仙霞路 345 号
邮政编码　200336
电　　话　021-62417400
印 刷 者　上海盛通时代印刷有限公司

开　　本　890mm×1240mm　1/32
印　　张　8.75
字　　数　170 千字
版　　次　2025 年 1 月第 1 版
印　　次　2025 年 1 月第 1 次印刷
定　　价　55.00 元

版权所有　侵权必究
如图书有印装质量问题，请寄回本社出版部调换或拨打021-62597596联系。

目 录

前言 拿破仑——圣赫勒拿岛的无名战士　　V

一　无畏的骑士 ·· *001*

第一次决斗 ·· 001

在他的第二个驻地——欧索讷,年轻的拿破仑三次死里

　逃生 ·· 005

博尼法乔的悲剧 ······································ 009

早期的巨大挑战:帕奥利、卡尔托 ················ 013

土伦围城战 ·· 021

两次牢狱之灾,他沉着应对 ························ 028

葡月13日,毫不犹豫 ································ 031

在洛迪,认识自己的命运 ··························· 033

在雅法城,拥抱一位瘟疫患者 ····················· 034

二　毫无悔意 ·· *037*

与死神的初次接触 ··································· 037

父亲离世 ·· 041

拉纳离世 ·· 042

I

杜洛克离世	*045*
约瑟芬离世	*046*
友人离世	*049*
漠视他人的死亡	*049*
敌人的尸体都散发芬芳	*054*
西班牙战争或拒绝谈判	*058*
拒绝谈判	*067*
开罗屠杀	*071*
对不公正心怀怨恨	*080*

三 与死神捉迷藏 ⋯⋯ **082**

意大利战役和埃及战役	*082*
1803 年，布洛涅军营	*088*
三次刺杀未遂	*091*
德国战役和俄国战役期间	*102*
1814 年，法国战役期间	*106*
百日王朝时期	*109*

四 自杀 ⋯⋯ **113**

最早的念头	*113*
自杀未遂	*128*
对自杀的新思考	*133*
不再自杀问题	*137*

五　守护天使 ········· **141**

让-巴蒂斯特·米龙 ········· *141*

皮埃尔·多梅尼 ········· *142*

吕西安·波拿巴 ········· *145*

约瑟夫·波拿巴、维克多·贝松、弗朗索瓦·波内 ········· *149*

六　面具 ········· **155**

亚历山大大帝 ········· *155*

华盛顿，自由的捍卫者 ········· *157*

恺撒大帝 ········· *159*

拿破仑大帝 ········· *160*

车夫 ········· *161*

旧制度的统治者 ········· *166*

七　他是基督徒吗？ ········· **170**

上帝存在 ········· *171*

不过，是人发明了宗教 ········· *183*

选择哪个宗教？ ········· *186*

重新开放教堂 ········· *192*

古怪的加冕礼 ········· *196*

最后的审判还是后人的评判？ ········· *203*

八 圣赫勒拿岛，慢慢逝去 …… **206**

    监狱看守 …… 206

    身边人和离别 …… 211

    没有机会逃脱 …… 217

    放弃 …… 219

    遗嘱 …… 228

    最后时刻 …… 232

    他被下毒了吗？ …… 233

九 身后事 …… **236**

    收到他去世的真实消息 …… 238

    遗体回归故土 …… 242

    拿破仑三世让他重生 …… 247

    保存其遗产 …… 250

参考文献 …… **257**

致谢 …… **265**

前　言
拿破仑——圣赫勒拿岛的无名战士

　　1821年5月4日至5日夜里，一场可怕的暴风雨席卷了圣赫勒拿岛，把囚禁拿破仑的朗伍德别墅（Longwood）花园里的几棵树连根拔起。第二天，这位伟人神志不清，说出了最后一句话："首领！……军队！"并咽下了最后一口气。

　　下午晚些时候，拿破仑最亲密的两位伙伴，贝特朗将军①和蒙托隆将军（Charles-Tristan de Montholon，1783—1853），通知了英国总督哈德森·洛爵士（Hudson Lowe，1769—1844），并向他转达了死者的遗愿之一："将他的遗体安葬于塞纳河畔，长眠在他深爱的法国人民中间。"

　　总督的回复却是无情的，他说："英国坚持拥有将军的遗体（原文如此），无论出于人性还是其他考虑，都不能让英国移交遗体。"

　　贝特朗又给总督传去了他早前在拿破仑那里获得的口信："尽管非我本意，但如果英国政府有命令让我的遗体葬在岛上，请把我埋在柳树荫下，那是我在赫特门（Hutt's Gate）②见你时的休憩之处，就在

---

　　① 1813年，贝特朗伯爵将军先后接替杜洛克（Duroc）和科兰古（Caulaincourt），担任皇宫大元帅。在这个职位上，他负责所有皇宫的安全和维护，掌管2 700名警卫、门卫、士兵、侍者、消防员和园丁。

　　② 不同于拿破仑的其他亲属，贝特朗将军和妻子、孩子并不住在朗伍德，而是住在两公里之外的"赫特门"住宅。

每天人们为我取水的山泉旁。"

哈德森·洛去了那里：那个地方在塞恩山谷（Sayne Valley），有泉水流过，位于山谷的空地，距离朗伍德两公里；它的主人是商人理查德·托贝特（Richard Torbett），理查德在那里种了柳树和一棵大天竺葵，所以拿破仑叫它"天竺葵谷"。征得托贝特[①]的同意之后，总督指示当地殡仪馆负责人安德鲁·达林（Andrew Darling），挖了一个两米长、一米宽的墓穴，穴底铺上一层铅板，等棺材放进墓穴后，再用石板覆盖穴口。

剩下的就是在墓碑上刻铭文。贝特朗和蒙托隆两位将军提议刻上"拿破仑皇帝"。总督哈德森·洛当然不会同意。他要求只刻下"波拿巴将军"，甚或只刻"波拿巴"。双方协商无果后，墓碑一片空白，什么也没刻，仿佛墓里躺着的是一个无名士兵。拉马丁（Alphonse de Lamartine，1790—1869）为此长叹："长眠于此！……没有名字！询问大地吧！"

5月6日晚，遵照皇帝生前的要求，拿破仑在科西嘉岛的专属医生安托马奇（Antommarchi）对皇帝进行了尸检。4月15日前后，拿破仑对安托马奇说："只有对我进行尸检，你才能知晓我苦痛的原因。我死后，请剖开我的身体……取出我的心脏，放在酒精里，把它带到

[①] 虽然哈德森·洛用栅栏围住了皇帝的坟墓，托贝特夫人作为这个地方的主人，还是在天竺葵谷中建了一个小咖啡馆，在那里她为为数不多的拜谒者提供点心。1840年，她对骨灰的转移感到非常不满，因为这导致她的小生意被迫停止。

前　言
拿破仑——圣赫勒拿岛的无名战士

帕尔马（Parme），交给我的爱妻玛丽-露易丝（Marie-Louise，1791—1847）。你要告诉她，我温柔地爱着她，对她的爱从未停止。请你特别仔细地检查我的胃，并把它交给我的儿子。请你不要忘记这次检查的任何细节。"[①]拿破仑担心自己会像他的父亲一样患上了胃癌，急于让人查验，如有必要，就告诉他的儿子年幼的罗马王，从而让他想办法预防，毕竟谁也不知道未来会发生什么。

尸检结束后，一位英国医生将心脏和胃分别放在银碗和银壶里，注入酒精用以保存，随后，安托马奇缝合了胸部和腹部，把遗体交给皇帝的男仆，男仆为遗体净身，并为他穿戴上白色克什米尔短裤、白色背心、红色贴边绿色制服（皇家近卫猎骑兵团的上校制服）、领带、荣誉军团大绶带、长靴和他那顶著名的双角帽。

然后，遗体被带回皇帝的房间，人们把房间布置成了灵堂，铺满了黑色呢绒布，点燃着蜡烛。遗体安放在床上，左边是他的佩剑，胸前是一个带耶稣像的十字架。整整两天，部分岛民进行游行，来到这位伟人身前默哀。几名英国军官甚至请求亲吻皇帝那野战大衣的一角，而这大衣已被扔在他们身旁。

5月8日，几名工人（这里是华工）带来了三具棺材。在第一具白铁棺中铺着白缎的床垫，还有一个枕头，皇帝的遗体和装有他的心脏和胃的容器都被放置在其中。它被盖上、焊接密封，再装进第二具用橡木制成的棺材，之后，同样的，又被装进一具铅制棺材。

[①]　文森特·克罗宁（Vincent Cronin）：《拿破仑》，阿尔班·米歇尔出版社，1979年，第483页。

5月9日，皇帝二十多位随从——蒙托隆将军、贝特朗将军、皇帝的妻子和孩子、安托马奇医生、维格纳利神父(Vignali)、随军牧师、贴身男仆马尔尚(Marchand)和圣德尼(Saint-Denis)及其他侍从——见证了英国人的造访。必不可少的哈德森·洛、其海军准将和参谋部人员，却还有数千居民及士兵，甚至还有去开普敦中途停留的旅行者。这可是不容错过的大事：世界伟人的葬礼！

维格纳利神父主持追思弥撒，未致悼词，之后由十二名掷弹兵(无疑是英军)抬起三具逐一嵌套的灵柩，把它们抬到主过道上，最后抬上灵车。灵车很简朴，是皇帝在被囚禁的前两年里用来散步的马车；车厢和车夫座位都被卸掉了，装上了一个框架，上面挂着黑色的窗帘。灵柩就安放在这个框架上，上面盖着一块紫色的天鹅绒布，绒布上放着他的剑和他在马伦哥战役(Battle of Marengo, 1800年6月14日)中穿过的斗篷。

四公里外的詹姆斯敦(Jamestown)教堂的钟声响起，送葬队伍在十二名掷弹兵的护送下出发了。走在最前面的是身着祭服的维格纳利神父，身旁是托着圣水缸和圣水刷的贝特朗将军的长子，还有安托马奇和英国医生阿诺特(Arnott)。他们的身后跟着驷马灵车，驱车的是皇帝的马夫(当时被称为驷马师)。紧随其后的是皇帝的第一贴身侍从马尔尚和贝特朗将军的幼子，他们步行跟随；蒙托隆将军则骑着马。接下来是贝特朗将军的妻女，她们坐在一辆双马马车里，马由仆人牵着跟随队伍。后面跟着一匹灰色的马，这是皇帝最后骑的马，由他的马夫"阿尔尚博(Archambault)"牵着。他们的身后是英国人、官员、同情者和好奇者。

这条道路狭窄而崎岖,两旁是由一千多名英国步兵、龙骑兵、掷弹兵、水兵、炮兵依次列队排成的人墙。他们拿着枪,枪管朝地;送葬队伍走过后,他们就原地解散,或者更确切地说,解散队列,然后紧跟送葬队伍。乐师们每隔一段时间演奏一首哀乐,然而乐队的声音被停靠在詹姆斯敦港(岛上唯一的港口)的旗舰所发出的一声声炮响淹没了。

半路上,道路变得无法通行,灵车停了下来。大家也停下脚步。十二名掷弹兵把沉重的灵柩扛在肩上;每隔一段时间,战友们就来轮换。贝特朗、蒙托隆、马尔尚和贝特朗的长子分别拉住棺罩的四角。

终于到达了天竺葵谷。士兵们卸下了肩膀上沉重却珍贵的负担。人们看到了灵柩。一支步兵分队举枪致敬。然后,维格纳利神父为坟墓祈福,诵读最后的祈祷词。哈德森·洛询问贝特朗是否想说几句话,然而贝特朗太过悲痛,无法回答。[1]

士兵们用绳索将三层灵柩放入墓穴。就在这时,人们听到旗舰打了十一发炮弹,这似乎是军队将军葬礼上的惯例。[2] 这是英国人在向拿破仑致以最后的敬意。然而,在英国军队整个职业生涯中,皇帝一直是他们的死敌。

仪式一结束,人群(英国人)就涌向了那些受拿破仑喜爱的并被

---

[1] 文森特·克罗宁:《拿破仑》,阿尔班·米歇尔出版社,1979年,第488页。
[2] 罗斯伯里勋爵(Lord Rosebery):《拿破仑:最后的阶段》,阿歇特出版社,1901年,第272页。

他打算用来遮蔽自己最后的安息之所的柳树。数以百计的英国人希望折下树枝作为这一感人时刻的留念。看来他们并不赞成总督对这名囚犯的所作所为。面对这一突发事件,哈德森·洛怒不可遏,却又不敢制止他们。

次日,安德鲁·达林返回墓地,将三层灵柩放进第四具棺材里,第四具棺材要漂亮得多,是他刚从一张桃花心木桌子上锯下来的,这张桌子原本是一位英国女士送给一位女性岛民的礼物,然后这位岛民又把桌子转赠给了他。墓穴再次封闭,人们用一块大石头压在墓上,并用几根铁条加固。这样就不会有人来偷盗尸体了。为了更安全,掷弹兵被派去守卫坟墓。看来,即便死后,拿破仑仍然令人生畏。[①]

夏多布里昂(Francois-August-René Vicomte de Chateaubriand, 1768—1848)写道:"1821年5月4日,一场暴风雨来了,就像克伦威尔(Oliver Cromwell, 1599—1658)去世的那天一样。波拿巴喜欢在下面乘凉的柳树被连根拔起,朗伍德几乎所有的树木也被连根拔起。5日,晚上5点45分,在狂风、大雨以及拍打小岛、似乎要把它卷走的汹涌海浪声中,波拿巴把他的灵魂交给了上帝……一块巨石落在他的骨灰上。一声声炮响,一刻不停地从旗舰上传来。波拿巴听到了滑铁卢的最后一声炮响,却没有听到英格兰向他的坟墓鸣枪的声音。"[②]

1840年,皇帝的灵柩被开棺三分钟,这发生在灵柩被转移到巴黎

[①] 阿道夫·华德(Adolphe Huard):《圣赫勒拿烈士:拿破仑被俘史》,罗马出版社,1865年,第304页。

[②] 夏多布里昂(Chateaubriand):《墓畔回忆录》,未发表的片段,由亨利·居耶曼引用于《墓畔回忆录》,伽利玛出版社,1964年。

荣军院之前。在这三分钟里,所有的见证人都确定他们完全辨认出了灵柩中的人是拿破仑。他的遗体虽然没有经过防腐处理,却保存完好。可是他们也惊讶地注意到,有四具棺材嵌套在一起,但遗嘱执行人之一——马尔尚于1821年撰写的记录中只提到三具。事实上,他在入殓的时候就开始下笔书写这些记录了,并没有等到最后一具桃花心木棺材送到。此外,令人惊奇的是,皇帝的双角帽没有置于逝者遗体的头部,而是在他的脚上。

基于这两点,两位历史学家乔治·雷夫(Georges Rétif)和布鲁诺·罗伊-亨利(Bruno Roy-Henry)认为,目前在荣军院的遗体不是这位伟大的皇帝,而是他的管家兼知己奇普里亚尼(Cipriani),他比皇帝早去世三年,被葬在圣赫勒拿岛的另一处。据他们所知,奉英国国王乔治四世(George IV, 1762—1830)之命,哈德森·洛在1828年回到岛上后,秘密地将奇普里亚尼的遗体转移到天竺葵谷,以代替皇帝的遗体,并将后者带回了伦敦,放在安全的地方——威斯敏斯特大教堂的一块石板下,但学者们没有说明是哪一块。

这个传说的产生完全是因为马尔尚匆忙起草记录。至于帽子从皇帝的头上滑落到脚上,只是灵车在从朗伍德去天竺葵谷路途颠簸所致。

一　无畏的骑士

9岁到15岁,年少的拿破仑·布宛纳巴(Napoleone Buonaparte)[①]一直住在香槟区的布里埃纳堡(Brienne),就读于一所预科学校[②],该校旨在锻造投身军旅的贵族子弟的性格。在学校,同学们嘲笑他的"科西嘉口音",还给他起了个绰号叫作"鼻子上的稻草"[③]。六年间,拿破仑没有休假过一次,更不用说回科西嘉岛探亲了。其实,学生有长达六周的暑假,然而只有家境最富裕的才能回家,可拿破仑不在其列。

第一次决斗

少年拿破仑不仅在数学方面有惊人天赋,还很早就表现出对历史和古代文献的热爱,他如饥似渴地阅读着索福克勒斯(Sophocles,

---

① 拿破仑原名为拿破仑·布宛纳巴(Napoleone Buonaparte),直到1796年才改名为拿破仑·波拿巴(Napoléon Bonaparte)。
② 即布里埃纳军校。
③ La paille au nez 直译为"鼻子上的稻草",其发音同 Napoleone 的发音相近。

前496—前406)、塔西佗(Tacitus,56—120)的文字,尤其是普卢塔克(Plutarch,46—119)笔下的故事。他梦想成为老加图(Marcus Porius Cato,前234—前149)或斯巴达人那样的英雄,无法忍受同学说他是欢乐夫人和副官的儿子。因此,1783年,当14岁的拿破仑面对同学普金·德·伊塞尔特(Pougin des Islets)的玩笑话,"你父亲只是个可悲的中士"时,他忍无可忍。拿破仑认为自己的家族荣誉已岌岌可危,于是向普金发起了决斗。幸运的是,学监截获了他的挑战书和准备决斗的消息,并在他行动之前把他关进了禁闭室①。

从布里埃纳军校毕业后,拿破仑以贵族学员的身份,在巴黎的军校学习了一年。在两位杰出的老师——拉普拉斯(Laplace)和勒帕特·达盖特(Lepaute Dagelet)的帮助下,拿破仑的数学知识得到了丰富。勒帕特·达盖特每晚都会在学校屋顶的天文台上花几个小时观察行星并计算日食,还为学生讲述自己和凯尔盖伦(Kerguelen)在法国南部探索海洋的故事,这不仅为拿破仑启蒙了天文学,还激发了同学们的热情。

正是在1784年年底,地理学爱好者法国国王路易十六(Louis XVI,1754—1793)委托拉佩鲁斯(Jean-François de Galanp, comte de La Pérouse,1741—1788)进行科学考察,探索太平洋北部和南部、远东和澳大利亚海岸,旨在完成库克(James Cook,1728—1779)的

---

① 在马尔伯夫伯爵(le comte de Marbeuf)的斡旋下,拿破仑被释放。

发现。探险队将由两艘舰船构成，即罗盘号（Boussole）和星盘号（Astrolabe），计划搭载一百多名水手、填缝工、船工、木匠和士兵，除此之外还有二十几名地理学家、钟表匠、外科医生、自然学家、植物学家、气象学家、矿物学家、制图员、物理学家，甚至还有两名天文学家。

与许多老师，甚至同学一样，拿破仑对这个计划非常感兴趣，并提交了参加探险的申请。他擅长数学，觉得自己可以用最近由博尔达（Jean-Charles de Borda，1733—1799）、贝尔图（Ferdinand Berthoud，1727—1807）和勒帕特改进的工具来计算经度。

这并不寻常：六年来，波拿巴没有享受半点假期，现在自愿参加一次冒险活动。而这次冒险意味着在未来三年，或更长的时间里，他将无法享受与家人在心爱的科西嘉岛团聚的快乐！

负责招募探险队员的布列斯特海军司令赫克托伯爵（Charles-Hector, count d'Estaing，1729—1794），考虑到这些人将在舰船上朝夕相处几年，希望尽量减少可能发生争吵的风险。然而，拿破仑不仅年轻，还被认为性格易怒、报复心强、专横固执。在击剑课课间休息期间，当同学们在军械室里取笑他"科西嘉人，鼻子上的稻草"时，有时他会拿起佩剑，在阵阵哄笑中，独自对抗所有人。众所周知，他一直在和一个叫菲利波（Phélippeaux）的人争斗，即使上课时，他们也会在桌子下用穿着军靴的脚踢对方。坐在他们两个人中间的中士长佩卡杜克（Peccaduc），也挨过几脚。

此外，赫克托伯爵更倾向于招募身体强壮、性格坚毅的布列塔尼人，而军校中只有两位老师——勒帕特·达盖特和路易·蒙日①（Louis Monge），以及一名天文学尖子生——达尔博（Darbaud）被选中。

波拿巴最好的朋友亚历山大·德·马齐（Alexandre des Mazis）证实了这一点："1784年，德·拉佩鲁斯先生的航行成了大家讨论的话题。达盖特和蒙日申请并成功成为随行天文学家。学员们渴望和老师一起出海。拿破仑也想投入这个美好事业之中，然而只有达尔博得到优先考虑。舰队无法录用更多学员。达尔博与达盖特、蒙日一起出发。"

1785年8月1日，拉佩鲁斯领导舰队离开布列斯特，绕过合恩角，经过智利海岸、复活节岛、夏威夷、阿拉斯加，然后继续向南，沿着不列颠哥伦比亚省海岸航行，停靠旧金山。之后，他横渡太平洋，在澳门出售在阿拉斯加买的毛皮，并与全体船员分享收益。然后他又去了朝鲜、库页岛、日本、堪察加半岛，之后再次向南方进发，先后在萨摩亚和澳大利亚停留，并可能于1788年5月在所罗门群岛的一个小岛瓦尼科罗附近遭遇海难后殒命。

如果当初拿破仑成功被录取，他是否会像路易·蒙日一样，被晕船击垮，半路折回马德拉，康复后被送回国？还是会像巴泰勒米·德·莱塞普斯（Barthélemy de Lesseps）②那样，成功地从堪察加半岛

---

① 路易·蒙日，加斯帕尔·蒙日（Gaspard Monge）的兄弟，拿破仑的物理学家朋友，埃及远征的组织者之一。

② 费迪南德·德·莱塞普斯（Ferdinand de Lesseps）的祖父，苏伊士运河的建造者。

一
无畏的骑士

返回凡尔赛,带回一箱箱无价的文件和图纸?更大的可能是像拉佩鲁斯、勒帕特·达盖特、达尔博和他们所有的同伴一样,在太平洋某个偏僻的岛屿附近殒命。这比流放到圣赫勒拿岛更戏剧化。

拿破仑为没能参加这趟海上冒险而惦念了很久,因为后来在1800年,在成为第一执政后,当年轻却有魄力的水手尼古拉斯·博丹(Nicolas Baudin,1754—1803)请求他资助新的南部海域发现之旅时,拿破仑立即交给博丹两艘船、两名船员和一份预算。

这六年间,拿破仑沉迷于数学,11个月内就学到了其他同学两到四年内才能学到的知识。1785年9月28日,16岁的拿破仑被授予少尉军衔,即一个炮兵团的少尉军官。

10月28日,拿破仑离开巴黎前往瓦朗斯(Valence)驻地,之后是欧索讷(Auxonne)。继学习古代史和数学之后,他在那里学习新技能:建造战壕、布设炮台和优化炮击。

在他的第二个驻地——欧索讷,年轻的拿破仑三次死里逃生

1789年,拿破仑从溺水中死里逃生,时年20岁。"在索恩河(la Saône)游泳时,拿破仑抽筋了,并失去了知觉。他感受到自己生命的流逝,听到战友们激动地跑到岸边,大喊着:他失去意识了!快开船把他捞上来!最后,他沉入河底。万幸,他的胸口撞到了沙滩,头浮

出水面，恢复了知觉，于是他顺着水流回到了岸边。从水里出来后，他剧烈地呕吐，之后穿上衣服，回了家。"①

次年，他参与了两起决斗事件。为了获得漂亮姑娘马内斯卡·皮莱(Manesca Pillet)的芳心，拿破仑在天鹅城(Cygne)城墙上与对手丹尼斯·格罗西(Denis Grosey)进行了一场剑斗，并受了轻伤。第二次决斗的起因是与战友贝利·德·布西(Belly de Bussy)中尉的争吵。布西中尉的房间就在拿破仑楼上，常在房间用号角吹奏难听的曲调，这不但打扰了拿破仑的生活，也干扰了他的工作。

上下楼时，拿破仑遇到中尉：

"兄弟，你肯定厌倦了那该死的乐器吧。"

"当然没有了，一点都不讨厌。"

"好吧，你让别人讨厌。"

"这话真让人生气。"

"但你最好把号角扔了。"

"我的房间，我说了算。"

"我们可以让你不这么觉得。"

"我可不觉得有谁敢这么做。"

于是，双方约定了决斗日期。然而，就在前一年，拿破仑联合所在军团的中尉和少尉成立了友谊会——卡洛特会(la Calotte)，并充当立规矩的人，他自己起草了规则，规定必须将纠纷或不当行为的当

---

① 拉斯卡斯伯爵：《圣赫勒拿回忆录》，伽利玛出版社，昴星图书馆第一卷，1956年，第643页；亚瑟·丘凯：《青年拿破仑》，阿尔芒·科林出版社，1898年，第357页。

事人交由三位最年长者——无可挑剔的人进行调停或训斥。三位评判者就此事件给出的决议是：今后布西可以继续吹响他的号角，拿破仑要更沉得住气。①

机缘巧合的是很久之后，即 1814 年 3 月 6 日，拿破仑在埃纳（Aisne）河畔的克劳内战役（Battle of Craonne）中又遇到了布西。那天，为了了解敌人阵地和周围地形，皇帝派两名副官去寻找附近的博里厄村（Beaurieux）村长。村长被叫醒，并带到了皇帝面前。拿破仑认出了他：这是布西。布西曾在大革命期间移居国外，后来又回到了家乡，并在那里独自生活。勒诺特尔（Lenotre）讲道：

"嗯！布西，"拿破仑说，"你还吹号吗？"

"是的，陛下，还和以前一样跑调。"

法兰西之役后，布西一直追随皇帝，因为买不到制服，他总身着狩猎服。士兵们称他为"皇帝的便衣②"。

1786 年 9 月，波拿巴第一次回到科西嘉岛，在靠近大海和阿雅克肖城堡的小巷子——马勒巴街（Malerba），找到了自己的家，那栋带百叶窗的三层大房子，即波拿巴住宅（la Casa Buonaparte）。直到 1793 年 5 月离开科西嘉，他将在那里度过生命中四分之三的时光。

---

① 弗朗索瓦·德·科斯顿（François de Coston）：《拿破仑·波拿巴早年传记》，阿歇特出版社，2020 年，第 124 页。
② G.勒诺特尔（G. Lenotre）：《追随拿破仑》，格拉塞出版社，1935 年，第 17 页。

1792年4月，就在立法议会使法国卷入一场持续十年的战争①之时，年轻的拿破仑把时间浪费在了地方冲突上，并结下了两个永远的敌人，即立法议会中来自科西嘉的两位代表：波佐·迪·博尔戈(Charles-André, Comte Pozzo di Borgo, 1768—1842)和马吕斯·佩拉尔迪(Marius Peraldi, 1752—1799)。拿破仑当选阿雅克肖国民自卫军某营的中校，与佩拉尔迪对立，并认为自己受到了佩拉尔迪的侮辱，于是向他发起决斗。又是一场决斗！然而，他在阿雅克肖的希腊人小教堂(la chapelle des Grecs)前白等了一整天。

　　"4月8日，一些神父在阿雅克肖的圣弗朗索瓦(Saint-François)修道院的小教堂举行了一场弥撒，他们都已拒绝向《教士公民组织法》(Constitution civile du clergé)宣誓，并在此宣布于次日进行游行。"

　　——"他们宣告分裂！"波拿巴大喊道，"这群人已经准备好做各种疯狂的事了！"

　　晚上，在大教堂前的另一场争吵后，有人朝他和他周围的军官们开枪。罗卡-塞拉(Rocca-Serra)中尉中弹身亡。很快，四面八方响起了喊声："拿起铁锹！挂上肩章！"

　　这是科西嘉叛军在追捕国民自卫军。

　　4月8日至13日，拿破仑不仅与僧侣的信徒交火，还与城堡的守军交锋，之后他写了篇回忆录为自己辩解："阿雅克肖的人民都吃人，

---

　　① 这里指1792—1802年法国大革命战争，也就是新建立的法兰西共和国和反法同盟之间的一系列战争。——译者注

他们虐待、谋杀志愿军……我发誓,我拯救了共和国。"①

博尼法乔的悲剧

1792年5月,拿破仑意识到在科西嘉国民自卫军任职是浪费时间,于是回到了法国本土,恢复了在共和国军队中的军衔。然而,九个月后,军队又把他送回了科西嘉,或者说送回了撒丁岛(Sardaigne)。

1792年9月,法国确实袭击了皮埃蒙特—撒丁王国的国王——"旱獭之王",并在10天内几乎不费吹灰之力就攻占了萨伏伊(Savoie)和尼斯(Nice)。被胜利鼓舞的共和国为自己制定了新的目标:撒丁岛。共和国主力集中在撒丁岛南部的卡利亚里(Cagliari),并计划在那里登陆6 000人。然而,与此同时,还计划在北方的马达莱纳岛(Maddalena)展开一次声东击西的攻击,该岛距离博尼法乔10公里,那里有600名科西嘉志愿军、150名普罗旺斯人和一个由拿破仑指挥的炮兵营。

于是,拿破仑于1793年1月调任到博尼法乔的军队中,并在那里待了一个多月,负责登陆的准备工作。据说在此期间,他有过一段恋情。有人影射他的情人是博尼法乔驻军贝特朗上尉的妻子玛丽-

---

① 马克斯·加洛(Max Gallo):《拿破仑》,第一卷:离开之歌,罗伯特·拉方特出版社,1997年;口袋传媒出版社,1998年,第162页。

卢克雷斯·塞拉尼（Marie-Lucrèce Celani）。还有人说是艾玛·波吉奥利（Emma Poggioli），拿破仑送过她一条红珊瑚项链，这条项链被她的家人珍藏，他们还说，这段纯美恋情致使拿破仑在一次决斗中被对手——宪兵队军官乌戈·佩雷蒂（Ugo Peretti）打成轻伤。

然而无论如何，波拿巴在博尼法乔期间差点被暗杀。1月22日，在该市的小巷里，他偶遇一群醉酒的马赛水手，他们边走边唱着《卡马尼奥拉歌》（la Carmagnole）①。而四天前，这几个水手或其他水手在阿雅克肖谋杀了科西嘉志愿军的一名军士长，并将其碎尸。遇到这些水手时，拿破仑已经知晓这起事件，他似乎表现得很高傲。水手中的三人把他当成了贵族，并向他冲去。他们把拿破仑逼到一个门廊下，准备把他吊死在路灯上。幸运的是，一位来自巴斯泰利卡（Bastelica）的科西嘉人布里尼奥利（Brignoli）中士出现了，他挥舞着匕首，杀死了其中一名行凶者。其他赶来救援的科西嘉人将水手们赶回了港口。安托万·康斯坦丁尼（Antoine Constantini）讲述道：

> 一位名叫波拿巴的年轻中尉，也乘坐"刺莺号"（Fauvette）抵达博尼法乔，他和他的朋友奥托利（Ortoli）上尉一起在城里闲逛。二人走过圣多米尼克街（la rue Saint-Dominique），因为它从军营通往上城中心。他们在街市上瞥了一眼饮酒场所的内部。

---

① 诞生于1792年的法国革命歌曲，作词、作曲均不详。这首歌在大革命时期广为流传，常有男女"无套裤汉"边唱此曲，边跳卡马尼奥拉舞，成为当时极有特色的一种革命形式。——译者注

一
无畏的骑士

一些普罗旺斯士兵,至少是那些有点钱的士兵,在喝酒、喊叫、唱歌和吐痰。

这些士兵很不满,因为他们已经两个月没有领到工资了,可军官们却按时领到了工资。由于无法忍受这种不平等,士兵们把时间花在发泄愤怒上。当天,他们中的一些人在圣多米尼克街、多利亚街(Doria)和卡斯特拉托街(Castellato)的十字路口的芬达戈广场(place du Fundago)上唱着革命赞歌:

啊,都会好,都会好,都会好,

把贵族赶到路灯下![①]

有些人甚至拆了一家蔬菜店的货架。处于爆发边缘的局势即将变得更糟。来自"福特维号"和其他停泊在港口的船只的一些水手与科西嘉志愿军发生了冲突,其中就有福图纳图(Fortunatu)。起初是言语冲突,后来演变成羞辱和推搡,最终一场群殴不可避免。

拿破仑和奥托利就在那时突然出现。他们试图利用自己的军官身份,挥舞几下军刀,以平息局势。却徒劳无功。(……)突然,一群水手异常猛烈地攻击拿破仑,并羞辱他:

卑鄙的贵族!吊路灯!吊路灯!

叛乱分子变得愈发危险,他们逼近这位年轻军官,而他手里

[①] 出自一首革命老歌 Ah! ça ira。歌词中还有一句大意为"把贵族吊死在路灯上",这就是为什么上文中水手们误以为拿破仑是贵族,会想把他吊死在路灯上。——译者注

拿着剑，站在奥托利上厨旁边，阻挡着叛乱分子。一名水手绕过波拿巴，从背后抓住了他，用强壮的胳膊勒住波拿巴的脖子。就在这时，科西嘉志愿军营的布里尼奥利中士看到他的上级处在死亡的边缘，急忙拔出了短剑。毫不犹豫地在袭击者的后背刺了两下，然后将骇人的刀刃插入他的喉咙。水手当场倒下，呻吟着，紧紧捂住自己的脖子，鲜血从那里喷涌而出。他试图站起来，却无济于事，然后一动不动。他死了。

两名军官慢慢向多利亚街撤退。

福图纳图说："上校，快来，跟我走。"

波拿巴和奥托利跟着这位年轻士兵来到马尼切拉（Manichella）小广场，这是一种俯瞰大海的露台。在那里，市长安德里亚·波塔法克斯（Andrea Portafax）邀请他们去他的家中（……），并为他们提供了著名的圣阿曼扎（Sant'Amanza）葡萄酒和一些名为"ughi sicati"的吃食。①

拿破仑侥幸逃过一劫。他在想，如果他在法国加入军队，是否会处理得更好。

法国军队于2月20日完成马达莱纳岛登陆。但一场暴风雨使登陆的时间推迟了几天。尽管在港口遭到隐蔽船舰的炮击，拿破仑还是带着50人在圣斯特凡诺岛（San Stefano）上站稳了脚跟。在那

---

① 弗朗索瓦·卡诺尼奇（François Canonici）：《找到的孩子》，斯坦佩里亚出版社，2009年。

里,他用大炮精准射击,压制了掌控主岛拉马达莱纳港口的两个堡垒的炮台。卫戍部队的 500 名士兵与村民一起逃到了乡下。道路畅通无阻,可以强行登陆。

然而,就在这时,拿破仑及其炮兵队乘坐的轻型护卫舰船员们找到了抗命的方法:他的普罗旺斯水手要求立即返回法国。

看到船在起锚,炮兵们开始恐慌:万一撒丁岛的舰队出现,他们可能毫无招架之力。

拿破仑怀着沉重的心情,把大炮搬到了岸上,并征用了几艘驳船。然而,没有吊钩,无法将大炮吊上船,只能决定钉炮①。今天,人们可以在马达莱纳岛的小博物馆里看到这些大炮。

第 2 天,他在博尼法乔附近的圣曼萨(Santa Manza)登陆,为自己遭到背叛以及被迫撤退感到愤怒。

早期的巨大挑战:帕奥利、卡尔托

拿破仑很快就在科西嘉遇到了一个比佩拉尔迪(Peraldi)更厉害的对手:帕斯卡尔·帕奥利(Pasquale Paoli, 1725—1807),科西嘉爱国主义的传奇英雄,拿破仑自己曾一度想成为他这样的楷模。1755 年,帕奥利宣布科西嘉岛独立,并在那里建立了延续了十三年的共和

---

① 用铁钉钉住大炮火门,使得大炮无法开炮。——译者注

国。在共和国战败及科西嘉岛最终被法国攻占之后，帕奥利和他的追随者逃亡到了英国。然而，1790年，在被法国制宪会议赦免后，帕奥利回到了法国，并受到了热烈欢迎。尽管彼时他已七十岁高龄，还是被任命为科西嘉省议会主席及科西嘉国民自卫军总司令。

然而，法国对帕奥利的礼遇随着路易十六的被处决和法国对英国的宣战，特别是征兵之后消失了。首先六名科西嘉代表中五人对处决国王投了反对票。其次，帕奥利认为自己欠了英国一笔荣誉债。他将年轻的科西嘉人从家园带到欧洲各地去对抗他们无力抗击的敌人。更糟的是，马拉（Jean-Paul Marat，1743—1793）在国民公会上对他大肆挞伐。1793年3月，拿破仑的弟弟，18岁的吕西安·波拿巴（Lucien Bonaparte，1775—1840）在土伦（Toulon）的雅各宾俱乐部大肆谴责他所谓的"帕奥利的背叛"，并要求革命法庭"将他的头颅交给正义之剑"。

拿破仑仍然是一个狂热的共和主义者。因此，三个月后，他在《博凯尔的晚餐》（Le Souper de Beaucaire）中，用各种语气重复说着："信心！信心！给革命成长的时间！孩子才刚刚来到人世，就质疑他在未来的活力，这合理吗？"此外，尽管他仍是老将军帕奥利——"帕奥利'长老'，科西嘉民族之父"的忠实崇拜者，但他不安地看到帕奥利的支持者和共和国的支持者之间的差距正在扩大。而且拿破仑从马达莱纳岛出征回来后，就试图在法国和科西嘉的矛盾恶化前平息冲突。他先赶赴帕奥利的家乡莫罗萨利亚（Morosaglia），在当地修道院与帕奥利见面。在那里，尽管环境宁静，会面却波涛汹涌。帕奥利激烈地谴责了法国的无政府状态,不久前,法国刚刚斩首了国王。随后,他向拿破仑吹嘘了英国的功绩,并提议用他的军事才能为英国和科西嘉联盟效力,这些话震动了年轻的拿破仑。

拿破仑感到惊骇,他发现帕奥利正认真考虑在英国的帮助下煽动科西嘉人民反对法兰西共和国:"什么!脱离法国!科西嘉永远属于法国。目前的无政府状态只是暂时的。秩序必将重生。法律将以本世纪的思想为榜样,而法国将威严地登上荣耀之巅。将军,您谈到了英国,那腐败的英国是自由人民的保护者吗?啊,荒谬至极。再者,英国女王暴虐地统治着不属于她的海洋和陆地,距离、语言、我们的性格难道不能阻止我们被并入英国吗?"①

拿破仑不想把这场争论公之于众,生怕事情变得更糟。在阿雅克肖(Ajaccio),他只是简单地贴上了这张海报:"所有科西嘉公民都想成为法国公民。在全体公民的集会上庄严宣誓来展现这一点将十分美好。"

但与此同时,在法国,他弟弟吕西安的过激言论引起了轩然大波。1793年4月2日,国民公会撤销了帕奥利的科西嘉省议会主席职务,并派三名议员去逮捕他。他们分别是德尔歇(Toseph Ecienne Delcher,1752—1812)、拉孔贝-圣米歇尔(Tean-Pierre Lacombe-Saint-Michel,1751—1812)以及萨利切蒂(Antoine-Christophe Saliceti,1757—1809),他是拿破仑的哥哥约瑟夫(Joseph Bonaparte,1768—

---

① 弗朗索瓦·德·科斯顿:《拿破仑·波拿马早年传记》,阿歇特出版社,2020年,第235页。

1844）的朋友。

为了平息局势，拿破仑还让人在阿雅克肖的城墙上张贴抗议书，抗议撤销帕奥利职务的法令，并起草了信件，要求制宪会议收回成命。然而，4月27日，局势恶化。正当拿破仑要去检查通往桑吉纳尔群岛（îles Sanguinaires）道路上的帕拉塔塔楼（la tour de Parata）时，被暗中告知必须折返，因为有人密谋袭击他。

得知国民公会委派的三名特派员抵达巴斯蒂亚（Bastia），拿破仑决定去见见他们。由于路上并不安全，他不愿单独前往，而是由他信任的人——圣托·博内利（Santo Bonelli），别名圣托·里奇（Santo Ricci）陪同。他们一起骑马去了巴斯蒂亚。不过，拿破仑还是尝试最后一次接近帕奥利，途径科尔特（Corte）时，他临时拜访了帕奥利。拿破仑来到他的房前，把马留在院子里，交给圣托·里奇看管。然后，在上楼时，他遇到了一个人，这个人告诉他，此时此刻，帕奥利正与反对共和思想的科西嘉重要人物召开会议。一名密谋者刚刚离开。

"是吗？"拿破仑问道。

对方视拿破仑为盟友，回答道：

"事已至此，我们将在英国的支持下，脱离法国。"

"这是背叛，是耻辱！"拿破仑义愤填膺地向他喊道。

几名男子被争吵的声音惊扰，走到楼梯平台上一探究竟。凑巧的是，他们是波拿巴家族的远亲。他们意识到远亲的儿子将有危险，让他迅速下楼、跳上马，火速逃跑。

一
无畏的骑士

拿破仑和圣托·里奇一起向阿雅克肖全速逃亡。他们在博科尼亚诺(Bocognano)分道扬镳，分开过夜，圣托·里奇就住在那里，两人约定第二天早上一起离开。拿破仑则去寻找善良、正直的共和党人费利克斯·图索利(Felix Tusoli)，请求借宿，费利克斯·图索利住在一个偏僻的村庄里。

然而，帕奥利得知拿破仑曾到访及其发表恶毒的言论后，便立即派拥护者去追捕拿破仑。其中一个叫莫雷利(Morelli)的人怀疑他可能在图索利家中，急忙冲到图索利家，扑向拿破仑，想要杀了他。幸运的是，莫雷利的妻子跟着他一起到了图索利家，而她是图索利的亲戚。她扑倒在丈夫脚下，乞求饶拿破仑一命。莫雷利的战友霍诺拉托(Honorato)见他犹豫不决，便举枪对准拿破仑的头，大声喊道：

"去死吧，叛徒！"就在那时，费利克斯·图索利带着两个武装人员再次现身。见到面前的危险场面，图索利意识到威胁他客人的不是别人，正是自己的姐夫。于是，他用枪指着霍诺拉托，喊道："霍诺拉托！霍诺拉托！这是我们之间的事。"霍诺拉托惊讶不已，犹豫着要不要向拿破仑开枪。

场面一度混乱，对手或打斗或解释，圣托·里奇趁乱抓住拿破仑的胳膊，把他拽出屋子，两人一起躲进丛林。①

次日，他们两人都在乌奇亚尼(Ucciani)过夜，在共和国支持者波吉奥利(Poggioli)家中落脚。5月6日，他们抵达阿雅克肖，发现该城

---

① 选自居伊·德·莫泊桑，"不为人知的故事"，《高卢人》，1880年10月27日。

已经落入科西嘉分裂分子手中。拿破仑认为回到"波拿巴宅"很危险，于是派使者去告知让·热罗姆·列维（Jean Jérôme Levie）——拿破仑家族的朋友、阿雅克肖前市长，请求在他家留宿。夜幕一降临，拿破仑就偷偷溜进他家。然而，他只在那里待了三个晚上，因为5月8日，宪兵来搜查房子，而他没有时间逃跑只能躲进柜子。

列维询问宪兵队长：

"你们来这儿做什么？"

——"我们在找拿破仑·波拿巴，有人说他可能在您这里。"

列维的表情非常尴尬：他还没来得及把客厅里的床垫搬走，这张不该出现的床垫引起了警察的注意。但是，列维依旧坚称自己诚实且善良，并自称来搜查他这个前市长的家是对他的冒犯。此时情况危急。宪兵们离开后不久，拿破仑就乘船离开了阿雅克肖，在水手伊拉里奥·费利奇（Ilario Felici）家避难。

经过二十四小时的海上航行，在水手的帮助下，拿破仑成功抵达圣弗洛朗（Saint-Florent），并在那里找到了萨利切蒂和拉孔贝-圣米歇尔，说服他们试着一起夺回阿雅克肖。他们三人带着400人和一些大炮登上了三艘船。拿破仑乘坐"新信徒号"（Prosélyte），这是一艘速度相当快的小型三桅船，而萨利切蒂和拉孔贝-圣米歇尔则分别乘坐轻型护卫舰"鼬鼠号"（Belette）以及双桅船"机遇号"（Hasard）。不幸的是，一场猛烈的暴风雨使他们无法进入阿雅克肖湾。

与此同时，除了巴斯蒂亚、圣弗洛朗和卡尔维（Calvi）这三座最后的共和堡垒，整个科西嘉岛都回荡着"帕奥利万岁！"和"敌人去死吧!"的呼声。伴随着这集结的呼声,12 000名农民从山区赶来。

5月24日至25日晚,表弟保罗·科斯塔(Paolo Costa)警告拿破仑的母亲莱蒂齐娅(Letizia Bonaparte,1750—1836),帕奥利派正赶来抓捕波拿巴家族的所有人,无论是死是活。匆忙中,她把最小的两个孩子卡罗琳(Caroline Bonaparte,1782—1839)和热罗姆(Jérôme Bonaparte,1784—1860)托付给了牧师雷科(l'abbé Recco),带着年纪稍长的三个孩子埃莉萨(Élisa Bonaparte,1777—1820)、路易(Louis Bonaparte,1778—1846)和波利娜(Pauline Bonaparte,1780—1825),去她位于乡下米莱里(Milelli)的磨坊里避难。

1793年5月26日至29日,来自科西嘉所有市镇的1 000名代表和2 500名武装公民聚集在科尔特,抗议法国国民公会谴责帕奥利的法令,认为这是一种专制。他们投票决定法国议会撤销科西嘉议会代表的资格,谴责波拿巴家族"生于专制的污泥,靠着已故的奢靡懒散的马尔伯夫伯爵(Louis-charles René comte de Marbenf,1712—1786)栽培,在他眼皮子底下过活",是"誓将科西嘉沦为奴隶的暴政派的卑鄙代理人和附属品"。他们判定拿破仑家族将受到"永远的羞辱",根据祖先的法律,这种宣判意味着一位公民被处死、被没收所有财产,以及其家族将被流放到第七代子孙。

拿破仑担心家人,带着他的三桅船打头阵,双桅船和国民公会的两名代表乘坐的轻型护卫舰则紧跟其后。他在拉瓦湾(le golfe de Lava)的普罗旺扎尔港(Porto Provenzale)上岸,并寻找看护母亲羊群的牧羊人。一个叫马尔莫塔(Marmotta)的人告诉他,马勒巴街的波拿巴宅遭到洗劫和焚烧。

"波拿巴夫人带着孩子们逃进了丛林。"

"马尔莫塔，请设法找到她！告诉她我会在卡皮特罗（Capitello）的热那亚塔楼与她碰头，你知道那个地方的，就在波提乔（Porticcio）的入口处。我会坐着三桅船来接她。请务必告诉她！"

——牧羊人对他喊道："保重！多保重啊！我看到了一些人带着枪，正朝你的方向赶来。"

拿破仑的时间仅够跳进水里，回到他的独木舟上，登上"新信徒号"。

5月31日，暴风雨平静下来。萨利切蒂和拿破仑的小船队驶入阿雅克肖湾。然而，城堡的大炮向他们猛烈开火。

拿破仑乘着他的三桅船，前往卡皮特罗塔楼（la tour de Capitello）。在那里的海滩上，一小撮人似乎在向他招手。这些人是他的家人？他跳上一艘小艇，上了岸。那是母亲、埃莉萨、路易和波利娜！还有费施（Fesch）叔叔和另一位牧师科蒂（Coti）神父。在丛林里跋涉了一段时间后，他们到达了会和地点。

拿破仑让他们登上了"新信徒号"，然后带着50人和1门大炮回到了热那亚的塔楼上。他的目标是：一旦得到增援，就从陆路进攻阿雅克肖，护卫舰和双桅船则对堡垒进行炮击。

不幸的是，守在塔里的这三天中，他只勉强看到了30个科西嘉人愿意来支持法国国民公会。在人手如此不足的情况下，他失去了夺回阿雅克肖的所有希望。除了重新组织船队外，没有别的办法了。

6月3日,船队向卡尔维驶去。

在卡尔维,在教父洛朗·朱贝加(Laurent Giubega)家中,拿破仑接到了约瑟夫、卡罗琳和热罗姆,加上留在法国的吕西安,此时的波拿巴家族是完整的。他们于6月11日登上"展望号",13日抵达土伦。

土伦围城战

围攻土伦发生在1793年9月至12月。六个月后,年轻的拿破仑将被载入史册,而其左腿险些被截肢。

在那之前,他还没有认清现实。他花了些时间才明白:法国大革命正在分裂和摧毁着他心爱的科西嘉岛;他最亲密的盟友萨利切蒂立场并不坚定;弟弟吕西安则可能因说出一些偏激言论而害了自己。即使在军事层面上,他也失败了,在阿雅克肖暴动和马达莱纳远征中都是如此。然而,这位法国爱国者从这些失败中吸取教训,变得玩世不恭,并成为政治家。

1793年5月31日,随着国民公会的分崩离析和吉伦特派领导人被送上断头台,南特、波尔多、里昂、阿维尼翁、尼姆、马赛以及土伦等几个城市都起来反抗山岳派的独裁统治。在土伦,保王党人重新掌权,升起了白色的鸢尾花旗①,甚至还获得了一支英国和西班牙联合

---

① 波旁王室的旗帜。——译者注

舰队的庇护。作为交换，保王党人在 8 月底将土伦和停泊在土伦港口的法国舰队出卖给了这只联合舰队。

在尼斯加入军团后，拿破仑被调到卡尔托（Jean-François Carteaur，1751—1813）的军队，他们刚刚夺回阿维尼翁和马赛，正向土伦进军。在那里，他再次遇到了多马丹（Dommartin），这是和他一起升入巴黎军校的五个同学之一，和拿破仑一样忠于共和国。

其他 49 人，如菲利波和德·马齐，则选择了移居国外。当多马丹负伤、无法战斗时，拿破仑虽然只是一名普通的上尉，但在萨利切蒂的支持下（他在围攻土伦期间被任命为驻卡尔托军队的特派员），获得了炮兵指挥权。

卡尔托带着拿破仑去巡视他令人布设的炮台。夏普塔尔（Chaptal）说："拿破仑壮着胆子提醒卡尔托，这个炮台离港口太远了。他告诉卡尔托大炮的射程，并指出，用肉眼就可以估计炮弹的射程远远无法达到港口，也达不到从阵地到城墙的一半距离。卡尔托反驳说他对自己做的事很有把握，他的测量也准确无误，万一炮弹没有打到舰队，那也是因为火药太劣质。如果是这样，他就会以叛国罪，把提供火药的圣沙马（Saint-Chamas）火药厂负责人绞死。拿破仑建议卡尔托发射一枚炮弹之后再来定夺。炮弹被发射出去后，几乎勉强打到一半的距离。这下，卡尔托又开始诅咒圣沙马火药厂的负责人，威胁要将他绞死，共和国现在四面楚歌、叛徒层出不穷。最后，卡尔托骂够了，拿破仑冷冷地说：这些话并不能改善火药质量，必须把炮台移得离敌人近一些。这是拿破仑亲口告诉我的，说起此事，他

一
无畏的骑士

还笑了。"①

9月17日,为了转移阵地,拿破仑骑马来到一处可以俯瞰全市的高地,然后制定了与卡尔托所定目标完全相反的计划。他不打算攻打城市,而是攻击舰队,迫使它们撤出港口。为此,他没有将现有的少量炮兵分散在城市周围,而是优先抢占了敌人忽视的拉塞恩(La Seyne)上方的高地,此处位于土伦以南三公里处。这样一来,法军就有可能占据港口大小锚地之间的岬角,并切断城市从海上获得补给的通道。

卡尔托给拿破仑起了个"大炮上尉"的绰号,还给他使绊子。然而,拿破仑看到他的将军显然对策略一窍不通,于是冒着被枪毙的风险,去向国民公会代表申诉。他对其中名叫巴拉斯(Paul-François-Jean-Nicolas, vicomte de Barras, 1755—1829)的代表说:"情况很糟糕。公民代表,我必须向您说明事情的状况。您的忠诚和职衔让我确信,您会认真对待我的侦察报告。我正经受卡尔托和他妻子的傲慢对待。我想我并不是没有火炮知识。我请求您的指示。我提出的一切有用建议都被驳回,还收到暂停建造炮位的命令,这个炮位位于敌人没有占领的高地上,它能让我们切断这个敌人补给的通道,并保证维克多(Victor)②指挥的军营不受突袭。另外,这处高地的位置良好,炮台的火力可以从高处覆盖敌人的堑壕。我恳请您的支持。我的

---

① 让-安托万·夏普塔尔(Jean-Antoine Chaptal):《亲历拿破仑》,普隆出版社,1893年,第191页。

② 克劳德-维克多·佩兰(Claude-Victor Perrin),即未来的维克多元帅,17岁时自愿担任鼓手,29岁时参与土伦围攻战,担任营长职务,战争结束后获得准将军衔。

热忱绝不会辜负您在审查了一切之后给予我的支持。"①

接下来的几天里，拿破仑带着更大的勇气，将他的计划直接寄给了公共安全委员会（Comité de salut public），并总结道："我们不应忘记，炮兵是主力，步兵只是辅助。"如此一来，他成功地使卡尔托被调离。新指挥官杜戈米埃（Jacques-François Coquille Dugommier, 1738—1794）上任时，一切都已就绪，他不仅认为年轻的拿破仑的计划出色，也赞许他的旺盛精力。

拿破仑随即征用了安提布（Antibes）堡垒和摩纳哥（Monaco）堡垒中的闲置、废弃大炮。此外，他还让人从更远的蒙彼利埃（Montpellier）牵来牛，组建了几个大队的牛车，从马赛（Marseille）运来10万只沙袋，建造工事。他将大炮从5门增加到194门，它们被安置在炮台上，他用士兵的名字给炮台命名，以激发士兵的热情。如果炮手似乎不愿待在某个明显暴露在敌人炮火下的炮台，拿破仑就激励他们，竖起写着"无畏者炮台"的牌子，并告诉他们："这是无畏者的炮台，我需要的是男人，真正的男人，有胆量的男人……我绝对不会要求他们去占领敌人的阵地，但我希望他们能跟随我到这个阵地。如果你就是这样的人，请举手。"②所有人都自愿参加战斗。

在另一个炮台，拿破仑和炮手们待了很久，并要求找一个会写字

---

① 巴拉斯：《未曾发表的回忆录》，阿歇特出版社，1895年。
② 吉勒·奥白尼亚克（Gilles Aubagnac）：《随着炮响》，里昂EMCC出版社，2010年。

一
无畏的骑士

的中士或下士来写下他给参谋部的口述信件。一名志愿军走过来，他就是朱诺（Jean-Baptiste, Count Jurdan, 1762—1833）中士。当他靠在接近城墙的火炮掩体上写信时，一枚炮弹在他身旁爆炸，溅起的泥土落到了纸上。

朱诺写道："啊！我不用撒沙子来吸干墨汁了。"

拿破仑很欣赏这位中士的临场应变和处变不惊，后来朱诺成为副官、将军和公爵，他就是阿布兰特什公爵（duc d'Abrantès）。

还有一次，拿破仑站在两名炮手身旁。一发炮弹在附近爆炸。两名副炮手之一阵亡。拿破仑立即补位拿起推弹杆，帮忙装上十二发炮弹。然而，死去的炮手患有疥疮，他溅出的鲜血让拿破仑也感染了此病。这之后拿破仑受疥疮之苦五年之久，直到科维萨尔（Jean-Louis Corvisart, 1755—1821）①治好了他。

11月11日，拿破仑的额头受了轻伤，留下了疤痕；12月18日至19日晚，进攻小直布罗陀（Petit Gibraltar）要塞时，他的大腿被一名英军中士的刺刀刺中，受伤严重。

在圣赫勒拿岛，拿破仑对拉斯卡斯谈起过这段往事，拉斯卡斯说："拿破仑洗完澡，他会把手放在左大腿上，那有一个很大的洞；他把手指伸进去，给我看，发现我不知道那是什么，他告诉我，这就是被刺刀刺的伤，军医差点把他的大腿截肢……他还说，在围攻土伦中，

---

① 让-尼古拉·科尔维萨（Jean-Nicolas Corvisart）是约瑟芬·德·博阿尔内（Joséphine de Beauharnais）的医生，她在1801年将科尔维萨介绍给拿破仑，医生赢得了拿破仑的信任，拿破仑曾说："我不相信医学，但我相信科尔维萨。"

他的三匹坐骑阵亡。"①

拉斯卡斯还告诉医生奥马拉(O'Meara)②："拿破仑给我看了两处伤疤,其中一处是左膝上方深深的伤口,他告诉我这是在第一次意大利战役中受的伤③。外科医生认为伤情非常严重,并认为可能需要截肢。他说,他受伤的时候,总是要求旁人保密,以免让士兵们灰心丧气。"④

"拿破仑和我聊了很多关于医学的事,"奥马拉继续说,"他似乎认为,即使病人完全服从医生,病人同样可能被送往另一个世界,因为治疗方案与他所期望结果的相悖,他必须相信自然规律。关于外科手术,他表达了截然不同的观点,并意识到这门科学价值巨大⑤……"

"然而,在听完我的解释后,他说:'好吧,如果我得了重病,也许我会改变主意,会接受你的任何要求。……'我告诉他,如果在一场战斗中,一个人看到一颗炮弹向他袭来,他会自然而然地向一边卧倒以求活命,否则难逃一死。我补充说道,这个比喻适用于某些疾病,也就是说,人们把疾病视为炮弹,把向旁边卧倒的行动看作治疗的方法。拿破仑反驳:'如果你向一边卧倒,你可能会把自己置于另一颗

---

① 拉斯卡斯伯爵:《圣赫勒拿回忆录》,伽利玛出版社,昂星出版社,1956年,第一卷,第275页。
② 巴里·奥马拉(Barry O'Meara)是一名爱尔兰医生,在前往圣赫勒拿的途中认识拿破仑,他自愿成为拿破仑的医生,并成为他最亲密的朋友,直到他被总督哈德森·洛驱逐。
③ 此处是一个错误,拿破仑的这次受伤是在土伦围攻战中。
④ 巴里·奥马拉:《流亡中的拿破仑》,拿破仑基金会,第二卷,塔朗迪耶出版社,1993年,第206页。
⑤ 巴里·奥马拉:《流亡中的拿破仑》,拿破仑基金会,第二卷,塔朗迪耶出版社,1993年,第8页。

本来可以避开的炮弹那边。'他又说:'在土伦,曾发生这么一件事,我在那里指挥过炮兵。一些马赛炮兵被派去攻城。平心而论,马赛人在所有法国人中最胆小。事实上,他们基本上没什么胆量。我发现一位军官像他的同乡一样,采取了许多防范措施,而不是给他们树立榜样。我对他说:'军官,出去观察一下你的火力情况。否则你无法判断我们的大炮是否瞄准了目标。'此时,我们正在向英国舰队开火。我建议他去看看我们的炮弹是否能够打到船体。他很不情愿离开岗位,但最后他来到我所站之处,在工事外面一点,开始观察。然而,他想尽量压低自己的身形,尽可能保护自己的身体,他弯下腰,把身体的一侧藏在工事后面,从我的胳膊下往外看。他在这个位置上没待多久,一颗炮弹向我飞来,而且飞得很低,把他炸成碎片。好吧,如果他站直身子,勇敢地把自己暴露在危险中,他就能保住性命,因为炮弹将从我们两人中间穿过,而不会伤到我们中的任何一个。"[1]

12月17日,拿破仑亲自带队对小直布罗陀要塞发起进攻,并用其英勇无畏的精神鼓舞了士兵们。18日,法军几乎拿下了土伦周围的所有要塞,19日,英国—西班牙联合舰队意识到自己已经输了,放火烧毁了叛军交给他们的弹药和一半的法国船只,带着剩下的一半舰队逃走了。

三天后,拿破仑上尉晋升为准将,待腿伤痊愈,他就可以去马赛那破旧的住所接母亲和弟弟妹妹,并将他们安顿在昂蒂布(Antibes)

---

[1] 巴里·奥马拉:《流亡中的拿破仑》,拿破仑基金会,塔朗迪耶出版社,第一卷,1993年,第6—9页。

的萨勒城堡(le château Sallé)。

两次牢狱之灾,他沉着应对

拿破仑被任命为准将和法兰西共和国意大利方面军的炮兵指挥官后不久,他的朋友奥古斯丁·罗伯斯庇尔(Augustin-Bon-Joseph Rosespierre,1763—1794)给他带来了坏消息,他在拿破仑的这两次晋升中都发挥了重要助力。奥古斯丁是国民议会议员,也是一名军事特派员。他告诉拿破仑,他刚刚收到公共安全委员会命令,委派他带着宪兵将拿破仑带去巴黎的西岱宫(la prison de la Conciergerie,现名"巴黎古监狱")。就在围攻土伦之前,拿破仑在马赛采取的一项措施受到控诉。据称,在负责监管马赛的防御工事过程中,拿破仑将大炮对准了可疑的方向。控诉者对此事一无所知,以为他把大炮对准了马赛,并由此推断他在密谋背叛共和国。所以,应该送拿破仑上断头台。

奥古斯丁对他这位朋友的真诚和共和精神深信不疑,立即恳求自己的哥哥马克西米利安·罗伯斯庇尔(Maximilien Robespierre,1758—1794)撤销逮捕令。他向拿破仑保证,自己正在等待一个有利的答复,但与此同时,他不得不将拿破仑软禁在家,并由宪兵看管。于是拿破仑被软禁在自己的住处。朱诺一直陪着他,认为情况非常不乐观,每天都劝拿破仑勒死宪兵,趁着夜色在港口夺取一艘小船,然后逃到科西嘉岛的森林里躲起来。然而,拿破仑自信得多,拒绝了这个提议。两周后，从巴黎传来消息，逮捕令已被撤销，拿破仑重获自由。奥古斯丁让哥哥相信了拿破仑的价值和忠诚，罗伯斯庇尔甚至考虑让他指挥巴黎的驻军。

然而，波拿巴更想留在意大利方面军。就这样，他勉强逃脱了上断头台，当然也许是在没有任何疑点的情况下。奥古斯丁·罗伯斯庇尔和里科德（Ricord）派他去热那亚（Gênes），以确保其政府的中立性，并检查城市要塞和驻军规模。1794 年 7 月 27 日，即热月 9 日，他完成任务回到了尼斯。同一天，热月党人就在巴黎将马克西米利安·罗伯斯庇尔和奥古斯丁·罗伯斯庇尔、库东（Georges Auguste Couthon, 1755—1794）和圣鞠斯特（Louis de Saint-Just, 1767—1794）都送上了断头台。

形势彻底逆转。"罗伯斯庇尔，这个年轻人，出于虚假的慷慨，自愿追随其兄弟的命运，而波拿巴却因为与他有联系，而被胜利者视为罪犯（……）①。"为了摆脱困境，国民议会的其他成员开始对战败者的真实或假想的朋友大肆抨击。因此，萨利切蒂怀疑拿破仑曾在热那亚见了奥地利人。于是，萨利切蒂前往巴塞隆内特（Barcelonnette）见了阿尔卑斯山军团的另外两位特派员阿尔比特（Antoine Louis Albitte, 1761—1812）和拉波特（Laporte）。8 月 6 日，他们三人一起向公共安全委员会，更确切地说，向公共安全委员会的其余成员提出建议，信中说：

---

① 马尔蒙（Marmont）：《回忆录：1792 年至 1841 年》，佩罗坦出版社，第一卷，1857 年，第 54 页。

考虑到意大利方面军炮兵总司令——拿破仑将军的可疑行为，及对其在热那亚的行程的怀疑，阿尔卑斯山军团和意大利军团人民代表已对他完全失去信任，故决定：

"暂停意大利方面军炮兵总司令拿破仑准将职务。意大利方面军总司令负责羁押此人，并由相关人员护送其至巴黎公共安全委员会所在地。没收和检查其一切文件及物品，并由人民代表萨利切蒂和阿尔比特现场指定专员进行清点，一旦发现可疑文件，立即送往公共安全委员会。"

巴塞隆内特，热月19日（1794年8月6日）。

阿尔比特、萨利切蒂、拉波特签发。①

8月9日，萨利切蒂将拿破仑囚禁在昂蒂布的卡雷要塞（le fort du Carré），等候他被移交至巴黎受审。"考虑到拿破仑的情况，他临时由三名宪兵看守……这种状态将持续到他被送走，然而，被带走意味着死亡……一旦接到启程的命令，朱诺、我还有一个叫塔林（Talin）的人打算杀了看守他的宪兵，跟拿破仑一起去热那亚地区。"②

为了找到有力的文件来佐证这一指控，他们查封了拿破仑的所有文件，然而只找到他前往热那亚执行任务的官方委任书。拿破仑顺势证明自己没有对共和国犯下任何罪行。8月20日，指控他的人

---

① 路易斯-安托万·布里耶纳（Louis-Antoine Bourrienne）：《拿破仑、总理府、领事馆和帝国回忆录》，沃伦和塔利尔出版社，第一卷，1829年，第57页。
② 马尔蒙：《回忆录：1792年至1841年》，佩罗坦出版社，第一卷，1857年，第55页。

撤回了控告。① 出狱后，据说他与阿尔比特发生了争执。阿尔比特问拿破仑是否认识自己时，波拿巴傲慢地答道："如果不认识你，我就会尊敬你。然而，如你所见，我对你只有轻蔑。"

他成功地让弟弟吕西安重获自由，吕西安之前因雅各宾思想而被关押在普罗旺斯艾克斯（Aix-en-Provence）②监狱。但是，拿破仑并没有为自己争取到满意的职位。而且，因为拒绝前往旺代（Vendée）的游击战中涉险，他的薪水被减半。

葡月13日，毫不犹豫

葡月13日，也就是1795年10月5日之前的一年多里，拿破仑的仕途都不是很顺利。热月党人执政的国民议会因为担心巴黎发生保王党政变，热月党人执政的国民议会任命其成员巴拉斯为内防军团总司令，并责成他组织军队镇压叛乱。用8 000人对抗30 000武装叛军，巴拉斯觉得自己无法完成任务。而他在土伦就十分欣赏青年拿破仑的干劲和才华，于是举荐了他，随后在国民议会的授意下拿破仑成了巴拉斯的副手。

波拿巴抓住了这个机会。当时40门大炮被存放在纳伊（Neuilly）的萨布隆平原上（la plaine des Sablons），他决不能让叛军夺取这些大

---

① 摘自皮埃尔·拉鲁斯《19世纪伟大的世界词典》。
② 艾克斯为普罗旺斯的前首府。——译者注

炮。拿破仑分秒必争，立即派副官缪拉（Joachim Murat，1767—1815）去夺取大炮。之后，他有条不紊地将它们部署在了通往国民议会所在地杜伊勒里（Tuileries）的所有街道入口处。下午3点左右，拿破仑获悉叛军队列正准备包围国民议会。军队在等待拿破仑发号施令。拿破仑走过去，下令开炮。街道顿时变成了战场。

"叛乱分子方面的国民自卫军在圣洛克（Saint-Roch）教堂前组织抵抗，其他人则聚集在王家宫（Palais-Royal）。拿破仑跃上战马。哪里在战斗，他就出现在哪里。他走近圣奥诺雷郊区大街（rue du Faubourg-Saint-Honoré）的斐扬（Feuillants）大楼。他的马被击中，倒地不起。拿破仑毫发无伤地站了起来，命令冲进来的士兵们对集结的叛乱的国民自卫军开火。圣洛克教堂的台阶上很快就布满了尸体，沾满了鲜血。街道上空空如也。拿破仑带领士兵在两小时内就取得了胜利。"[1]

300—400名叛军被击毙。几个月前拒绝在旺代担任残害同胞的职务的拿破仑，此时毫不犹豫地下令击毙巴黎的温和派和保王派。他对这些喧嚣仿佛视若无睹。朱诺笃定地说，在后来的某一天，拿破仑对他说："如果让我指挥那些家伙（国民自卫军），我就先把代表们[2]（国民议会议员）炸死。"晚上，拿破仑给哥哥约瑟夫写信说："像往常一样，我没有受任何伤。幸运眷顾我。向德西蕾（Désirée）

---

[1] 马克斯·加洛：《拿破仑》，第一卷：离开之歌，罗伯特·拉方特出版社，1997年，第263页。

[2] 雅克·班维尔（Jacques Bainville）：《拿破仑》，法亚尔出版社，1931年，第75页。

和朱莉(Julie)①致意。"

在洛迪,认识自己的命运

第二年,拿破仑被任命为意大利军团司令。1796年5月10日,他向米兰进发,途中在北意大利阿达河畔(Adda)的洛迪镇,他打败了奥地利军队②,这次胜利具有里程碑式的意义。

胜利之后,士兵们发现拿破仑说话时,仿佛是他们中的一员,这让他们兴奋不已。虽然,他们不再像1792年祖国面临危险时那样,有权选举中校以下的军官,但他们仍然可以选举下士和士官。于是他们将拿破仑晋升为下士。从那时起,他就被称为"小伍长"(le Petit Caporal)——法国士兵的那个担任总司令的战友。

正是在洛迪,拿破仑第一次意识到自己作为领导者的能力。他后来向自己的秘书梅内瓦尔(Méneval)③坦言,"葡月平叛和蒙特诺特之战④并没有让他认为自己是一个出类拔萃的人"。然而,在洛迪

---

① 朱莉·克拉里是约瑟夫·波拿巴的妻子。她的妹妹德西蕾是拿破仑的未婚妻;最后,拿破仑更加喜爱约瑟芬(Joséphine),德西蕾则嫁给了贝尔纳多特(Bernadotte),从而成为瑞典的王后。
② 从1714年开始,奥地利一直统治着北意大利。——译者注
③ 1796年,拿破仑让布里埃纳军校的老同学路易·福韦莱·德·布里耶纳(Louis Fauvele de Bourrienne)担任他的秘书。但在1802年,当他得知布里耶纳从军队供应商那里收受大量贿赂时,他用克劳德·德·梅内瓦尔(Claude de Méneva)接替了这个职务,直到1813年,梅内瓦尔不分昼夜地记录拿破仑口述的命令和信件。
④ 蒙特诺特之战是拿破仑于1796年4月11日取胜的一次战役。

的胜利之后,他突然产生了一个想法,即他不再是命令的执行者,而是肩负更高使命的人,"我第一次认为自己不是将军,而应该是改变民族命运的人。我在历史中看到了自己。我的雄心壮志就此诞生"。① 从那时起,他对自己的天命充满信心,他与众不同,但不知与众不同之处具体是什么。六个月后,他对手下说:"士兵们,你们不再是洛迪之战中的勇士了吗?"他将带领他们前往阿尔科莱桥(le pont d'Arcole)②。

在雅法城,拥抱一位瘟疫患者

1799年3月,在叙利亚战役(la campagne de Syrie)中,拿破仑得知在亚历山大(Alexandrie),首席药剂师罗耶(Royer)拒绝治疗瘟疫患者。随即,他让人在当天的议程里列入以下指令:"罗耶将穿着女人的衣服,挂着上面写着'他怕死,不配成为法国公民'的牌子,骑驴绕城一周。之后,他将被关进监狱并押送回法国。"③

拉斯卡斯伯爵讲述了这样一件事,1799年3月11日,拿破仑在雅法(Jaffa)将一名鼠疫患者抱在怀里。他向世人展现了一种新的勇气:"从那时起,他谈话主题变成了鼠疫。皇帝坚持认为,鼠疫不是通

---

① 让-马利·鲁亚尔:《拿破仑,或命运》,伽利玛出版社,2012年,第55页。
② 阿尔科莱战役是拿破仑于六个月之后取得的又一次胜利。
③ 爱德华·德·维利耶·杜·特拉吉(Édouard de Villiers du Terrage):《埃及远征》,宇宙出版社,2001年,第92页。

一
无畏的骑士

过呼吸和接触传播；其最大的危险和传播途径是恐惧；其病灶在于人们的思想：在埃及，所有精神受打击的人都殒命了。最可靠的防范措施和最有效的药物就是道德勇气。他，拿破仑，曾毫无畏惧地暴露在雅法的瘟疫下。对于疾病的性质，他欺骗了士兵两个多月，并以此拯救了许多人。他告诉士兵们这不是瘟疫，而是一种腹股沟淋巴结炎造成的发烧（la fièvre à bubons）。此外，他还观察到，使军队不受瘟疫影响的最好办法是行军，让军队保持大量的移动：最可靠的预防措施是分散士兵的注意力和疲劳。"①

回到法国后，为了抹去雅法大屠杀这一不幸的事件（我们将在后面讲到此事），拿破仑授意当时最好的画家之一格罗（Antoine-Jean Gros，1771—1835）绘制了《雅法的鼠疫患者》（*Pestiférés de Jaffa*）这幅壮观的画，以颂扬他探望鼠疫患者的事迹。"实际上，事情发生在雅法的亚美尼亚修道院的一个拱形狭小房间里，而这幅画的布景是宽阔的庭院走廊，远景是古城堡的城墙，这让画家获得了色彩丰富的东方主义的所有效果……拿破仑向鼠疫患者伸出手，其姿态近似于国王或圣徒的神圣按手礼。"②

奇怪的是，拿破仑面对死亡时难以置信的冷漠和勇敢，却恐惧黑色衣服。庞斯·德·埃罗（André Pons de l'Hérault）在厄尔巴岛（l'île d'Elbe）注意到了这点，这位共和派的实业家钦佩拿破仑的魅力，成为

---

① 拉斯卡斯伯爵：《圣赫勒拿回忆录》，伽利玛出版社，昂星图书馆，第一卷，1956年，第409页。
② 安德烈·苏比朗（André Soubiran）：《拿破仑与百万逝者》，肯特塞格普出版社，1969年，第60页。

他的朋友，并帮助他筹备返回法国："我的妻子浓妆艳抹，但身着丧服，她穿着丧服来到皇帝面前。皇帝十分反感黑色衣服，可我的妻子并不知情，贝特朗将军没有提前知会她。皇帝一看到丧服，就变得阴沉沉的，坐在桌旁没有一丝笑容。这并不是因为心情不好，而是因为一种痛苦的想法压抑着他。然而，对我妻子来说，他是如此完美。德鲁奥（Antoine Joseph Drouot，1774—1847）将军一直无法了解或推测这种反感的原因，他向我保证，皇帝不得不做出巨大努力，才能待在一位身着丧服的女士身边。"①

文森特·克罗宁（Vincent Gronin）还说，在厄尔巴岛，一天晚上，舞会爱好者波利娜公主知道她的哥哥喜欢粉色，便穿着带有粉色褶边的黑色天鹅绒礼服登场。拿破仑命令她离开房间，去换衣服。毫无疑问，他认为黑色代表不祥。②

---

① 庞斯·德·埃罗（Pons de l'Hérault）:《厄尔巴岛的回忆和轶事》，普隆出版社，1897年，第260页。
② 文森特·克罗宁:《拿破仑》，阿尔班·米歇尔出版社，1979年，第423页。

二　毫无悔意

22岁时，拿破仑在巴黎休长假，其间发生的两起恐怖事件，它们揭示了群众的疯狂。这激发了他维护秩序的使命感——一种坚定不移、不可避免的使命。

与死神的初次接触

拿破仑在布里埃纳军校的老同学布里耶纳讲道："1792年6月20日，这是8月10日暴动的黑暗前奏，我们约好在巴黎的王家宫附近的圣奥诺雷街（rue Saint-Honoré）上一家餐馆进行日常采购。离开时，我们看到一群人，拿破仑认为有五六千人。他们衣衫褴褛、打扮滑稽，大声叫骂，吼叫出最粗野的挑衅，大步流星地向杜伊勒里宫进发。这当然是巴黎郊区人民最粗鄙下流的行径。拿破仑对我说：'我们跟着这群暴民吧。'我们走在前面，在河边的露台上踱步。就是在那儿，他看到了让人气愤的场景。我很难说这些场景激起了他怎样的惊讶和愤慨之情。他无法从这样的软弱和忍耐中缓过神来。但是，当国王头戴一个红色无边软帽出现在一个可以俯瞰花园的窗口时，波拿巴的愤怒无法抑制，因为这正是一个暴民刚刚戴着的帽子。拿破仑大喊：'国王疯了吗，怎么能把这群暴民放进去？就应该用炮轰这四五百个暴民，这样剩下的人就会自己跑掉。'这是我们晚餐时的谈话（……）他不断提到这一幕，非常理智地谈论了这场未受镇压的暴动。他预见并展开讲述了这起暴动的所有可能性。他说对了：8月10日的暴动并没让我们等太久。"

1792年8月10日，布里耶纳在国外旅行，拿破仑仍在法国休长假。巴黎民众对普鲁士大军的到来胆战心惊；对与侵略者达成协议的保王派充满了仇恨。当天上午，近两万名巴黎民众，其中还有来自马赛和布雷斯特（Brest）的志愿军，手持武器向杜伊勒里宫进发。路易十六立即带着妻子和孩子们躲进了立法议会所在的马内格（Manège），把宫殿的防御工作留给了950名瑞士卫兵和少数贵族，少量守军尝试反击后，最终寡不敌众。这是一场难以描述的大屠杀，数百名卫兵遭到割喉或碎尸后被扔出窗外。与此同时，立法议会废止了国王的权力，并通过呼吁选举新的国民公会以终结立法议会。

24年后，拿破仑向拉斯卡斯口述了这场令他印象深刻的屠杀。这一事件非但没能让拿破仑远离死亡，反而增强了他对军事和镇压的使命感。对他来说，只有执法者才能使用暴力，而不是人民群众。他赞同用暴力维护秩序，反对盲目滥用暴力。

"当那个可怕的时刻来临时，我身处巴黎，就住在胜利广场（place des Victoires）的邮政街（rue du Mail）。一听到警钟声和杜伊

二
毫无悔意

勒里宫被袭的消息,我就跑到卡鲁塞尔广场(Carrousel),去找布里耶纳的弟弟福韦莱,他在那里经营一家家具店。布里耶纳是我在布里埃纳军校的老同学。在这所房子里……我能自如地旁观这天发生的一切。到达卡鲁塞尔之前,我在小香榭街(rue des Petits-Champs)遇到了一群面目狰狞的人,他们手中的长矛上插着头颅。他们见我穿戴整齐,觉得我很像一个绅士,便走到我身边,让我高呼'国民万岁!'为了获取信任,我毫不迟疑地喊了一声。城堡①遭到这些最卑贱的暴民攻击。国王的卫队数量绝不亚于自葡月13日那次国民议会以来集结的军队总数,且后者的对手更有纪律性、更可怕。大部分国民警卫队员都为国王献身……由于皇宫被围,国王回到了立法议会,我冒险走进花园。从那以后,我在任何战场都没有见过这么多的瑞士卫兵的尸体,要么是这地方太小显得尸体众多,要么是第一次看到这么多尸体给我留下了不可磨灭的印象。"②

"衣冠考究的女人在瑞士卫兵的尸体上呈现最后的猥亵行为。妇女们肢解死去的士兵,然后挥舞着这些血淋淋的性器。"拿破仑描述道。"卑鄙无耻之徒,"他喃喃自语。③

"我走遍立法议会附近所有的咖啡馆。到处充斥着极度不安的气氛。愤怒在所有的人心中,表露在所有人的脸上,尽管他们根本不

---

① 这里指杜伊勒里宫。
② 拉斯卡斯伯爵:《圣赫勒拿回忆录》,伽利玛出版社,昂星图书馆,第一卷,1956年,第961页。
③ 马克斯·加洛:《拿破仑》,第一卷:离开之歌,罗伯特·拉方特出版社,1997年,第175页。

是普通阶层。这些地方每天来的必定都是那些常客：因为尽管我的穿着没有什么特别之处，或许是因为我表现得比较平静，但很明显，我像个陌生或可疑的人，吸引了许多敌意和挑衅的目光。"①

出人意料的是，拿破仑很快就习惯了战斗、灾难和火灾带来的恐怖场景。拉斯卡斯告诉我们，在意大利的一次重大战斗之后，拿破仑穿过尸体还未被清理的战场。皇帝说："在美丽的月光下，在深沉的孤独中，突然，一条狗从一具尸体的衣服下钻出来，冲向我们，接着它几乎立即回到尸体旁边，发出痛苦的叫声。它反复舔舐着主人的脸，随后又冲向我们。这既是求救，也是复仇。无论是当时的情境、地点、时间、行为本身，还是其他什么原因，在任何战场上，从没有什么能给我留下这样的印象，直到现在也是如此。我不由自主地停下脚步，陷入沉思。我想，这个人也许有朋友；也许在其所属连队的营地中，他有些朋友，而现在他躺在这里，被所有人抛弃，只有他的狗还陪着他！大自然通过一只动物给我们上了多么重要的一课啊！可以肯定的是，在那一刻，我能更好地对待一个屈服的敌人。"②

诚然，拿破仑有时会寄吊唁函。阿布基尔（Aboukir）海战失利之后，他写信给海军上将布鲁埃斯（François-Paul Brueys d'Aigalliers，1753—1798）的妻子说："男人似乎比他们实际上更冷漠、更自私。在

---

① 拉斯卡斯伯爵：《圣赫勒拿回忆录》，伽利玛出版社，昂星图书馆，第一卷，1956年，第962页。
② 拉斯卡斯伯爵：《圣赫勒拿回忆录》，伽利玛出版社，昂星图书馆，第一卷，1956年，第236页。

这种情况下，人们会觉得，如果没有必须活着的理由，那还不如死了算了。但是，经过前面的思考，人们会把自己的孩子放在心上，眼泪和柔情会唤醒人的本性，并为孩子活着：是的，夫人，请看，从此刻起，他们打开了您忧郁的心扉。您要与他们一同哭泣、养育这些孩童、培养这些青年。您要向他们谈论他们的父亲，诉说您的悲伤，讲述他们和共和国的损失。"①同一天，在写给海军少将泰弗纳（Thévenard）的信中，他说："阁下的爱子在甲板被炮弹击中身亡。作为法国公民和将军，我怀着悲痛的心情告知将军这个消息。然而，他死得没有痛苦而且死得光荣。这是唯一能减轻父亲痛苦的安慰。我们注定都要死去。几天的生命能同为国捐躯的幸福相提并论吗？几天的生命够弥补看到自己躺在床上，被新一代的自私所包围带来的痛苦吗？几天的生命是否能抵消让人厌恶和长期遭受疾病的折磨？战死沙场何其幸运！他们将永远活在后人的记忆中。"②

父亲离世

1785年，拿破仑得知其父在一个月前因胃癌在蒙彼利埃去世，这

---

① 波拿巴将军致布鲁埃斯夫人（Mme Brueys）的信，1798年9月4日，由让-约瑟夫·阿德尔和查尔斯·博韦引用，《埃及和叙利亚远征史》，安布罗斯·杜邦出版社，1827年，第95页。

② 波拿巴将军于1798年9月4日致海军副司令泰弗纳的信，让-约瑟夫·阿诺德和查尔斯·博韦引用，《埃及和叙利亚远征史》，安布罗斯·杜邦出版社，1827年，第96页。

是他第一次与死亡相遇。彼时，拿破仑只有 15 岁。他既不能守在父亲的床边，也无法与他告别。军校也不允许他离开巴黎去吊唁。教务负责人在告诉他这个消息时，看出了他的痛苦，按照惯例邀他到医务室哭泣和祈祷，以便不被打扰。沉默片刻后，这个坚忍的少年用沉闷的声音回答道："男人必须知道如何忍受痛苦。女人才会哭泣。悲伤只能留给自己。我走到今天，不是没有想过死亡。我把我的灵魂献给它，就如同献给生命。"他又回到了座位，好像什么都没发生。①

之后，他写信给在阿雅克肖做领班神父的叔祖父卢恰诺（Lucciano），两次强调了上帝的意志夺走了他最珍爱的亲人："我敢说，父亲的去世让国家失去了一位开明无私的公民……然而上帝还是让他死了……他本想在自己的家中，在妻子和家人身边结束自己的一生，可上帝没能让他得偿所愿。"②

拉纳离世

拿破仑在他的三位元帅逝世时尤为痛苦：拉纳（Jean Lannes, duc de Montebello, 1769—1809）、杜洛克（Gérand-Christophe-Michel

---

① 马克斯·加洛：《拿破仑》，第一卷：离开之歌，罗伯特·拉方特出版社，1997 年，第 56 页。
② 拿破仑于 1785 年 3 月 23 日写给叔祖父卢恰诺的信，被马克斯·加洛引用，马克斯·加洛：《拿破仑》，第一卷：离开之歌，罗伯特·拉方特出版社，1997 年，第 59 页。

二

毫无悔意

Duroc duke de Frioul,1772—1813)和贝西雷斯(Jean-Baptiste Bessières, duc d'lstrie,1768—1813)。

1796年4月15日,拿破仑在代戈战役(la bataille de Dego)的一场白刃战中注意到了拉纳,立即派遣他去领导一个刚刚失去旅长的旅。同年,拉纳在戈弗诺洛(Governolo)第一次被枪击中,在阿尔科莱(Arcole)被击中三次。1799年,在围攻圣让打克时,他第五次被枪击中,在阿布基尔海战中第六次被击中。1806年,在普图斯克(Pultusk)第七次受伤。

他对不得不火烧比纳斯科村(le village de Binasco)和指挥围攻萨拉戈萨(Saragosse)感到厌恶。在去世前不久,他曾说:"我害怕战争。战争的第一声号角让我不寒而栗。士兵们变得麻木,然后被引向死亡。"

1809年5月的埃斯林战役(La bataille d'Essling)开启了大屠杀时代。一万两千名法国士兵在那里阵亡。拿破仑轻率地将自己暴露在敌人的炮火之下,以至于一位军官壮着胆子对他说:"陛下,请后退,否则我会派一名掷弹兵把您带走。"

那天,死神并不眷顾他,但却盯上了拉纳。一块炮弹弹片击穿拉纳的一条大腿,并击碎了另一条腿的膝盖骨。尽管军医拉雷(Larrey)精心治疗,但他还是饱受折磨,并在三天后去世。

当他在痛苦中煎熬时,十二名掷弹兵用步枪和橡树枝给他做了一副担架,将他送往野战医院。拿破仑看到从身边经过的他们,身上沾满血迹、盖满灰尘、被火药熏得黝黑,对他们抬着的伤员十分上心,他就拦下他们,走近担架,认出了那个伤员。拿破仑立即冲过去,流着泪抱住他,说:"拉纳,你认得我吗?是我,你的朋友拿破仑。"

听到这个非常熟悉的声音,拉纳从失血过多引发的昏迷中苏醒过来。他看着拿破仑,努力说道:"我想活下去,这样就能为你和我们的法国效力,但我觉得再过不到一小时,你就会失去你最好的朋友。"

拉纳是众多将帅中唯一以"你"称呼皇帝的人。①

拿破仑两次回来探望他。最后一次见面时,拉纳让他请大家退到隔壁房间,与皇帝独处时,他提醒皇帝自己所付出的一切,这都是他忠诚的证明,然后,提高声音,说:

"我和你说这些,不是为了让你照顾我的家人。为你而死,我没必要把妻子和孩子托付给你。既然我为你而死,你的荣耀让你有责任保护他们。当我出于友谊说出责备之词,我并不害怕这会改变你对他们的态度。你刚刚犯了一个大错,虽然这个错误夺走了你最好的朋友,但仍不会使你有所改变。你欲壑难填,它会毁了你:你毫不留情地、无谓地牺牲了那些最能为你效劳的人,他们战死时,你毫无惋惜之情。你身边只有阿谀奉承之人。我看不到一个敢对你直言相谏的朋友。这些小人会背叛你、抛弃你。尽快结束这场战争吧,这是大家的愿望。你永远不会比现在更强大,但你可以得到更多的爱戴。

---

① 在法语中,"你"和"您"二字有很大区别,"你"可以用来称呼亲密的朋友,而"您"则是用来称呼陌生人或尊贵的人。——译者注

请宽恕一个将死之人的肺腑之言,他把你视作珍宝。"①

这时,拉纳向拿破仑伸出了手。

拿破仑哭着拥抱他,一言不发。他跪在担架旁,久久不能离开。但拿破仑并没有采纳拉纳的建议。他大错特错,因为就在那时,也就是 1809 年,他的王命开始褪色:是时候握手言和了。

杜洛克离世

四年后的同一天,也就是 1813 年 5 月 22 日,杜洛克去世。他和另外两名将军在一个小山坡上勘察包岑(Bautzen)战场时,一颗炮弹掀翻了他附近的一棵树,反弹到一个同伴身上(当场毙命),然后炸掉了杜洛克的部分胃部,他因此遭受了巨大痛苦。杜洛克被送到一个农场,军队中最好的两位外科医生拉雷和伊万(Yvan)为他做了检查。然而他有自己的想法,拒绝痛苦的治疗。他乞求吸食鸦片来减轻痛苦。

拿破仑听到这个消息,跑到杜洛克的床边。杜洛克强撑着握住拿破仑的手,送到自己的唇边,说:"我的一生都在为您效劳,我遗憾的只是我的生命本来对你还有用处。"

---

① 查尔斯·卡代·德·加西古(Charles Cadet de Gassicourt):《1809 年访问奥地利、摩拉维亚和巴伐利亚》,1818 年。另见:康斯坦(Constant):《拿破仑一世的私人回忆录,由他的随从撰写》,法国水星出版社,1967 年,第 2 卷,第 54 页。

皇帝回应道："杜洛克，死后那是另一种生活！你在那里等我，总有一天我们会再见面的！"

"是的，陛下，可那将是三十年后，那时您已经战胜了敌人，实现了我们国家的所有希望……我一直作为一个诚实的人生活，对自己无可指责。我留下一个女儿，愿陛下成为她的父亲。"杜洛克答道。

拿破仑握着奄奄一息的杜洛克的手，在他身旁待了一刻钟，一句话也没说。杜洛克终于打破了沉默："啊，陛下！您走吧！这种景象对您来说太痛苦了！"

皇帝靠在苏尔特元帅（Nicolas-Jean de Dieu Soult duke de Dalmatie，1769—1851）和科兰古将军（Armand, marquis de Caulaincourt，1773—1827）身上，离开之前，只能说出这句话：

"永别了，我的朋友！"

泪水顺着他的脸颊流到制服上。他回到自己的营帐，整夜没有接待任何人。[①] 但第二天，他给了当地牧师两百个拿破仑金币，让他为杜洛克竖起一座纪念碑。

约瑟芬离世

又过了一年，拿破仑在厄尔巴岛，得知他最珍视的人——法国皇

[①] 见1813年3月30日的《新闻报》，由让·图拉德（编辑）引用，《拿破仑词典》，法亚尔出版社，1999年。

二

毫无悔意

后约瑟芬(Josephine,1763—1814)去世了。他疯狂地爱着她,尽管他在结婚的头几年犯过一些错,但最终约瑟芬也深深地爱上了他。

1809年是转折性的一年,既是埃斯林战役发生的那年,也是拉纳离世并留下忠告的那年。这一年,拿破仑离婚了,或更准确地说,是耍手段废止了他和约瑟芬皇后的婚姻,为建立新的王朝而与哈布斯堡家族联姻。对于这位共和派将军和奥古斯丁·罗伯斯庇尔的朋友来说,这是多么可怕啊!这就是拿破仑没落的开始,事实上,在圣赫勒拿岛,拿破仑承认这一点,说道:"当我离开约瑟芬,好运就离开了我。"

1814年5月初,拿破仑抵达他的流放地厄尔巴岛,"乖巧听话的玛丽-路易丝"对他置之不理,约瑟芬却写信给他:

"当时,我正准备追随您的脚步离开法国,并将余生奉献给您。阻止我的原因只有一个,你猜得到。如果相对于所有表象,我是唯一愿意这么做的人,那么什么都无法阻止我,现在,我将去到那唯一给我带来幸福的地方,只因您在那被孤立和难过时,我能给您安慰!只要您一句话,我马上出发。"

拿破仑仍指望着玛丽-路易丝,没有回复约瑟芬。因此,她留在了马尔迈松城堡(Malmaison)。然而,几天后,也就是1814年5月29日,51岁的约瑟芬突然死于肺病。

得知这个消息,拿破仑把自己关在位于波托费拉奥(Portoferraio)的住所的一个小房间里几个小时。他向前来探望的奥坦斯王后(Hortense,1783—1837)索要一枚奖章,用以装裱她母亲的画像,"她是他所认识的最优雅的人"。

百日王朝(les Cent-Jours)①期间,他回到法国,在马尔迈松城堡停留了一天,独自一人从他曾经使用的那个隐蔽楼梯去了约瑟芬的房间,出来后他很沮丧。与奥坦斯王后一起,回忆着他们三人在那里度过的快乐时光。他仿佛看到约瑟芬在一条小巷的拐弯处,正在采摘她最喜爱的花。稍后,他见到了皇后②的医生霍雷奥(Horeau),询问了皇后生命中最后几周的情况:

您说她很伤心……为什么伤心?

——陛下,她为所发生的事情伤心,为陛下的处境伤心。

——啊!所以她提到了我?

——经常……十分频繁。

——善良的约瑟芬!她深爱着我,不是吗?她是法国人!

——哦,是的,陛下!如果不是因为害怕让您难过,她会向您证明这一点;至少,她这样想过。

——怎么回事?她想怎么做?

——有一天,她说,作为法国的皇后,她愿身骑骏马,带领八匹马组成的队伍,带上制服笔挺的随从,去枫丹白露(Fontainebleau)与您会合,再也不离开您。她会这么做的,先生;她做得到!③

---

① 拿破仑从厄尔巴岛流放地回到巴黎到路易十八第二次复辟之间的历史时期。——译者注

② 拿破仑和约瑟芬离婚后,保留了她"法国皇后"的头衔。——译者注

③ 《皇后的第一侍女阿弗里昂(Avrillion)小姐关于约瑟芬的私人生活、家庭和宫廷的回忆录》,第二卷,1833年,第420—421页。

友人离世

拿破仑没有朋友吗？一天，贝特朗向古尔戈（Gaspnrd Gourgand，1783—1853）坦言："皇帝只爱那些为他效劳的人。"又一天，贝特朗补充道："亲爱的古尔戈，皇帝就是这样。我们改变不了他。正是这种性格让他没有朋友，让他树敌无数，也让我们最终被流放到了圣赫勒拿岛。也正是因为这样的性格，无论是德鲁奥还是那些厄尔巴岛上的人，或者是除我们之外，都不想跟随他来到这里。"

"拿破仑说：'我结交佞臣，但从未想与他们成为朋友。'他对自身权力的看法、对帝国至高无上的构想，与普通人的友谊观念格格不入。而现在，在这次可悲的、不可避免的复辟中，在他想要朋友的时候，他只得到佞臣。他痛苦地、费力地努力恢复那早已被他遗忘的结交朋友的艺术。"[1]

漠视他人的死亡

拿破仑是旧制度下的军官学校学生，对他来说战争似乎始终是

---

[1] 洛德·罗斯伯里：《拿破仑：最后的阶段》，阿歇特出版社，1901年，第59页。

日常生活的一部分。此外，他对民众运动有一种神圣的恐惧。在欧索讷，1789 年 8 月 16 日，当所在军团的士兵们起义并迫使上校交出军团的账外资金时，他如此恐惧。之后，1792 年 6 月 20 日和 8 月 10 日，我们也在巴黎杜伊勒里宫的露台上见到了拿破仑畏惧群众运动的身影。

布里耶纳夫人回忆起一次相当令人震惊的谈话。这一幕发生在 1795 年。"拿破仑以一种迷人的愉悦姿态告诉我们，在土伦城下时，他的一位下级军官的妻子来访，这位军官最近与妻子团聚，他非常爱她。几天后，拿破仑受命对土伦发起新一轮攻击，这名军官也奉命进攻。他的妻子来到拿破仑面前，眼含泪水请求他免去她丈夫当天的任务。这位将军①毫不通融，正如他自己所说的那样，以迷人又冷酷的欢快姿态拒绝她的请求。进攻时刻到了，这位一向非常英勇的军官预感到了自己的结局。他脸色苍白，浑身颤抖……城里激烈交火时，拿破仑对他喊道：'小心炮弹！'他补充说，'他不是躲开，而是弯下腰，被炸成两半。'说这些话时，拿破仑笑出了声！"②"他对别人的痛苦不感兴趣，因为他难以想象。如果他站在别人的立场上，那是为了凭借智慧渗透他们的思维和行为机制。他可能会因别人受难的直接景象难过。然而，这些对苦难的看法只是他的计算要素之一，是他冷漠审视的抽象概念。"③

---

① 布里耶纳夫人（布里耶纳《回忆录》中穿插的信件）。
② 布里耶纳夫人（布里耶纳《回忆录》中穿插的信件）。
③ 儒勒·罗曼（Jules Romains），《而他是谁？》收录于《拿破仑》，阿歇特出版社，"天才与现实"丛书，1961 年。

二
毫无悔意

拉普(Jean Rapp，1771—1821)将军写道:"马格德堡(Magdebourg)的杀戮十分可怕。拿破仑在第二天视察了战场。眼前的景象震撼了他：我们的征服者和士兵周围是成堆的尸体。他走过来,认出了第三十二团的番号……'我在这里杀了这么多人,'他说,'更不用提在意大利、埃及和其他地方。'"①

对于拿破仑的冷漠,儒勒·罗曼提供了另一份证据："在圣赫勒拿岛的一天,他自责没有牺牲热那亚城(Gênes)——当然,包括相当一部分人口——以换取必要的军事优势。工程师不会说不炸石头是自己的失误……他对战争的总体态度与这种思想状态有关。首先,必须明确指出,他本质上是军人,以军人为职业且训练有素。君主的思想是在后来转移到了这位军人身上,可这并没有改变拿破仑。(……)得承认,拿破仑发动战争绝非为了取乐,而是有意为之。他乐于这么做。我们已经知道,他是个赌徒。他也是运动员,而且是技术型运动员。"②

布里耶纳说："拿破仑对两样东西情有独钟：荣耀和战争。在军营里,他最快乐。休息时,他最忧郁……他最大的不幸就是不相信友谊。……有多少次他对我说：'友谊只是个词,我不爱任何人。……你看,女人们苦恼,就由她们去吧,那是她们的事；但我！没有感情！……必须坚定不移,否则就不能涉足战争或政

---

① 拉普:《回忆录》,1823年；阿歇特出版社和法国国家图书馆,2004年,第67页。

② 儒勒·罗曼:《而他是谁?》,阿歇特出版社,1961年。

府.'"①很久以后,拿破仑对古尔戈说:"呵,感情,真是胡闹!你必须是个男人,你不了解这个世界:必须对一切嗤之以鼻,且不受任何影响。"②

娜塔莉·佩蒂托(Natalie Petiteau)在《拿破仑·波拿巴,民族的化身》③中指出,1796年,在第一次意大利战役中,他下令在杀害法国人的比纳斯科这个城镇进行警告性报复,并在帕维西(Pavie)处决了市政府成员后将该地交给了掠夺者。1806年2月,面对帕尔马和皮亚琴察(Plaisance)的拒不服从的人士,他命令朱诺:"射杀这60多人,以儆效尤!"1807年1月黑森候选国④爆发叛乱,拿破仑命令黑森总督烧毁首先叛乱的村庄,将侮辱法国军队的赫斯菲尔德城(Hersfeld)洗劫一空,并要求瓦察(Vacha)和赫斯菲尔德交出抵抗者,否则就放火烧城。⑤

拿破仑害怕的是政治失败,而不是良心受到谴责。高乃依(Pierre Corneille,1606—1684)笔下的内心博弈对他而言全无意义。他热衷于战争。对埃及这个未与法国交战的遥远国度发起进攻,他丝毫没有感到不安。法国也确实毫无顾忌地向其宣战。拿破仑假借

---

① 路易·安托万·布里耶纳:《拿破仑、总理府、领事馆和帝国回忆录》,沃伦和塔利尔出版社,第三卷,1829年,第175—180页。
② 古尔戈:《综合日志》,佩林出版社,2019年,1817年7月16日,第525页。
③ 娜塔莉·佩蒂托:《拿破仑·波拿巴,民族的化身》,阿尔芒·科林出版社,2015年,第207页。
④ 原为黑森-卡塞尔伯国,在1803年时演变为黑森选侯国,1807年拿破仑将黑森选侯国等地合并为威斯特法伦王国,1866年灭亡。——译者注
⑤ 拿破仑一世:《政府通信》,第七卷,1807年1月8日和13日的第13990和14047号信件。

二
毫无悔意

这样的理由开战：法国将与英国人作战，尽管他们没有在埃及正式建立统治；要将埃及人从马穆鲁克的统治下解放出来，尽管埃及人没有反抗。正如让·图拉德所说的那样，"他的未来取决于武器和财富。胜利即合理。这是马伦哥战役的经验"①。

1807年2月8日，埃劳战役（la bataille d'Eylau）之后，军医珀西（Percy）在日记中记录了这场屠杀："在墓地后面，平原的一侧，血流成河令人惊骇。那是俄国人的血。在教堂周围、城里、院子里、房子里，到处都是死人和死马。马车从上面驶过，炮兵队把他们炸成碎块，压碎头骨和四肢。"然后他描述了野战医院（service de Santé）的工作："门前散落着残肢断臂和尸体。外科医生浑身是血。不幸的士兵们连草席都没有，冻得发抖！没有水给他们喝，也没东西给他们盖。棚子四处漏风，士兵却还要拆掉棚子的门，用来在几步之外搭建宿营地。"②

拿破仑冒着雪花了几个小时视察战场。"想象一下，一平方古里③的空间里，有九千到一万具尸体、四五千匹死马、一排排的俄军背囊、步枪和马刀碎片，大地被霰弹、炮弹和子弹覆盖。"④画家格罗泰然自若地走过埃劳战场，与22年后他的侄子拿破仑三世（Napoléon III，1808—1873）在苏法利诺（Solferino）看到垂死的士兵发出嘶吼时

---

① 让-图拉德：《拿破仑：命运的伟大时刻》，法亚尔出版社，2013年，第150页。
② 珀西男爵：《战争日志》，塔朗迪耶出版社，2002年，第166页。
③ 一法国古里约合四公里。——译者注
④ 《拿破仑·波拿巴的通信，根据拿破仑三世的命令出版》，第11917号信件，引自《拿破仑》。《在永恒、海洋和黑夜之间通讯》，罗贝尔·拉丰出版社，博昆斯书库，2020年。

呕吐不止的情景相比,相去甚远!然后,拿破仑与苏尔特躲藏在一个残破的棚屋里,这就是近卫军的临时医院。在那里,珀西的同事拉雷刚刚结束了一天的工作。"中间是一张破桌子,上面还沾着血迹和肉屑。角落里,有一堆胳膊和腿,像个柴堆。因为没有别的地方可以利用,皇帝和苏尔特元帅把地图铺在这张桌子上,连眉头都不皱一下就开始研究战局。"

然而,对解剖学充满好奇的拿破仑,似乎从科尔维萨医生应他的要求而展示胃的功能那天起,就不再感兴趣了。"科尔维萨展开了一块手帕,里面装着是一个人的胃。拿破仑只瞥了一眼这令人作呕的东西,就冲向浴室,把肚子里的东西都吐了出来。"①

敌人的尸体都散发芬芳

1812年8月17日,在大军团(la Grande Armée)②的紧追不舍下,俄罗斯军队放火烧毁了斯摩棱斯克(Smolensk)这个城市后,撤离了这座极好的防御据点。熊熊燃烧的城市让法国前驻沙俄大使科兰古深感痛心,他曾试图维系拿破仑和沙皇亚历山大一世(Alexander I,1777—1825)之间的友谊,但没有成功:

---

① 文森特·克罗宁:《拿破仑》,阿尔班·米歇尔出版社,1979年,第209页。
② 这是在拿破仑战争期间(1803—1815),由拿破仑率领的军队的一种称呼。——译者注

二

毫无悔意

一大早,这座城市(斯摩棱斯克)就已经着火了。敌人亲手点燃的大火并未熄灭。到了夜里,火势更猛了。太可怕了,这也是我们在莫斯科所要看到的火烧城市的惨状的残酷前奏。我睡不着,就出去散步(当时是凌晨两点)。夜晚很冷。我走到城市的另一头,走到皇帝帐前的篝火旁。当陛下带着纳沙泰尔亲王贝尔蒂埃元帅(Louis-Alexander Berthier Prince de Wagram, 1753—1817, 1806年被封为纳沙泰尔亲王)和伊斯特拉公爵贝西埃尔元帅(Jean-Baptiste Bessières, duke d'Istrie, 1768—1813)一起来到这儿时,他凝视着这场照亮了整个地平线的大火,烽火让他兴奋不已。

这是维苏威(Vésuve)火山的喷发,皇帝拍着我的肩膀。紧接着,他又说:大马厩总管先生(le Grand Écuyer)①,这是多么美丽的风景!

太可怕了!陛下。

呵!皇帝说。先生们,请记住一位罗马皇帝的话:"敌人的尸体都散发芬芳!(出自罗马皇帝维特里乌斯)"

所有人都为这种想法而窒息。至于我,立即想到了纳沙泰尔亲王。我们不约而同地抬起头看向彼此,不说话就仿佛能理解对方。②

---

① 科兰古,前法国驻沙俄圣彼得堡大使,不久后成为法国外交部长,当时是御用马厩大臣,即负责皇帝的安全、出行和他的马厩。

② 科兰古:《回忆录》,普隆出版社,第一卷,1933年,第394页。

夏多布里昂认为，如果将拿破仑与恺撒大帝相比，两者的共同特征主要表现为对他人的痛苦漠不关心。无论面对什么情况，拿破仑都不会为他人谋求利益，而是支配此人，如果此人妨碍了自己，他就会设法将其清除。"当有人告知拿破仑，在那本英国小册子中，人们指控他是造成数百万人丧生的罪魁祸首。他恼怒地耸了耸肩，仿佛这种批评配不上他这样有教养的人，有得必有失，他假装无视，这种做法并不真诚。"①

历史学家们估计，在拿破仑指挥的战争中约有70万法国士兵丧生，其中三分之一是在西班牙，三分之一是在俄国。这些士兵大多数来自法国，但也有来自附庸国的骁勇的少数民族，比利时人、荷兰人、意大利人和德意志人。如果再加上俄国战役期间死于寒冷或疾病的，尤其是加上敌人——敌方正规军或游击队，肯定超过100万。拿破仑战争造成的死亡总人数达到200万。这些数以百万计的垂死或支离破碎的躯体并没有激起他的情绪，因为对他来说，他自己也死了这么多次。对他来说，这已变得司空见惯。

"波拿巴从未说过：'我错了。'然而，他既不憎恨，也不报复。他并不嗜血……他非常喜欢孩子，很少有坏人会喜欢孩子。"②

在职业生涯初期，除了在1792年8月10日（法国国王被推翻）和葡月9日（1795年10月1日，法国保王党叛乱）采取了一些应对举

---

① 儒勒·罗曼：《而他是谁？》，阿歇特出版社，1961年，第389页。
② 路易斯-安托万·布里耶纳：《拿破仑、总理府、领事馆和帝国回忆录》，沃伦和塔利尔出版社，第三卷，1829年，第192—193页。

二
毫无悔意

措外,他有时比许多同代人显得更有人情味。第一次意大利战役结束时,他甚至擅自行使外交官的权力,与敌国奥地利缔结了《莱奥本停战协议》(*l'armistice de Leoben*)和令人眼花缭乱的《坎波福尔米奥条约》。塔列朗写道:"和平业已实现,这是波拿巴式的和平。将军,请接受我发自内心的称赞……永别了,安抚人心的将军!永别了:友谊、钦佩、尊重、认可,不知该用什么词语来结束这无尽的赞许!"① 与他们同时代的安托万·蒂博多(Antoine Claire Lount Thibandeau,1765—1854)补充说:"(在坎波福尔米奥),波拿巴将对胜利的冲动和真正的勇气以及谈判者的智慧结合在一起。如果他只知道如何打胜仗,他就只能成为伟大的将军;但他渴望得到一个更美好的头衔。他是一位公民将军,这光荣的称号应该是他得到的第一个奖赏。"②

然而,随着时间的推移,拿破仑的人情味逐渐变得淡薄。据说他指望波兰人的爱国主义精神能推动他们反抗俄国和普鲁士,并在他对这两个国家的战争计划中施以援手,他说:"波兰人不是人,而是一把剑。"③1817年4月16日,当古尔戈在圣赫勒拿岛对他说"上帝赋予了我们良知和忏悔",他回应道:"我不惧怕忏悔。再者,在军中,我见过正与我说话的人突然死去。啊!他们的灵魂同他们一起死去。"④

---

① 塔列朗,由安托万-克莱尔·蒂博多(Antoine-Claire Thibaudeau)引用《拿破仑·波拿巴私人和公共生活史》,1828年;阿歇特出版社和法国国家图书馆,2019年,第317页。
② 塔列朗:《拿破仑·波拿巴私人和公共生活史》,1828年,阿歇特出版社和法国国家图书馆,2019年,第318页。
③ 弗朗索瓦·吉佐(François Guizot):《法国历史:从1789年到1848年》,阿歇特出版社,1860年,第664页。
④ 古尔戈:《综合日志》,佩林出版社,2019年,第404页。

西班牙战争或拒绝谈判

拿破仑对西班牙发动的战争是一场侵略战争，与其说是针对西班牙君主——那个与法兰西共和国的价值观相悖的意识形态和政权的代表，不如说是针对西班牙人这个民族，更重要的是，针对那个十三年来一直是法国盟友的民族：西班牙人民。

拿破仑于1808年3月27日写信给他的弟弟路易，也就是当时的荷兰国王："我的兄弟，西班牙国王卡洛斯四世（Carlos IV，1748—1819，1788—1808在位）刚刚退位。'和平亲王'曼努埃尔·德·戈多伊（Manuel de Godoy，1767—1851，le prince e lad Paix）[①]被关进监狱。马德里开始发生暴乱。这种情况下，我的部队距马德里40古里。贝尔格（Berg）大公［缪拉（Murat）］不得不在23日带着4万名士兵进入此地。直到此刻，人们还在大声呼唤我。我确信，只有给欧洲大陆带来一场巨变，才能与英国实现稳固的和平。因此，我决意让一位法国亲王登上西班牙王位。荷兰的气候不再适合你了。此外，荷兰无法从其废墟中走出。在这个世界的漩涡中，无论和平是否会实现，荷兰都撑不下去了。鉴于此，我考虑让你登上西班牙王位。你将成为这个富饶国家的君主，统治1 100万人民和西班牙的主要殖民

---

① 即戈多伊（Godoy）。

二
毫无悔意

地。在经济和军事方面,西班牙拥有 6 万名陆军,其港口停着 50 艘舰船。请明确答复对这个提议的看法。如果任命你为西班牙国王,你接受吗?我能信任你吗?鉴于你的信使可能在巴黎见不到我,以及他将在不可预见的情况下穿越西班牙,所以请你简单地回答我几个字:'我收到了你那天的来信,我的回复是可以。'希望你按我说的来做,或者不做,不做就意味着你不同意我的提议……"①

  1808 年 5 月 10 日,拿破仑随后写信给当时的那不勒斯(Naples)国王约瑟夫:"我的兄弟,随函附上卡洛斯四世国王给阿斯图里亚斯(Asturies)亲王的信,以及我与前者签订的条约副本。根据我与卡洛斯国王签订的条约,他把西班牙国王的所有权力都交给了我。阿斯图里亚斯亲王[他的儿子,未来的西班牙国王费尔南多七世(Fernando VII,1784—1833,1808—1833 在位)]此前已放弃了其所谓的国王头衔,因为卡洛斯国王声称自己是在他儿子逼迫下退位的。国家通过卡斯蒂利亚(Castille)的最高委员会向我请求为他们指定一位国王。我打算把这顶皇冠献给你。西班牙不是那不勒斯王国,它有 1 100 万人口、超过 1 亿 5 千万的收入,更别提还有整个西属美洲殖民地的巨额收入和财产。此外,这顶皇冠可以让你身处离法国三天路程的马德里,法国完全覆盖了它的整条边界。你在马德里就等于在法国,不像那不勒斯是世界的尽头。因此,我希望你在收到这封信后,立即把摄政权交给你所信任之人,把军队指挥权交给儒尔当元

---

  ① 古尔戈:《综合日志》,佩林出版社,2019 年,《拿破仑通信》,1808 年 3 月 27 日的信件,第 702 页。

帅（Jean-Baptiste, Count Fourdan, 1762—1833），你离开后经过都灵、塞尼山（Mont-Cenis）和里昂前往巴约讷（Bayonne），19日你将收到这封信，请在20日启程，于6月1日到达这里。在离开之前，请给儒尔当元帅留下指示以部署部队，并作出安排，就像你将在7月1日归来一样。此外，请绝对保密。人们可能会格外怀疑。你就说你要去意大利北部与我商讨重要事宜。"①

事实上，拿破仑没有必要武装干涉西班牙，自1795年以来西班牙一直是法国的忠实盟友。然而，1808年，他以夺取直布罗陀海峡（Gibraltar）和阻止英国与葡萄牙贸易为由，派出30万人占领了西班牙。

他蔑视尚未被启蒙运动精神所影响的西班牙人民，于1808年3月利用国王卡洛斯四世和他儿子费尔南多之间的龃龉，夺取了西班牙王位，并将其交给他的兄弟们，路易拒绝了，约瑟夫勉强接受。

拿破仑对所有警告充耳不闻，甚至让人从马德里带走了卡洛斯四世的另外两个孩子，从而点燃了五月在马德里和萨拉戈萨（Saragosse）爆发的民众暴乱之火。一场救国战争逐渐蔓延整个西班牙。这场战争持续六年之久，经历了激烈的阵地战、游击战、巷战，并造成60万人枉死。

有时，拿破仑对这场战争感到遗憾，不是出于道德，而是出于实

---

① 古尔戈：《综合日志》，佩林出版社，2019年，1808年5月10日的信件，第727页。

二

毫无悔意

际因素。对他来说,这不是种族灭绝,不是犯罪,甚至不是错误,而只是一个失算或误判。让他难过的是战争失败,而不是发动了战争。

在萨拉戈萨,起义者迫使年轻的将军帕拉福克斯(José de Rebolledo de Palafox ymelzi,1775—1847)组建了民兵和执政委员会,并在1808年6月至8月击退了一万名法国士兵发起的第一次围攻。法国军队炮击了市中心,但当地人在房屋里和屋顶上配合射击。妇女们在小巷和死胡同里拿着刀子把龙骑兵的马或是开膛破肚,或是斩断后腿:这是一场白刃战(guerra a cuchillo)。法国人最终撤离。然而,1808年12月至1809年2月期间,他们又卷土重来。

第二次围城战更加惨烈。每天晚上,城外的民兵在周围的山上点火示意,萨拉戈萨的民兵则在城里的许多钟楼发出信号予以回应。居民在支柱和地板上涂抹焦油,以便在敌人进犯时将其点燃。孩子们拖着尸体往埃布罗河(Èbre)里扔。斑疹伤寒造成守军大量死亡,57 000人丧生,人数超过该城的一半人口。巷战中,守军挨家挨户地战斗,与拉纳元帅领导的18 000名士兵对抗。

"我们还在这个该死的、地狱般的萨拉戈萨附近,"比若中尉,即未来的比若元帅(Thomas Robert Bugeand de la Piconnerie,1784—1849)写道,"虽然早在两周前,我们就攻破了城墙,也占领了部分城区,但居民们受到对仇恨、宗教和狂热的煽动,仿佛要效仿古代努曼西亚人(Numantia),把自己埋葬在城市的废墟之下。他们以难以置信的决心进行防卫,让我们为极其微小的胜利付出巨大的代价。

西班牙人民把每座修道院、每所房屋都武装得像堡垒一样,他们顽强抵抗以至于每一处都需要法国军队实施专门围攻。从地窖到阁楼,所有东西都必须逐一地去争夺。只有用刺刀杀死一切,或将抵抗者扔出窗外,我们才能做房子的主人。

一旦法军取得优势,邻家的西班牙人就通过特地打好的地洞向我们投掷手榴弹、炸弹或射击。我们不得不迅速设置街垒以掩护自己,直到采取措施攻击邻家——这是一个新堡垒。我们能做的只有破墙而入。因为法军根本不能从街上过去,如果从街上穿过,两个小时内,我们将全部丧命于此。他们不仅在房屋内作战,还在地下作战。"[1]

法军军医部门的负责人珀西对布尔戈斯(Burgos)遭遇的掠夺感到震惊:

第二天,士兵们进入布尔戈斯这座名城之后,在那里做出的玷污行径可怕到无法用言语描述。如果没有这种掠夺行为,它将为我们提供我们所需要的一切。天主教僧侣们和原有的居民仓皇逃走。法军士兵们怒火中烧,不再听从命令,如吞噬一切的熔岩般扑向教堂、住宅和修道院。他们不放过任何东西:圣幕、圣器室、家具、地板、坟墓,他们打破、撕碎、掀翻、挪走一切,只为寻找黄金和珠宝。[2]

---

[1] 罗纳德·津斯(Ronald Zins):《拉纳元帅》,贺拉斯·卡登出版社,2009年,第232页。

[2] 珀西男爵:《战争日志》,塔朗迪耶出版社,2002年,由安德烈·苏比朗(《拿破仑与百万逝者》,肯特-塞格普出版社,1969年)引用,第180页。

二
毫无悔意

这些恐怖行径引发了西班牙人对入侵者的疯狂报复。年轻的法国药剂师塞巴斯蒂安·布莱兹(Sébastien Blaze)回忆说:"任何不幸从隐匿处走出来的法国人都会倒在杀人的铁器之下。如果一个西班牙人,人性还没有泯灭,试图保护或救助法国人,那他自己也将被处死。每个人都渴望用杀死法国人来获得荣耀。对他们来说只要杀了法国人就行,无论是在战场上、在街头还是在令人痛苦的病床上。无差别地屠杀俘虏、伤员或垂死者还不够,西班牙人还实施了闻所未闻的暴行和令人愤慨的残害。官员沃斯根(Vosgien)和我的战友帕门蒂埃(Parmentier)被夹在两块木板之间,然后被锯开杀死。雷内(René)准将被凶残的农民抓住,活生生地扔进了沸水锅里……第十五骑兵团的30人被西班牙人俘虏。战斗结束后,其他人回到各自的位置。法军营地位于高处,俯瞰着敌人的宿营地。正是在那里,他们看到了被俘的战友所遭受的种种骇人酷刑。四个西班牙人分别抓住俘虏的四肢,直接扔进熊熊燃烧的火焰之中。这个团在阿尔巴事件中对西班牙人进行了可怕的报复。1 500名西班牙人请求投降。'不,别饶了他们!'胜利者们喊道。所有的人都被毫不留情地屠杀了。"①

1814年,拿破仑的军队被赶出西班牙后,画家戈雅(Francisco

---

① 塞巴斯蒂安·布莱兹:《药剂师助手回忆录》,由安德烈·苏比朗(《拿破仑与百万逝者》,肯特-塞格普出版社,1969年)引用,第180页。

Goya，1746—1828）立即寻找机会为这场长达六年的战争中那些最悲惨的场景作画，并"使我们在反对欧洲暴君的光荣抗击中最杰出和最英勇的壮举永垂不朽"。

同年，他为纪念 1808 年 5 月 2 日和 3 日发生在马德里的事件创作了两幅大型画作，只为"用他的画笔延续我们在反对欧洲暴君的光荣抗击中最杰出和最英勇的功绩或场景"。

《五月二日》(*Dos de Mayo*) 回顾了那个悲剧性的日子，当时人群聚集在马德里皇宫附近的太阳门广场（Puerta del Sol），自发地反抗法国人。马德里人民挥舞刀子、熨斗、长矛、火钳，总之，凡是他们能搞到的东西，都被他们拿来武装自己，进行攻击。为应对这样的情况，法国军队总司令召集骑兵协助，两个小时中，整个城市发生了激烈战斗。

戈雅的画作描绘了暴力和盛怒的漩涡。画作中央，一名马穆鲁克（被人们憎恨的埃及雇佣兵之一）被人从马背上拽下来，人群中走出一个人把他刺死。他的红色长裤以对角线的方式扫过画布，呼应了弯刀在空中猛烈挥舞的动作。周围一片混乱，在他上方，一个缠着头巾的士兵举起匕首，以避免遭受同样的命运。在左边，两个人正激烈地缠斗，他们都想打败对方。在右边，马匹惊慌失措，一个人像斗牛场上的斗牛士一样把刀插进马肚。

起义者装备简陋，也缺乏领袖，遭到法国军队的残酷镇压。面对起义者的暴动，缪拉宣布："马德里人民失去理智，任由自己发动反叛和杀人。法国人血流不止。我们要为死伤的法国人复仇。"暴乱后的

二

毫无悔意

整个晚上,直到第二天黎明,法军未经审判就射杀了所有他们认为参与起义的人。

《五月三日》(Tres de Mayo)回顾了"夜深人静时,43位西班牙爱国者被塞进一辆马车,送到普林西比(Principe Pio)山上处决。士兵们背后是无名的、黑暗的墙,法军士兵举着发亮的步枪。爱国者们拖着沉重的双腿,僵硬地并排站立,被黑暗包围。面对这群野蛮的、不露面的刽子手,一个人跪在地上,神色苍白、虚弱无力,惊恐到难以呼吸、张开双臂。他的姿态表明,他正同时以勇敢和绝望面对死亡。放在行刑队前面地上的灯笼发出刺眼的光芒,照亮了他的白衬衫,那是纯真的颜色,而他的姿态和受伤的右手掌让人想起那被钉在十字架上的基督。在他身旁,面对绝境,战友们神情各不相同。一位方济各会神父正在低头祈祷,这强调了神职人员在这场暴乱中的作用。另一位受害者则握紧了拳头,做出了徒劳的抵抗姿态。在左边,有个人用手遮住眼睛,以避免看到大屠杀和恐怖的尸堆。前景人物的头部被子弹打穿,倒在血泊中,手臂贴着地面,和中心人物的手臂一样伸展开来。与此相反,我们看不到无名的、毫无人性的法国士兵们的脸,这表现了战争和镇压的残酷。"①

时间凝固了,但接下来发生的事毫无悬念。几秒钟内,这群人就会倒下,另一群人会来到这里,他们已经迈着蹒跚的步伐爬上山头,轮到他们面对行刑队了。这些冷酷无情的士兵没有姓名,但他们的

---

① 皮埃尔·加西尔(Pierre Gassier):《戈雅》,斯奇拉出版社,1955年,第89—93页。

后背仿佛形成了一堵不可逾越的墙。准备射击时,他们的动作也一模一样,双腿分开,牢牢站住,以抵消步枪的后坐力。

为了增强悲剧性效果,戈雅描绘了一片阴沉的风景。远处的教堂和修道院建筑的轮廓将这一场景置于马德里老城的某处郊区。地点很模糊,因为处决在城市的各处进行,仅在这个晚上就有400名西班牙人被枪决。

从1808年到1814年,戈雅前往饱受战争蹂躏的各个省份游历,其中包括萨拉戈萨,在那里他目睹了难民在恐慌中逃亡。他在《战争的灾难》(*Désastres de la guerre*)中创作了85幅惊悚的版画,描绘的部分场景有掠夺、强奸、无端屠杀、受伤的士兵和堆积的尸体。在《伟大的壮举!与死人一起!》(*La Grande Prouesse! Avec les morts!*)中,"赤裸残缺的尸体被绑在树枝上;每个人的姿势……昭示了他们死前遭受的巨大痛苦。……名为《慈悲》(*Charité*)的铜版画着重表现了被扔进乱葬岗的赤裸尸体。农民们脱掉了尸体的衣服,在一位被认定为戈雅本人的老人面前,将尸体扔进一个大坑"[1]。

其他版画描绘了1811年到1812年期间,由于双方军队阻碍农民耕种土地而导致的饥荒。仅在1812年,马德里就有12 000名市民饿死。《马德里日报》(*Diario de Madrid*)报道:"当你走在街上,即使是最坚硬的心也会为看到和听到某些奄奄一息的人所触动。有些人因饥饿过度而晕倒,有些人因饥饿已经死去。在那里,我们看到一群

---

[1] 莎拉·凯尔-戈蒙(Sarah Carr-Gomm):《弗朗西斯科·德·戈雅》,帕克斯通国际出版公司出版社,2019年。

被父母遗弃的孩子大声叫喊着去乞讨面包;这里有一个面色发黑、面目全非的寡妇;那里有一个年轻姑娘,为免出卖肉体而被迫乞讨。"①在版画《巨人》(*Colosse*)中,巨人矗立在山谷之上,谷底的人、马车、马和家畜都惊慌逃窜,据说巨人代表了西班牙人民面对其对手拿破仑这个欧洲食人魔时的守护神。

拒绝谈判

1797年,拿破仑签订了《坎波福尔米奥条约》,这是他的一个错误。然而,他犯下的另一个严重错误在于不断拒绝盟友所提出的请求。在1813年和1814年,越来越多的人反对他。

1813年4月,瑞典、普鲁士和俄国携手,一同反对法国。6月,奥地利也计划断绝与法国的联盟,加入上述三国的反法同盟。因担忧权臣梅特涅(Klemens ron Metternich,1773—1859)的何去何从,拿破仑邀他于6月26日在德累斯顿(Dresde)的马尔科里尼(Marcolini)宫会面。

那天,拿破仑显得非常焦躁,几个小时里,他在会议室来回走动,大喊大叫,偶尔还把帽子踢到地上,他们俩都不想捡。如果说梅特涅是在捍卫某种欧洲秩序,那么拿破仑在捍卫什么?除了他自己的名

---

① 《马德里日报》,1812年8月17日。被莎拉·凯尔-戈蒙(《弗朗西斯科·德·戈雅》,帕克斯通国际出版公司,2019年)引用。

声、荣耀和他年轻的王朝的利益,还有什么呢?①

由于这次会谈没有旁观者,我们只能凭借梅特涅几年后留下的报告,以及拿破仑向部长马雷特(Maret)的叙述,来了解会谈内容。费恩(Fain)男爵在他的《1813年手稿》中转载了下列叙述:"梅特涅对他说:命运会像1812年那样再次背叛您。平时,军队只占法国总人口的一小部分。今天,您征召全民从军。您现在的军队难道不是透支了一代人的人力?我见过您的士兵,他们都是孩子!陛下确信这对国家来说有绝对必要,您不也需要国家吗?您征召的这支由青少年组成的军队殒命后,您会怎么做?您会征召一支由更年轻的少年组成的军队吗?"根据某个版本的回忆,拿破仑回答说:"先生,您不是士兵,您不知何为士兵之魂。我在战场上成长,像我这样的人并不关心一百万人的生命。"②还有另一个版本的记录:"您在这里为法国人的血脉辩护,但法国人对我没有那么多抱怨。诚然,我确实在俄国损失了30万人,但其中的法国人不超过10万。我对他们的丧生感到遗憾,是的,我感到非常遗憾。至于其他人,他们是意大利人、波兰人,主要是德国人。"③

梅特涅对拿破仑征募法国青少年并牺牲一代人这一指责无可厚非。考虑到法国在西班牙或俄国损失的几十万士兵,以及所有仍在

---

① 康斯坦丁·德·格伦瓦尔德(Constantin de Grunwald):《梅特涅的生活》,卡尔曼·莱维出版社,1938年。
② 沃尔弗拉姆·希曼:《梅特涅:战略家与远见者》,贝尔纳普出版社,2019年。
③ 费恩:《1813年手稿》,1824年;梅特涅:《回忆录》(1880—1884)。

二
毫无悔意

西班牙战争中服役的士兵,如果不组建一支由法国、意大利、比利时、荷兰或德意志的应征入伍者组成的新军队,他将无法抵抗进一步扩大的反法同盟。

拿破仑没有采纳梅特涅提出的和平建议。仅在1813年就要求参议院在法国征集98万人。参议院在1月11日交给他35万人,4月3日18万人,8月24日3万人,10月9日12万人,11月15日30万人。

最后两次元老院法令提前征集了1814年和1815年的达到服兵役年龄的青年。他们被称为"玛丽-路易丝",因为正是拿破仑委托他22岁的年轻妻子玛丽-路易丝签署征兵令并将其提交给元老院。她相信自己做了正确的事情,为了感谢议员们,她对他们说:"议员们,法国很高兴由你们这样的'ganache'(傻瓜)来管理。"曾有人告诉她,"ganache"的意思是"严肃认真的人"。

年轻的法国人为了逃避兵役而成群结队地结婚。其他人会在没有时间接受足够训练的情况下被派往战场。也有许多逃避兵役者。在有关部门找到他们之前,他们的家人不但被罚款,还被没收财产,同时被强制软禁在家中。"逃兵被戴上脚镣。他们在道路上、在监狱里排成长队,穿着棕色的衣服,戴着粗毛线帽,眼睛低垂,面黄肌瘦。他们像小偷一样戴着镣铐:这一切都被这些年轻的逃兵看在眼里,他们在山区组成了武装团伙,与宪兵队进行肉搏。"[1]

许多年轻人用自残让自己逃避兵役:他们砍掉拇指,让自己操

---

[1] M.卡佩菲格(M.Capefige):《执政府和拿破仑帝国时期的欧洲》,第十二卷,1842年,第109页。

作不了步枪,拔掉牙齿,使自己无法咬破弹药包装。有些人给自己制造恐怖的伤口,还用浸过砷的敷料让伤口愈合不了。就这样,缝纫机的发明者巴特勒米·蒂莫尼耶(Barthélemy Thimonnier, 1793—1857)截去了右手食指和中指上的两根指骨。为了安全起见,他还离开了家乡罗讷河畔的拉布雷斯勒(L'Arbresle)镇,逃进森林。①

"在1813年的战役中,几个士兵自残,切断右手的一个或多个手指:这样就不能再射击了。有人打碎自己的上臼齿,这样就无法咬开弹药包装。据传,有三千多人自残。那些右手残疾的人将接受陪审团的审察,以确认他们的伤残是作战还是自残导致。所有自残的人都将被判处死刑。行刑队将执行这个任务。然而,外科医生拉雷设法得出结论:所有这些伤残都是战争所致。与拿破仑相比,1917年的某些法国将军强硬得多。拿破仑的大军中很少有人因自残被枪毙。"②

法国总理帕斯奎尔(Étienne, duc de Pasquier, 1767—1862)承认,"从来没有一个国家领袖要求自己的国民自愿被大规模送进屠宰场"。当皇帝的贴身男仆康斯坦回到巴黎时,"我为公共游行中见到如此之多的哀悼者而震惊:她们是我们在俄国战场上牺牲的勇士们的妻子和姐妹"。③

---

① 阿兰·弗雷勒让(Alain Frerejean):《发明家的土地》,达朗迪耶出版社,2000年,第181页。
② 让·图拉德:《历史侦探》,与伊夫·布鲁利(Yves Bruley)访谈,书写出版社,2012年。
③ 康斯坦:《拿破仑一世的私人回忆录,由他的随从撰写》,法国水星出版社,第二卷,1967年,第282页。

二
毫无悔意

1814年1月1日，反法同盟军队渡过莱茵河。法国战役开始。法国人撤退。2月5日，在塞纳河畔沙蒂隆（Châtillon-sur-Seine）举行了和平谈判。拿破仑同意由科兰古代他出席。然而，当奥地利、普鲁士、俄国和英国要求恢复1791年的边界时，他不顾贝尔蒂埃的意见断然拒绝，并于3月19日中止了会谈。

对他不利的是，马尔蒙（August-Frédéric-Louis Viesse de Marmont, duke de Raguse, 1774—1852）已撤离巴黎。4月6日，拿破仑退位。

开罗屠杀

从远征埃及开始，尤其是阿布基尔海战（Battle of the Nile, 1798）的失利，这让波拿巴摆脱了对巴黎的所有依赖，他认为自己可以做任何事。这样的情况确实会发生：伟大的和平缔造者总是在没有恶意的情况下转变成了死神！

波拿巴认为自己通过奉承伊斯兰教伊玛目[①]和酋长，已经征服了开罗人民，但是他们在1798年9月9日欢迎奥斯曼帝国参战。事实上，开罗人民怨恨他向民众征税的行为，而且他决定拆毁分隔城市各区的大门以改善交通。这些决定在开罗引发了众怒。因此，10月21日，民众屠杀了800名法国士兵。

---

① 在宗教上一般用来指清真寺领拜人和伊斯兰教大学者。——译者注

波拿巴用炮击开罗回应了这场屠杀,并任由士兵们抢劫大清真寺。"法国人进入爱资哈尔清真寺(Al-Azhar mosque)。他们拿走了一切。《古兰经》的书本和卷轴像垃圾一样被他们抛弃,还穿着鞋从上面踩过。他们用粪便、尿液和唾液玷污了这个圣地。他们在那喝酒,打碎的酒瓶就扔在院子或院子中的建筑里。"10月23日,波拿巴写信给贝尔蒂埃:"公民将军,请你向驻扎在广场的法军指挥官下达命令,砍下所有手持武器的俘虏的头颅。……然后把这些无头尸体扔进河里。"

开罗的暴动在尼罗河三角洲地区得到了响应。23个起义的村庄被法国人掠夺和烧毁。除妇女和儿童外,所有居民都被枪决。900多人被斩首,他们的头颅被装在袋子里,用驴子运到开罗,在埃兹别基亚(Ezbekiyya)广场示众。

这种暴行是否应归咎于拿破仑个人的受到冲击的经历?在埃及,妻子约瑟芬的不忠是否使波拿巴的心变得更加坚硬?他失去了人性吗?在他们婚姻生活的最初几年,妻子并不总是对他的爱作出回应。初次见面时,波拿巴面黄肌瘦,充满病态,"他的头发梳得不好,也没扑好粉,这让她很不舒服",夏多布里昂如是说。但在埃及,他那棱角分明、锋利的面部轮廓变得更加圆润,这位浪漫的共和派将军已经成了一个能够独享共和国的独裁者。他毫不犹豫地枪决了几个违纪的士兵,并给德梅努(Jacqnes-François de Boussay Menou,1750—1810)将军写信说:"对付土耳其人只能用最严厉的方式。每天我都让人在开罗的街道上砍掉五六个脑袋。直到现在,我们才不

二

毫无悔意

得不放过他们,以改变我们之前的恐怖名声。相反,今天我们必须采取适当的语气,让这些民众服从。而对他们来说,恐惧就是服从。"①

然而,更糟的是:在叙利亚战役期间,波拿巴在雅法亲自下令进行大屠杀。埃及刚刚被征服,但阿布基尔海战的法国海军战败改变了局势。在英国人的推动下,康斯坦丁尼耶的苏丹②向法国宣战,并将法国人视作异教徒。波拿巴先发制人。1799年2月,他召集了12 000人前往叙利亚与土耳其人作战,阻止他们发动进攻,并从英国人手中夺走他们在通往印度的道路上的补给基地。为了团结当地被奥斯曼帝国压迫的少数民族、马龙派、德鲁兹派或什叶派穆斯林,为了成为法兰西的东方帝国(Empire d'Orient)的领袖,他计划随后向康斯坦丁尼耶,甚至印度推进。此时的拿破仑,是亚历山大大帝和先知穆罕默德形象的融合。

叙利亚战役伊始,法军取得军事胜利。波拿巴占领了阿里什(El Arish),然后是加沙(Gaza),并俘虏了2 000名土耳其人。他最关心的是食物,因为军队几乎没有足够的食物,所以他释放了土耳其俘虏,条件是他们不再参战。然后他继续向前推进,于3月7日占领了雅法,并俘虏了4 000名土耳其人,其中几百人是他在阿里什和加沙释放的俘虏。

波拿巴面临着艰难抉择。留下这些土耳其俘虏,那么用什么养活他们?这里距开罗的法军后方基地有500公里距离,军粮只勉强

---

① 拿破仑写给德梅努将军的信,1798年7月31日。
② 奥斯曼帝国最高统治者的称号。——译者注

足够供给己方的士兵,而且在沙漠中也找不到粮食。如果释放这些俘虏,他们显然会重新加入土耳其军队,使人数已远远超过己方的土军部队规模变得更大。要么这些土耳其人饿死,要么法军不得不再次与他们作战——从而让法国人流血牺牲。波拿巴召集最资深的军官们参加战争委员会会议。会议持续了两天,大家各抒己见。大多数人认为应该枪毙战俘,这虽可怕却最妥善。3月10日,土耳其俘虏被斩首。①

下列文字是后来成为著名物理学家的军官艾蒂安-路易·马卢斯(Étienne-Louis Malus, 1775—1812)的陈述:

1799年3月3日法军围攻雅法后,波拿巴派一名谈判代表去敦促守军投降。土耳其人的回应是将其斩首,并用长矛插着他的头颅,插在城墙上示众。波拿巴随后发动进攻。3月7日,雅法沦陷,遭到洗劫。法军从四面八方涌来,割断了男人、女人、老人、儿童、基督徒和土耳其人的喉咙。所有人都成了战争的牺牲品。大屠杀的嘈杂、破碎的大门、被火光和武器的噪声震动的房屋、妇女的尖叫、纷纷倒下的父亲和孩子、在母亲的尸体上被强奸的女儿、死者的衣服烤得冒烟、血腥味、伤者的呻吟、争夺垂死者身上战利品的胜利者发出的欢呼、愤怒的士兵用咆哮和更用力的殴打来回应平民绝望的呼喊。最后,那些被鲜血和黄金

---

① 文森特·克罗宁:《拿破仑》,阿尔班·米歇尔出版社,1979年,第176页。

二
毫无悔意

满足的人因疲惫而倒在尸堆里。这就是在这座不幸的城市一直持续到晚上的景象。①

我们回到营地睡觉,带回了约4 000名土耳其俘虏,因为我们曾承诺留下他们的性命,他们因此躲过了大屠杀,并在各个要塞放下武器投降。他们被安置在营地附近,那里守卫薄弱。他们在那待了三天,在此期间,他们和我们的士兵吃得一样,并应招在我们的各个军团服役。许多人被录用。但是第四天,波拿巴下令将他们全部枪决。②

以下是武装部队特派员(commissaire aux armées)雅克-弗朗索瓦·米奥(Jacques-François Miot, 1736—1805)的叙述:

风月20日下午,雅法的俘虏被安排在邦(Bon)将军所在师组成的一个庞大的营级方阵(bataillon carré)中间行军。军中暗暗流传着关于他们命运的传言,这让我和很多人一样,骑着马,跟着这支沉默的受害者队伍,以确定我听到的消息是否真实。土耳其人乱哄哄地行进,他们已经预见了自己的结局。他们既没有流泪,也没有尖叫:听天由命。他们当中的有些人因受伤

---

① 艾蒂安-路易·马卢斯,由罗伯特索莱引用,《波拿巴的学者》,瑟伊出版社,1998年;"尖端"丛书,2001年,第97页。
② 艾蒂安-路易·马卢斯:《马卢斯日记:埃及远征回忆录》,冠军出版社,1897年,第134—137页。

而掉队,在途中就被刺刀刺死。还有些人在人群中徘徊,似乎他们在如此迫在眉睫的危险中给出了有益的建议。也许最大胆的想法是,俘虏冲破包围他们的阵型不是没有可能。也许他们希望,在穿过田野时,四散躲进其中,能让一部分人逃脱一死。针对这些可能,法军已经采取了一切措施,土耳其人没有试图逃跑。

最终,当他们抵达雅法西南方的沙丘时,我们让这些土耳其人停在一个发黄的水塘旁。然后,指挥官让人把他们分成一些小队,分别带到不同地点,在那里执行枪决。尽管法军为这场灾难性的屠杀带足够多的人,然而,这一可怕行动仍旧耗时很久。但我必须声明,他们只是在上级的命令下,为了取得胜利,极不情愿地履行职责完成残酷的命令。

水塘附近有一群俘虏,其中一些似乎是高贵而坚定的老酋长,还有一个士气受到极大动摇的年轻人。他这么年轻,一定认为自己是无辜的,这让他做出让周围人震惊的动作。他扑向法军首领的坐骑,亲吻那名军官的膝盖,祈求宽恕。他喊道:"我有什么罪呢?我做了什么坏事?"他的眼泪、感人的呐喊毫无用处。这些改变不了他的死亡的命运。除了这个年轻人,其他土耳其人都平静地在那潭死水里净手,然后,像穆斯林互相问候那样,在把手放在心口和嘴上,之后手拉手进行了永远地告别。他们勇敢的灵魂似乎在蔑视死亡。从他们的平静中可以看出,在这最后的时刻,他们的宗教信仰和对幸福未来的期望给他们带来了信心。他们似乎在对自己说:"我离开这个世界,是为了和先

二
毫无悔意

知穆罕默德一起享受永恒的幸福。"因此,《古兰经》所许诺的这种死后的幸神,支撑着这些虽战败和经历不幸但仍然感到骄傲的穆斯林。

我看到一位可敬的老人,从语气和举止来看他的地位很高。他冷静地在面前的流沙中挖了一个洞,深得足以把自己活埋。毫无疑问,他只想死在自己人的手里。他仰面躺在这个庇护他、也让他痛苦的坟墓里,战友们向真主祷告,很快就用沙子活埋了他,然后踩在已经成为他裹尸布的泥土上,他们可能想提前结束他的痛苦。

这个场景让我内心震动,我的描述还是太过苍白无力,它发生在分散到沙丘各处的各俘虏小队被行刑期间。最后,所有俘虏只剩下那些水塘附近的人。士兵的子弹已经用尽。不得不用刺刀和白刃处死他们。我受不了这可怕的景象,就跑开了,几乎支撑不住。晚上,一些军官向我报告说,这些不幸的人的死亡是由于大自然某种不可抗拒的意志,它使我们免于死亡,即使这些战俘没有任何逃脱死亡的希望,还是前赴后继地冲上去,他们的四肢受到了来自心脏的打击,这些打击将立即结束他们悲惨的生命。不得不说,屠杀造成了一个由滴着血的死人和垂死的活人堆成的恐怖金字塔。我们不得不拖走断气的尸体,来解决那些被这令人恐惧的尸体的壁垒所庇护着的尚未被行刑的不幸者。

这幅画面是准确的、忠实的,记忆使人双手颤抖,而这双手没能描绘出所有的恐怖。

米奥指出:"他们只是在上级的命令下,为了取得胜利,极不情愿地履行职责完成残酷的屠杀。"[1]

这些不幸的人清楚等待着他们的是什么。他们中的绝大多数都带着宗教狂热所激发的那种尊严去听天由命。他们眼睛干涩,口中念着祈祷词,因为没有水,就用岸边的沙子做最后的净手礼。然后,他们彼此郑重地告别,死时口中重复着:"万物非主,唯有真主,穆罕默德是真主的使者。"我们看到有些人在呼啸的子弹声中,静静地抽着他们长长的东方烟斗。也有人不那么甘心,经历了愤怒和绝望带来的所有痛苦后,他们在海边走投无路,由一排步枪包围着他们冲向刺刀,被刺穿身体而亡。其他地方,在凄惨的哭声中,这些可怜人躲在彼此身后,混乱地活着扎进死人堆里。士兵只能站在尸体堆上处决他们。最后,一小群人发现了海岸远处的礁石,便设法游到这最后的避难所,这样子弹就打不到他们了。士兵们放下武器,用埃及人惯用的手势向他们示意,饶过他们。他们信以为真了,相继回到海滩上,然后因此而丧命。[2]

为了给波拿巴开脱,有人说大多数雅法战俘都是加沙的驻军。他们违背了诺言。法军既无法带走他们,因为无法看守他

---

[1] 雅克-弗朗索瓦·米奥:《为远征埃及和叙利亚的历史服务的回忆录》,勒诺曼出版社,1814年。
[2] A.-J.德南(A.-J. Denain):《法国远征埃及的科学和军事史》,第四卷,1831年,第356—357页。

二

毫无悔意

们,也没有足够的食物供给他们;也不能凭他们做出承诺就将其释放,因为他们将会毫无顾忌地出尔反尔。但这样一来,他们就不应该活下去。①

六年后,大军团占领乌尔姆(Ulm)高地时,拿破仑警告奥地利驻军首领列支敦士登亲王(Prince of Liechtenstein),如果不投降,他就会像在雅法那样把他们变成刀下之鬼。

然而,当拿破仑在圣赫勒拿岛提及雅法事件,他试图为自己的行为找出充分的理由。因此,在1817年1月23日与奥马拉的交谈中,他说:

> 我下令枪决1 000或1 200名土耳其人,他们就照做了。原因是我们发现在雅法被俘虏的军队中的一些土耳其人是我不久前在阿里什俘获的士兵,我下令把他们送往巴格达(Bagdad),前提是要他们保证一年内不参加军队与我作对。我让我军的一个师押送他们走了12古里。可他们没有去巴格达,而是投身到雅法战役,并守城到最后一刻。这让我军在拿下雅法之前损失大量的英勇士兵,如果不是这些土耳其人加强了该地的守卫,我的士兵们就不会丧命。此外,我在进攻前派出了一名谈判代表进城劝降。然而,他的头颅被插在城墙上的杆子上。如果我听信

---

① 艾蒂安-路易·马卢斯:《马卢斯日记:埃及远征回忆录》,冠军出版社,1897年,第137页。

他们的话，再次放过并送走他们，他们会直接去圣让德亚克（Saint-Jean-d'Acre），在那里他们会上演与雅法相同的一幕。我军士兵的安全和生命不允许我这么做！因为每个将军都必须把自己当作部队的父亲，并把部队当作自己的孩子。让一部分军队来看守他们也不可能，因为这些无耻之徒的背信弃义已经使我军人数减少、力量削弱。事实上，如果我不这样做，很可能会导致我们全军覆没。

因此，依据战争法，我被允许在这种情况下杀死战俘。我不仅有权攻占这座城市进行报复，还有权挑选并枪决在阿里什已经投降过一次的战俘。因为他们无视投降的约定，并手持武器对付我。其余相当多的人得到赦免。

未来，我还会这样，像威灵顿（Arthur Wellesley, 1st duke of Wellington, 1769—1852）或任何其他指挥军队的将军一样，他们在类似情况下也会这么做。①

对不公正心怀怨恨

在圣赫勒拿岛，拿破仑毫无悔意，对雅法大屠杀和西班牙战争也是如此。相反，他不断表现出强烈怨恨，因为自己没有得到公正对

---

① 巴里·奥马拉：《流亡中的拿破仑》，拿破仑基金会，塔朗迪耶出版社，第一卷，1993年，第239页。

二 毫无悔意

待。他怨恨的对象是英国政府和其寡头政治,尤其是两者的执行者:"刽子手"和"狱卒",特别是英国殖民地事务大臣巴瑟斯特勋爵(Henry Bathurst 3rd Earl Bathurst,1762—1834)和圣赫勒拿岛总督哈德森·洛爵士。

出于对英国人以及英国政治体制、英国皇家海军和殖民帝国的高度尊重,拿破仑就愈加反感英国人对他的处理。他不能接受的是,英国人没有像十年前对待他的弟弟吕西安那样,把他当作一位绅士。

相反,对那些坦率的背叛者,他却没那么多的怨恨。文森特·克罗宁告诉我们,拿破仑最喜欢的悲剧是高乃伊的《西拿》(Cinna),据说他已经看了十二遍。"《西拿》的主人公是罗马帝国皇帝奥古斯都,他是拿破仑最欣赏的三个古罗马人之一,另外两个是庞培和恺撒大帝。根据剧本,在一次高卢之行中,奥古斯都得知自己最好的朋友西拿曾密谋杀害他;经过一番犹豫,奥古斯都决定原谅他,回报他的友谊,并给予他执政官的职位。这是以宽恕为主题的悲剧。"

拿破仑与奥古斯都很相似。虽然他对哈德森·洛大发雷霆——后者没有允诺他什么,也不欠他什么;但他却原谅了那些背叛者——萨利塞蒂、缪拉、苏尔特、内伊(Michel Ney,1769—1815)或马尔蒙,并没有过多痛骂塔列朗或贝纳多特。

三　与死神捉迷藏

1796 年 5 月 30 日，在第一次意大利战役期间，维罗纳（Vérone）附近的博尔盖托战役（Battle of Borghetto）结束后，波拿巴不顾个人安危，在没有护卫陪同的情况下，在明乔（Mincio）河畔瓦莱焦（Valeggio）的一栋别墅里休息，洗了足浴，据他说，这让他摆脱了头痛。然后，一个分队的奥地利轻骑兵偶然来到了这里。哨兵刚来得及关上宽阔的大门，波拿巴就从房子后面的一个窗户逃走了。匆忙中，他丢了一只靴子。

为了避免意外被俘，他成立了一支护卫小队，即由贝西埃指挥的向导连，起初是执政官卫队，之后成为皇帝卫队。

意大利战役和埃及战役

当拉斯卡斯问他，觉得自己在哪件或哪几件事情上遭遇最大危险时，拿破仑回答说："那是战役刚开始的时候，在土伦，但特别是在阿尔科莱。"阿尔科莱战役（Battle of Arcole）发生在 1796 年 11 月 15

三
与死神捉迷藏

日至17日,与洛迪战役一样,这是一场夺桥之战。奥军在阿尔科莱桥挡住了法军的所有进攻。拉斯卡斯告诉我们:"拿破仑试图最后一搏:他举起一面旗帜,冲到桥上,把旗树在那里。他率领的纵队已经越过一半桥面,这时侧翼的火力打击导致法军进攻受挫。……总司令的副官米龙(Muiron),在用身体掩护将军时丧命。勇士们立即再次冲向敌人。前头的掷弹兵被队伍抛弃,他们犹豫了,被卷入逃亡队伍,但他们不想放弃将军;他们拉着他的胳膊、头发、衣服,在死人、垂死者和烟雾中,拖着他一起逃离。"①

他重新骑上马,但这匹马在他身下受了伤,且因受伤而疯狂地冲向奥地利人,一头扎进沼泽,把他拖到那里。波拿巴被甩下马来,肩膀以下都深陷在沼泽的黑色泥浆中,与敌人处于同一高度。有人大喊:"士兵们,上去救救将军!"几个年轻人设法将他救了出来。

在这第一天里,波拿巴就险些丧命,六次获救。其中他在桥上五次遇险,然而两名副官米龙和埃利奥特(Elliott)在他身旁牺牲,罗贝尔将军牺牲,拉纳和维尼奥尔(Vignolle)负伤。还有一次遇险是在沼泽里,他被弟弟路易和三名士兵——马尔蒙、多梅尼(Daumesnil)和穆西(Musy)所救。拉斯卡斯没有提到,面对敌人的炮火,是奥热罗(Charles-Prerre Augereau,1757—1816)将军第一个手举旗帜、带领士兵冲上桥面。他已经带领士兵三次上桥,但每次刚走几步,就被枪炮的火力击退。波拿巴的功劳是他接替了奥热罗。看到部队撤退,波

---

① 拉斯卡斯伯爵:《圣赫勒拿回忆录》,伽利玛出版社,昂星图书馆,第一卷,1956年,第549—550页。

拿巴下马步行，手持旗帜，喊道："你们不再是洛迪之战中的勇士了吗？跟我上！"

拉斯卡斯没有提到，在那一天，所有这些尝试都失败了，法军没能成功过桥。如果说，他们终于在第二天赢得了胜利，那也不是因为勇气，而是因为波拿巴的计谋。他偷偷派了一些年轻的号手和鼓手以及一个向导分队绕到敌人后方，演奏了一场震耳欲聋的军乐，让他们以为后方已被法国军队占领，从而引起了敌人的溃散。

在埃及远征期间，波拿巴六次险些丧命。这是最不可预测的情况。第一次是在1798年5月，当时他前往土伦接手指挥埃及远征军。马尔蒙回忆道："波拿巴在（5月8日）夜幕降临时抵达普罗旺斯的艾克斯，然后匆匆赶往土伦。与他同行的还有波拿巴夫人（约瑟芬）、布里耶纳、杜洛克和拉瓦莱特（Antoine-Marie Chamans comte de La Valette，1769—1830），他们乘坐一辆非常高大的四轮马车，车上还有一头'奶牛'①。他想继续赶路，但又想绕过马赛，因为在那里可能会耽误行程，所以他选了一条更直接的路线，即取道罗克韦尔（Roquevaire），这也是一条大路，但走的人不多。已经有几天没有车夫经过那里了。突然，马车在高速下坡时，受到猛烈撞击后停了下来。大家都醒了，急忙下车查看事故原因。一根粗壮的树枝横在路上，挡住了马车的去路。十步之外的坡下，是峭壁之间的湍流，而架

---

① 奶牛是一个行李箱，有一个难以理解的弧形盖子，放在四轮马车或驿车的车顶上。——译者注

三

与死神捉迷藏

在上面的桥在前一天已经坍塌,可没人知道这件事。要不是这根树枝把马车挡在了悬崖边上,他们肯定会摔下去。这不就是上帝向拿破仑施以援手吗?这不就让波拿巴认为上帝眷顾着他吗?"①

七个月后,即1798年12月初,波拿巴想亲自确认尼罗河和红海之间存在一条古运河,这条运河在法老塞索斯特利斯三世(Sésostris III,前1836—前1818年在位)和内克奥二世(Néchao II,前610—前595年在位)统治下开凿。在埃及研究所(l'Institut d'Égypte)的五位同事贝托莱(Clande-Louis Bethollet, 1748—1822)、科斯塔兹(Louis Costaz, 1767—1842)、杜特尔特(Andre Duterte, 1753—1798)、勒佩尔(Jean-Baptiste Le Pére, 1761—1844)、蒙日,以及卡法雷利(Louis-Marie-Joseph-Maximilien, Caffarelli du Ealga, 1756—1799)将军和300人组成的护卫队陪同下,向红海进发,途中在苏伊士停留,在那里,他下令建造防御工事。12月28日,在黎明和退潮时,他在干涸的海床上穿过苏伊士湾的一个分支,到达红海对岸的摩西泉(les fontaines de Moïse)。

传说,摩西就是在这里让磐石涌出清澈的活水。退潮时,波拿巴从浅滩穿越红海,到达了这个位于西奈半岛(Sinaï)的地方,此地距离海岸三公里。他看到八条泉水分别从八个沙丘中翻涌而出,沙丘的尽头都是火山口,水从那里溢出,沿着由火山口锥面形成的天然渠道

---

① 马尔蒙:《回忆录:1792年至1841年》,佩罗坦出版社,第一卷,1857年,第353页。

涓涓流动。

　　在那里，他会见了当地阿拉伯人的领袖，他们恳求与他结盟。行程被延长了，直到晚上他才决定折返。上涨的潮水阻挡了回程的道路。有人建议在海滩上扎营过夜。但他拒绝了，叫来阿拉伯向导带路。为被尊为先知之人服务令向导倍感不安，因而走错了路，这让旅程延长了一刻钟。

　　波拿巴、学者们和护卫队刚走到一半，涨潮的第一波浪花就打湿了马蹄。木腿将军[①]卡法雷利，艰难地坐在马鞍上，想寻求帮助。他的呼声被当成求救信号，吓坏了同行队伍。人们向自己认为可以获救的方向逃去。只有拿破仑不动声色，坚持跟着向导走。海水继续上涨，他的马受到惊吓，拒绝向前。护卫队中一名身材高大魁梧的士兵，跳进海里，把将军扛在肩上，然后抓住向导坐骑的马尾。波拿巴像孩子一样被他扛在肩上，然而水很快就涨到了他的腋下，他的脚开始踩不到水底。潮水以惊人的速度上涨。再过5分钟，世界的命运就会因为一个人的死亡而改变。波拿巴差点遭遇和法老一样的命运——军队被大海吞噬。

　　突然，向导大喊一声，上岸了！大家都得救了。半夜，他们返回苏伊士。第二天，他们再次启程去寻找古运河的遗迹。波拿巴第一个认出了这些古迹。随后，他们逆流而上4古里。古运河正流向大小苦湖（les lacs Amers）。此行的目的达成。

[①] 三年前，他在桑布雷和默兹（Sambre-et-Meuse）军队服役时被弹片击碎了一条腿。

三

与死神捉迷藏

1800年5月，第二次意大利战役中，波拿巴驰援被奥地利人围困在热那亚的马塞纳（André Masséna, due de Rivoli, prince d'Essling, 1758—1817）。为了突袭奥军，他决定带着46 000人、7 000匹马、300辆马车和60门大炮，越过一条被认为不可能通过的通道——海拔2 460米的大圣伯纳德山口（le col Grand-Saint-Bernard），汉尼拔（Hannibal, 前247—前183/181年）和查理曼（Charlemagne, 768—814）曾先后取道于此。为了拉动马车和大炮，他在瓦莱（Valais）征用了6 000名配备绳索的农民。他租了一头骡子，让27岁的农民尼古拉·多萨兹（Nicolas Dorsaz）作向导，尼古拉·多萨兹认为自己是在和一个普通上尉打交道，便一言不发地步行陪他。突然，在萨尔雷尔（Sarreire）的羊肠小道上，波拿巴骑的骡子被一块石头绊倒，险些把他拖向德兰斯河（Dranse）的深渊。尼古拉·多萨兹使出全身力气，成功抓住马嚼子让骡子站直，并抓住波拿巴的大衣下摆把他拉回。就这样，他救了波拿巴。波拿巴也因此屈尊与他交谈。

在马伦戈大捷（Battle of Marengo, 1800年6月14日）和第二次意大利战役胜利后不久，波拿巴委托大卫（Jaeques-Louis David, 1748—1825）创作了五幅画，来宣传并向后人展示他通过大圣伯纳德山口的场景。每一次，画家都将场景描绘在晴朗的天气里，波拿巴骑在骏马上，身着考究的将军制服，手向地平线延伸，面向观众。波拿巴的名字被刻在一块岩石上，旁边刻着他杰出的先行者汉尼拔和查理曼的名字。然而，事实上拿破仑通过山口的那天，骑着骡子在山路上颠簸的波拿巴并没有如此自命不凡的形象，他穿着简单的大衣、戴着双角帽,外面罩着抵御恶劣天气的披风。

当奥马拉问他是否受了轻伤,拿破仑回答:"毫无疑问,是的。但基本上不需要外科医生。在马伦戈,一颗炮弹打掉了我左腿靴子的一小块皮革,还打掉了一点皮肤(我给他看了伤痕)。我只用了一块浸泡盐水的布包扎伤口。"当奥马拉问他是否经常有他骑的战马阵亡时,他回答说:"我的一生中,有18或19匹坐骑战马阵亡。"

1803年,布洛涅军营

1803年4月,在英国与法国签署《亚眠和约》(la paix d'Amiens)的13个月后,以格伦维尔(William Wyndham hrenoille, Baron Grenville, 1789—1834)和阿丁顿(Henry Addington, 1st Oisconnt Sidmouth, 1757—1844)为首的英国托利党政府雇佣杀手刺杀法国首席执政[①]。在国王乔治四世(George IV, 1762—1830)、英国寡头、《泰晤士报》(Times)和《晨报》(Morning)的鼓动下,托利党政府让英国皇家海军护卫舰在欧迪耶讷海湾(Audierne)扣押了两艘法国商船,并最终向法国宣战。

拿破仑已尽其所能地去避免这种决裂。失望之余,他反应激烈。

---

① 首席执政(Le Premier Consul)专指拿破仑。——译者注

他按照1798年法国军方设想的那样,组建了一支舰队准备入侵英国。而且为了监督这次入侵的准备工作,他在1803年6月至1805年9月期间多次造访滨海布洛涅(Boulogne-sur-Mer)。

"按照惯例,他要亲眼看到一切,他登上船,询问水手,希望他们向他解释一切、检查每一处细节。他过问船桨的数量和长度、船上军需品的数量、用柏油擦拭的缆绳、大炮的射程。不管愿不愿意,海军上将布鲁伊克斯(Étiene Eastache Bruix,1759—1805)不得不服从他的指示。为了取悦拿破仑,甚至为他在悬崖上的木屋设立了指挥所,他从那里可以看到港口和锚地。而且,他们在附近还建造了一个类似的设施,首席执政视察时也会来这里落脚。"①

波拿巴意识到,设置在陆地上的炮台射程不够远。为了让它们能够以45度仰角射击,他下令抬高炮架。

1803年9月,刚抵达布洛涅附近的蓬德布里克(Pont-de-Briques)司令部,拿破仑就收到了来自海军上将布鲁伊克斯的坏消息:英国舰队正准备阻止来自奥斯坦德(Ostende)和敦刻尔克(Dunkerque)的运送弹药的船队进入布洛涅和维姆勒(Wimereux)港口。第一执政随即命令所有沿海炮台进入战备状态,然后通过望远镜观察英国人的行动。

考虑到这场战斗不可避免,他想前进一段距离来观察整个战场。然后他和布鲁伊克斯一起登上一艘由执政卫队的水手驾驶的小船,

---

① 奥古斯特・托马兹(Auguste Thomaz):《拿破仑和他的水手》,伯杰-勒沃特出版社,1950年,第144页。

并要求他们驶出布洛涅锚地,再深入海里一些。

结果他倒了大霉。因为不久以后,这艘小船就被炮弹的呼啸声包围。海军上将认为远离海岸非常草率,他向波拿巴指出,最好是靠近海岸并沿着海岸行驶,直到在沿海炮台的保护下到达维姆勒。

他回答说:不,我们继续向前,我想看看情况,也想被人看到。

——将军,太危险了。勇敢可能会变成一种疯狂的虚张声势。

——别管炮弹了。我并不害怕。我相信我的运气。

——很遗憾地提醒您,我是舰队的指挥官。在海上,我是军舰唯一的主人。我要负起责任。

海军上将给士兵们下了正式命令,让他们返回海岸,向维姆勒航行。

"我的卫队水手们,"波拿巴喊道,"服从你们的领袖!卫队水手们,我不允许你们这么做,服从你们的上将!"

于是,拿破仑向布鲁伊克斯发了火。后者沉默了,但依旧保持理智,没有放弃。

小船刚靠近海岸,他们就看到了令人痛心的一幕。一艘在海上航行得稍远的运输船被英军发射的一排巨大的炮弹击中,在顷刻间沉没。

这个事例的作用显而易见。然而,布鲁伊克斯没有发表任何评论。他不需要为自己违抗命令的行为辩解。波拿巴觉得自己错了,反倒沉默了。他只是背对着海军司令,吹起了口哨。就这样,他的船就抵达了维姆勒港。

1804年，波拿巴加冕成为皇帝。从那时起，他被称为拿破仑。他比以往任何时候都更具权威。布瓦涅(Boigne)伯爵夫人，也就是布鲁伊克斯的表妹，在她的《回忆录》中记述说：在布洛涅军港，几位政要想为这位伟人竖立一座雕像。听着他们讨论了两个小时关于他该穿什么服装的问题，布鲁伊克斯厌倦了。据说他不耐烦地喊道："让他裸体，这样更方便你们亲吻他的屁股。"有人急忙向拿破仑传话，而拿破仑对此并不在意。

三次刺杀未遂

有一天，奥马拉问拿破仑：

我认为，在担任第一执政时，您躲过了一次袭击。

是的，在1800年。那是在圣诞节前后，人们在举行盛大的庆祝活动。有人急切地催促我去看歌剧。我一整天都很忙，感到疲惫和困倦，就躺在我妻子内宅的沙发上。约瑟芬不久后下楼，把我叫醒，坚持要我一起去看演出。她是一位优秀的女性，她希望我尽我所能赢得人民的爱戴。你知道，当女人有心事的时候，她们必须做成她们想做的这件事，这样她们才能得到满足。

因此，我不情愿地站起来，和拉纳、贝西埃一起上了马车。

我太困了，就在马车里睡着了。当爆炸发生时，我正在睡觉。我记得，我醒来时，感觉到马车被冲击波掀起，并听到巨大的响声。

罪犯是圣雷让(Saint-Régent)和利莫埃兰(Limoëlan)，还有其他一些人。利莫埃兰是神职人员，后来逃往美国，在那成了牧师。他们设法运来一辆马车和一个木桶，类似于巴黎街头运水的马车和木桶。桶里装满了火药，利莫埃兰和马车一起阻挡在我要经过的街道拐角处。

我得以幸免是因为我妻子的马车与我的很像，而且都由15名骑兵护送。利莫埃兰不知道我在哪辆马车里，甚至不确定我是否在车上。他犹疑着上前，望向前面一辆马车，想看看我是否在里面。一名高大强壮的卫兵看到他挡住道路并向马车里张望，感到不耐烦和恼怒，于是跑过去，狠狠地踢了他一脚，喊道："给我让开，你这个老百姓！"并推倒了他。还没等他起身，马车就向前行驶了。

我猜，利莫埃兰因其跌倒和图谋而惴惴不安，没注意到我的马车已经过去。他跑回小车，点燃爆炸装置，炸弹在两辆马车之间爆炸了。这次爆炸炸伤了一名骑兵，炸死了他的马，掀翻了几座房子，死伤了大约四五十个在那里目送我经过的围观群众。(……)可能是卫兵推倒利莫埃兰，救了我。也可能是车夫的功劳，他以最快的速度转弯，就像喝醉了一样，什么都不怕。[1]

---

[1] 巴里·奥马拉：《流亡中的拿破仑》，拿破仑基金会，塔朗迪耶出版社，第一卷，1993年，第286页。

三

与死神捉迷藏

这次袭击由三名保王党叛乱分子策划。他们受命于乔治·卡杜达尔(Georges Cadoudal，1771—1804)，为法国国王路易十八(Louis XVIII,1755—1824)的复辟而努力。其中一个刺客是巴黎人弗朗索瓦·科尔本(François Corbon)，他冒充小贩，买了马车和母马。然后,他和两个布列塔尼的同伙利莫埃兰(被送上断头台的保王党人的儿子)以及圣雷让一起,弄到了一个大酒桶,把里面的酒倒掉,塞满火药和石头,再装上车。之后,圣诞节前夕,得知第一执政和妻子计划去看歌剧后,他们把小车和木桶运到了杜伊勒里宫通往当时歌剧院路上的他们精心挑选的一个地方。

圣雷让把马车横停在圣尼凯斯(Saint-Nicaise)街,没有完全堵塞道路,但迫使所有经过这条街的马车减速。他拿出几个便士,让一个可怜的14岁女孩帮他拉一会儿缰绳。然后他准备了引信。

利莫埃兰在卡鲁塞尔广场和圣尼凯斯街的拐角处放哨,以便在发现拿破仑的护卫队和马车时立即向圣雷让发出信号。但利莫埃兰惊慌失措,忘记了通知圣雷让。圣雷让看到护卫队和马车时,只来得及点燃导火索,并全速逃离现场。第一执政的马车夫看到障碍物并没有减速,而是沿着剩下的狭窄通道疾驰,转弯驶入下一条街道。就这样,一分钟后木桶爆炸。

爆炸非常猛烈,马车、马和牵着缰绳的小女孩都被炸得粉碎。一名站在店门口为拿破仑鼓掌的妇女,胸口被炸裂,另一位妇女失明。总共有9人遇难,26人受伤。但拿破仑毫发无伤地脱险了。

约瑟芬与她的女儿奥坦斯、小姑卡罗琳·波拿巴和拉普将军所乘坐的马车本应紧跟首席执政的马车,应该已经被炸成碎片。但幸运的是,约瑟芬出发晚了几分钟,因为她在最后一刻去换了一条不同颜色的披肩。"由于这个小插曲,她的马车只有玻璃窗被震碎了。马匹挣脱了缰绳,约瑟芬晕倒了,奥坦斯的手被割伤,而怀孕几乎足月的卡罗琳则受到了剧烈的震动。"①

袭击事件表明,拿破仑通过合法途径对待反对派是不可能的。相反,拿破仑将巩固自己的政权。拿破仑认定这是雅各宾派的计策,但实际上是保王派的阴谋,他利用国民的愤慨,一石二鸟,镇压了这两个极端阵营。

乔治·卡杜达尔,别名乔治,并没有因为这次刺杀未遂而罢休。1803年,他潜伏在巴黎,这一次,他聚集了大约60名叛乱分子。据文森特·克罗宁说:"他制作了轻骑兵制服,让部下穿上,等待着阿图瓦伯爵查理,后为法国国王查理十世(Charles X,1757—1836)发号施令,命令他们参加在卡鲁塞尔广场举行的检阅。当拿破仑检阅队伍时,其中一人将向他递交请愿书,而其他人则将用匕首刺杀他。"②

然而,阿图瓦伯爵没有做出任何指示。根据拉瓦莱特的说法:"乔治在巴黎躲了五个半月,在这段漫长的时间里,他把刺杀成功的可能性视为自己脱险的可能性,之后他发现幸运之神只给了自己两次成功的机会。第一执政在杜伊勒里宫的防卫可以说是无懈可

---

① 文森特·克罗宁:《拿破仑》,阿尔班·米歇尔出版社,1979年,第262页。
② 文森特·克罗宁:《拿破仑》,阿尔班·米歇尔出版社,1979年,第265页。

三
与死神捉迷藏

击,就算在没有守卫之处也不可能袭击他。自从刺客尝试使用'地狱机器'①以来,在剧院刺杀拿破仑已毫无可能。因此,只能在拿破仑的某次出行中实施刺杀计划。……正如乔治所承认的那样,他计划在拿破仑一次出行(去布洛涅海军基地)返回时守株待兔,和几个同党化妆成向导,待在路上,然后挟持他。拿破仑将在他们的押送下坐上一辆马车,迅速抵达诺曼底海岸,被押到船上前往英国。因为羞于承认自己的暗杀行动,乔治想象了这个传奇故事。但他很容易伪装成向导与马车同行,并向马车里发射霰弹,波拿巴将不能幸免。"②

一名警察在街上认出了卡杜达尔,他的鼻子被炸断了、脖子肿大。1804年6月28日,他和十几个同党被送上了断头台。与此同时,两名杀手在抵达法国时被警方逮捕,他们受雇于英国政府前来刺杀拿破仑。勒桑普勒(Lesimple),36岁,前龙骑兵,之后成为威尔士亲王(prince de Galles)的厨师;博纳尔(Bonnard),33岁,逃兵。拿破仑利用这些刺杀未遂事件煽动情绪,要求元老院(Sénat)和保民院(Tribunat)"为了拯救法国和维护自由"③,赋予他终身且世袭的权力。

---

① 地狱机器(la machine infernale),历史上是科西嘉人朱塞佩·马可·费奇(Giuseppe Marco Fieschi)在1835年用来暗杀法王路易·菲利普的自制火器。——译者注
② 安托万·德·拉瓦莱特:《回忆录》,第二卷,福尼耶出版社,1831年,第18页。
③ 法案评议委员会委员拉哈迪(Lahardy)于1804年4月30日的讲话,由娜塔莉·佩蒂托《拿破仑·波拿巴,民族的化身》,阿尔芒·科林出版社,2015年)引用,第158页。

正如国务委员勒尼奥·德·圣约翰·德昂热利（Michel-Louis-Étienre, Lount Reghault de Saint Jenn d'Angély, 1761—1819）所说："他们想杀死波拿巴，我们必须保卫他，使他不可动摇。"让他不可动摇意味着选举他为皇帝，并建立一个父死子继，兄终弟及，叔侄相传这样代代相传的王朝，这将在1804年年底前实现。

但是，计划袭击拿破仑的并不只有在英国人怂恿下的法国人，或者更确切地说是法国保王党人。他还被奥地利爱国者斯塔普斯（Frederic Staps, 1792—1809）和德意志人冯·德·萨赫拉（Ernst Christoph August von der Sahla, 1791—1815）盯上了。

拿破仑讲述道：

在美泉宫，我非常幸运地再次躲过了致命的危险。那是在法军攻占维也纳的几天后。我在美泉宫检阅部队。一个大约十八岁的年轻人向我走来。他走到了能触碰到我的距离，说非常想和我谈谈。贝尔蒂埃不喜欢有人在阅兵时打扰我，他让这个年轻人站在一边，说："如果您有话要对皇帝说，必须换个时间。"说完，他叫来了出身德语地区①的拉普，并对他说："这个年轻人有话想对皇帝说。看看他要干什么，不要让他打扰陛下。"之后，他喊来这个年轻人，告诉他拉普会说德语，会答复他。拉普走到

---

① 实际上，拉普是阿尔萨斯人。

年轻人面前,问他想做什么。年轻人回答说,他有一份陈情书要交给皇帝。拉普告诉他,我很忙,现在不可能和我说话。这时,年轻人把手伸进马甲里,似乎在寻找想给我的那份文件。尽管知道拉普已经回绝了,但他依然坚持要见我,并不断上前。拉普十分粗暴,给了年轻人一拳,把他推到一边。部队行进时,他(这个年轻人)再次冲上来。拉普一直盯着他,让一些卫兵抓住他,并一直监视他到阅兵结束。然后拉普让人把他带到房间,问他想做什么。警卫们发现他一直用手捂着肚子,让他把手拿开,并接受检查。在他的衣服下,他们发现了一把和胳膊一样长的刀。

他们迅速来禀报我,在他身上发现了一把巨大的刀。我把这件事告诉了杜洛克。我们一起去了这个年轻人被关押的地方。他坐在一张床上,旁边放着一个年轻女人的画像、他的钱包和一个装着一些金路易(法国货币)的钱袋。

我询问他的名字。

——我只能告诉拿破仑。

——你想用这把刀做什么?

——我只能告诉拿破仑。

——你想用它来谋杀他吗?

——是的,先生。

——你为什么要这样做?

——我只能告诉拿破仑。

拉普继续说：

我去禀告皇帝这件怪事。他让我把这个年轻人带到他的办公室。我传达了命令后，就上楼去了。他与贝尔纳多特、贝尔蒂埃、萨瓦里（Savary）和杜洛克在一起。两个宪兵带来了双手被绑在背后的斯塔普斯。斯塔普斯表现得很平静。拿破仑的出现并没有引起他的丝毫注意。然而，他确实以一种恭敬的方式向拿破仑问好。皇帝问他是否会说法语。他镇定地回答：

——几乎不会。

拿破仑要求我代表他提出以下问题：

——你来自哪里？

——瑙姆堡（Naumburg）。

——你的父亲是什么人？

——一位新教牧师。

——你多大了？

——十八岁。

——你要用那把刀做什么？

——杀您。

——你疯了，年轻人，你是狂热分子。

——我没有疯，我不知道什么是狂热分子。

——那么你生病了？

——我没有病,我很好。

——你为什么要杀我?

——因为您给我的国家带来了不幸。

——我伤害你了吗?

——是的,就像伤害了所有德意志人一样。

——谁派你来的?是谁在逼你犯罪?

——没有人逼我。我深信,只要我杀了您,我将为我的国家和欧洲做出最大的贡献,是它们把武器交给了我。

——这是你第一次见到我吗?

——在埃尔福特(Erfurt)会晤期间,我见过您。

——那时你不打算杀我吗?

——不,我以为您已经对德国停战。我曾是最崇拜您的人之一。

——你在维也纳待了多久了?

——十天。

——你为什么要等这么久才动手?

——八天前我来到美泉宫,打算杀了您。但当时阅兵刚刚结束,我把计划的实施推迟到了今天。

——我说,你疯了,还是病了。

——都没有。

——让科尔维萨过来。

——科尔维萨是谁?

——他是医生。

——我不需要。

医生来之前，我们什么话也没说。斯塔普斯面无表情。科尔维萨到了。拿破仑让他给这个年轻人诊断。他照做了。

——先生，我没有生病，不是吗？

——医生向皇帝答复道：这位先生身体很好。

——我告诉过您了，斯塔普斯带着某种满足感说道。

拿破仑对斯塔普斯这种镇定困惑不解，再次开始提问。

——你的思维已经错乱，你将害了你的家人。如果你为想要犯下的罪行请求宽恕，我将饶你一命，而你必须为此道歉。

——我不想乞求宽恕。我最遗憾的是我没能得手。

——哎唷！看来，犯罪对你来说不算什么？

——杀您不是犯罪，而是一种责任。

——我们在你身上找到的这幅画像是什么？

——这是我所爱女子的画像。

——她会为你的这种冒险行径感到痛心疾首。

——她会为我没有得手而感到悲伤，她和我一样厌恶您。

——但最后，如果我宽恕你，你会感激我吗？

——我想杀您的决心不会改变。

拿破仑震惊了。他下令将犯人带走。他与我们交谈了很长时间，谈了很多关于精神错乱的问题。傍晚时分，他派人问我：

——你觉得今天的事件并不寻常吗？整件事都是柏林和魏玛(Weimar)两地的反对派策划阴谋。

拿破仑命令我审问斯塔普斯，以便取得一些线索。但他没有交代丝毫信息。他坚称自发做了这件事，并没有受到任何国外的暗示，他就自己想出了这个计划。

……

斯塔普斯于 27 日上午被处决……。他最后的呼声是："自由万岁！德意志万岁！暴君去死吧！"我把这份报告交给了拿破仑。他让我保留这把刀，它现在就在我的家中。①

在圣赫勒拿岛，皇帝对着奥马拉回忆了他与这个年轻刺客的对话："我问他，我对他做了什么，竟然让他如此想要我的命。他回答说，我对他的国家造成了巨大的伤害；我用战争伤害、摧毁了这个国家。他还说，上帝召唤他成为杀害我的工具，还引用了朱迪斯和赫罗弗尼斯(Judith and Holofernes)②的例子。他谈了很多关于宗教的事，似乎他是朱迪斯，我是赫罗弗尼斯。"

1811 年 2 月 8 日，在斯塔普斯被处决 15 个月后，另一个十八岁的德国人恩斯特·冯·德·萨赫拉在巴黎被捕。他携带 12 把手枪，

---

① 拉普：《回忆录》，博桑格尔弟出版社，1823 年，第 142—147 页。
② 两个人物出自《旧约》，赫罗弗尼斯率军包围了朱迪斯所在城市，朱迪斯用计最终割下赫罗弗尼斯的头颅，并成功逃脱，赫罗弗尼斯的军队随之溃散。——译者注

在城堡的出口和窗户处侦察。在宪兵的审问下，他承认自己打算杀死皇帝，甚至说，如果被释放，他仍会再次刺杀皇帝。但这一次，不同于斯塔普斯，萨赫拉是个贵族。拿破仑以其年轻为由，只是把他投入文森堡监狱。下文是皇帝在警察部长萨瓦里的报告空白处写下的内容：

"我们决不能把此事公之于众，否则就不能悄然了结此事。他这么做是因为还年轻。一个人如果不是天生的罪犯，就不会在这么小的年纪就成为罪犯。几年后，他会有不同的想法，而我们会为杀死一个冒失鬼而永远遗憾，并让一个高贵的家族陷入悲痛，它也会因此永远蒙羞。我们把他关在文森堡，他的头脑似乎需要护理，那就给他相应的照料，让他读读书。让他的家人与之通信，顺其自然。"①

1814年，法兰西第一帝国覆灭后，恩斯特·冯·德·萨赫拉获释。在百日王朝期间再次行刺，1815年6月5日，当皇帝访问立法机构（le Corps législatif）时，他准备向皇帝投掷一瓶雷酸汞炸弹，然而他在楼梯上失手了。装在他口袋里的瓶子碎了，爆炸将其炸伤。

德国战役和俄国战役期间

在德国战役中，拿破仑在埃斯林（Essling）和雷根斯堡

---

① 萨瓦里的回忆，被拿破仑一世论坛（Forum Napoléon Ier）引用。

三

与死神捉迷藏

(Ratisbonne)两次受伤,并在埃克穆尔(Eckmühl)、耶拿(Iéna)和瓦格拉姆(Wagram)三次遇险。

"1806年10月13日,皇帝说他在耶拿战役前夕经历了最大的危险。(……)黑暗中,他接近敌人营地,以侦查情况。他只带了几名军官……返回时,他遭到营地一名哨兵的射击。这对整个营地来说是个信号。以至于拿破仑只得卧倒,直到哨兵认为这是个误会,别无他法。他还担心,临近的普鲁士军队营地也这么做。"①

1809年4月22日,在埃克穆尔,拿破仑去了塞沃尼将军的帐篷里。向将军传达几项命令后,他就离开了。几分钟后,一颗炮弹炸死了塞沃尼。

同一周,发生了另一起意外,这次是在雷根斯堡。为了拿下这座城市,法军需要用梯子向下进入一条深沟,在敌人的炮火下穿过深沟并爬上城墙。德·马尔博(Jean-Baptiste-Antoine-Marcelin baron de Marbot,1782—1854)将军回忆道:"为了侦查情况,皇帝站在一座小山丘上……待到所有进攻准备就绪,拉纳元帅去找他下达最后的命令。拿破仑正与他交谈,敌人的一颗子弹,可能是用蒂罗尔人使用的那种射程很远的卡宾枪从城墙顶上射击,子弹击中了皇帝的右脚踝。起初,剧痛使拿破仑无法站立,他不得不靠在拉纳元帅身上。拉雷医生跑过来,确认伤势非常轻微。然而,军中传出皇帝刚刚受伤的风声。军官和士兵们从四面八方跑来。刹那间,成千上万的人围住了他,尽

---

① 拉斯卡斯伯爵:《圣赫勒拿回忆录》,伽利玛出版社,昂星图书馆,第一卷,1956年,第319页。

管敌人将炮火集中在他们身上。他想让他的部队摆脱这种不必要的危险,并安抚远处部队的焦虑情绪,因为士兵们为了来到他身边,他们的军心已经开始动摇。军医刚为拿破仑包扎好伤口,他就骑上马,在一片欢呼声中,沿着所有军阵的前线骑行。"①

1809年7月6日,拿破仑与乌迪诺(Oudinot)一道,从一个建在高地上的观察站俯瞰瓦格拉姆战场,以观察多瑙河两岸的情况。一颗炮弹在他的马前爆炸,另一颗炮弹擦过乌迪诺后爆炸。有人向皇帝发出警告:

"陛下,敌人正在向我们的指挥部开火。
——他回答说:在战场上,一切意外皆有可能。"

在俄国战役中,1812年9月14日晚,拿破仑的副官古尔戈上尉在对克里姆林宫(Kremlin)进行细致检查时,发现了300公斤即将爆炸的火药,成功阻止了皇帝要过夜的宫殿发生爆炸。作为奖赏,他被封为帝国男爵。

从9月14日至18日,俄国人放火烧毁了莫斯科的4 000间石屋和7 000间木屋。为了充当表率,拿破仑身先士卒置身于烈火之中:"我的头发和眉毛都烧焦了,后背上的衣服也烧焦了。"

然而,他又逗留了一个月,一直等到10月18日才离开莫斯科,

---

① 德·马尔博将军:《回忆录》,普隆出版社,1891年。

三

与死神捉迷藏

法军开始从俄罗斯撤退。由于没能向南突破，法军不得不原路返回，但沿途的地区都被俄国人坚壁清野，军队无法获得补给。

10月14日，一场难分胜负的战斗发生在小雅罗斯拉夫韦茨（Maloyaroslavets）。第二天，甚至在天亮之前，拿破仑就想知道敌人是否已经撤退。一名副官告诉他，敌军已撤退。然而，他想亲自去看看。贝尔蒂埃和拉普警告他说，"这很危险，可能会遇到哥萨克人"。他无视他们的警告，只让拉普带着几个骑兵作为侦察兵走在前面，他几乎是独自与贝尔蒂埃以及科兰古跟在侦察兵们身后。突然，在黑暗中，传来一声枪响。

"是哥萨克人，快跑，陛下！"拉普喊道。

拿破仑抽出利剑，仍旧不愿意逃离。

贝尔蒂埃和拉普同样拔出佩剑，并准备就算赴死，也要让敌人损失惨重。

但幸运的是，皇帝卫队的两个骑兵中队抵达，随后又有四个骑兵中队赶到。见此情景，哥萨克人撤退了。

拿破仑侥幸逃脱：他差点被凶残的哥萨克人俘虏。因此，他向他的外科医生要了一剂毒药，这药可以快速无痛地杀死他。伊万给了他一包颠茄、嚏根草和鸦片。拿破仑把它戴在脖子上，如果落入残暴的敌人手中，将服药自尽。

1814年,法国战役期间

拿破仑的贴身男仆康斯坦①说:"在这场战役中,拿破仑随时随地都表现出他既是将军,也是士兵。无论何时,他都树立了个人勇气的榜样,这让他身边的人感到震惊。"

战斗于1月29日在他寄居了五年之久的布里埃纳激烈进行,布吕歇尔(Gebhard Leberecht von Blücher, Fürst von Wahlstadt, 1742—1849)统率的普鲁士军队得到了哥萨克人的支援。这座城市曾多次被占领,又被夺回。在路上,拿破仑听他的副官古尔戈报告某次行动的情况。将军们裹着大衣,远远地跟在后面。夜色已深。人们只能借着营地的火光来辨认对方。一群哥萨克人在黑暗中悄然靠近。德让(Pierre François Marie Auguste Dejean, 1780—1845)将军感到了危险,转身喊道:"哥萨克人!"并试图用马刀砍断他以为抓到的敌人喉咙。然而,敌人逃脱了,冲向穿灰色大衣、走在队伍前头的骑士,这人当然就是皇帝。副官科尔比诺(Jean-Baptiste Corbineau, 1776—1848)试图挡住敌人去路,但没有成功。古尔戈比较幸运:他的荣誉军团十字勋章挡住了哥萨克人已经刺到他胸前的长矛,并一枪把这

---

① 路易-康斯坦·瓦瑞(Louis-Constant Wairy),被称为康斯坦,拿破仑在1806—1814年的贴身男仆。1814年4月,他偷偷地抛弃了他的主人,带走了钱和珠宝。路易·马尔尚接替了他的位置,马尔尚忠心地跟随皇帝去了厄尔巴岛和圣赫勒拿岛。

三
与死神捉迷藏

个哥萨克人击倒,把他扔在皇帝脚下。

后来,医生沃登(Warden)①在拿破仑面前说,古尔戈把该事迹刻在了自己的马刀上。"我的刀上可没写我救了您的命",古尔戈抗议,并补充道:

"可是,我确实杀了一个冲向陛下的哥萨克!。

——拿破仑回答道:我不记得了。

——我惊得呆若木鸡!"②古尔戈叹道。

2月18日,在蒙特罗(Montereau),拿破仑像过去一样,再次担任炮手,亲自操作大炮射击。他却暴露了自己,成为敌人集中火力打击目标。士兵想把他赶走,他回答说:"让我来吧,我的朋友们,杀死我的炮弹还没造好呢。"毫无疑问,在这么多次死里逃生之后,他开始相信自己的好运。

皇帝似乎不止一次在这场法国战役中准备放弃自己的生命。然而,他只在最后时刻才放弃保留皇位的希望。只要敌人占领法国领土,他就不计代价去抗击敌人。

在厄尔巴岛,拿破仑担心被路易十八派往科西嘉的总督路易斯·德·布吕拉尔(Louis de Bruslart,1764—1829)绑架或暗杀。这

---

① 威廉·沃登,英国外科医生,在拿破仑乘坐诺森伯兰号(Northumberland)上渡海和拿破仑被囚禁在圣赫勒拿岛的头几个月中,与拿破仑进行了多次讨论。
② 洛德·罗斯伯里:《拿破仑:最后的阶段》,阿歇特出版社,1901年,第54页。

位前保王党人在1800年归顺拿破仑,在接近拿破仑之后,获得了巴黎的居住权。之后,当保王党首领路易·德·弗罗泰(Louis de Frotté,1755—1807)也归顺时,布吕拉尔为他向波拿巴说情,波拿巴也没有阻止他返回法国。但是,几天后,波拿巴的几名军官故意忽略或无意地忽视这一许可,在韦尔讷伊(Verneuil-sur-Avre)逮捕并枪杀了弗罗泰和他的六名同党。随后,布吕拉尔被这种背信弃义的行为激怒,他逃往英国,并写信警告拿破仑他将实施谋杀作为报复。

路易十八重新掌权后,任命布吕拉尔为科西嘉岛总督,并交给他两个军团、一个宪兵团和两艘护卫舰。路易十八指示他监视波拿巴的行动,以防他逃离厄尔巴岛。有人说布吕拉尔派了科西嘉人混进拿破仑的贴身卫队。还有人说,他曾派密使到阿尔及尔,煽动海盗在拿破仑一次出海时绑架他。拿破仑的贴身男仆马尔尚向我们保证道:"一天早上,皇帝从卧室看到朗贡港(Porto-Long one)内行驶着一些轻型船只,他认为是柏柏尔人。皇帝拿起望远镜,把它架在我的肩上,很快就发现他没看错。它们离皇帝的住所这么近,并传来如此嘈杂的声响。于是皇帝下令让'无常号'(*Inconstant*)双桅船从它所在的费拉约港(Portoferraio)出发,停泊到朗贡港。……双桅船立即起航,皇帝目送它航向远方,但那些轻型船只一看到它就消失了,双桅船则在晚上回到了港口。"①

---

① 马尔尚:《回忆录》,塔朗迪耶出版社,第一卷,1991年,第69页。

三
与死神捉迷藏

百日王朝时期

准备从厄尔巴岛返回时,拿破仑曾打赌不杀害法国人。然而,1815年3月7日,在西斯特隆(Sisteron)和格勒诺布尔(Grenoble)之间,拉米尔(La Mure)附近的拉弗里(Laffrey)隘路,拿破仑遭遇了重大阻碍:线列步兵第五团的一个营(步兵营)以及一个被派去炸桥的工兵连挡住了他的去路。

拿破仑的两名军官,康布罗纳(Cambronne)和拉乌尔(Raoul),试图与这个营的营长德勒萨特(Delessart)指挥官进行谈判。

双方都迟疑了很长时间,据司汤达(Stendhal)提到的农民所说,他们迟疑了45分钟。跟随拿破仑的拉穆尔居民……散发着皇帝在离开厄尔巴岛之前起草的公告,他在迪涅(Digne)印制了几册:"士兵们,来吧,在你们领袖的旗帜下列队。……胜利的脚步将全速迈进。带着祖国色彩的雄鹰将飞过一个个钟楼,直到巴黎圣母院的塔楼!"

就在这时,兰登(Randon)上尉来了。这位年轻的军官[1]敦促营长德勒萨特履行职责、下令开火。但是,德勒萨特注意到部

---

[1] 兰登当时还不到20岁。他16岁时自愿入伍,是博罗季诺战役和吕岑战役的英雄,18岁时成为上尉,在法兰西第二帝国时期成为阿尔及利亚总督和元帅。

下们的情绪。另外,无疑,他还记得波拿巴曾在埃及给他授勋,所以无法下定决心这么做。面对这种犹豫,拿破仑认为到了关键的时刻了。①

拿破仑下令军乐队演奏《马赛曲》(La Marseillaise),他骑马上前,并在手枪的射程内下马步行,独自走近那些脸色苍白且不安的本应忠于法国国王的士兵。就在这时,他敞开了他那著名的灰色大衣,解开了白色马甲,把他的胸膛暴露在枪口前,并说出了这些后来被刻在拉弗里墙上的话语:"士兵们,我是你们的皇帝。你们不认识我了吗?如果你们中间有人想杀死自己的将军,那么,我就在这里!"

"历史老人像人们在掷骰子的瞬间一样屏住呼吸。一名愤怒的士兵、一次瞄准到位的射击就意味着这场冒险的结局。突然间,军队的每个角落都爆发出巨大的呼声:'皇帝万岁!'士兵们冲出队列,扑倒在他的脚下,像面对偶像一样抚摸他的靴子或佩剑。"②

拿破仑后来亲口告诉奥马拉:"在登陆戛纳的五六天后,我那支小部队的先锋队遇到了一个师的前哨,该师从格勒诺布尔向我方进发。指挥我方部队的康布罗纳和他们交涉,但他们不愿意。他们拒绝接见我后来派去的拉乌尔。得知这个消息后,我亲自带着一些近卫军士兵去了那里,士兵们放下步枪,我喊道:'让想第一个杀死皇帝的士兵站出来!'这句话如雷击一般。'皇帝万岁!'的呼声响彻整个

---

① 加布里埃尔·福尔:《两个世界杂志》,第二十六卷,1915年。
② 让·图拉德:《拿破仑:命运的伟大时刻》,法亚尔出版社,2013年,第516页。

队列。就这样,该师和我的近卫军们亲如兄弟。所有人都加入了我们,我们一起向格勒诺布尔进军。"①"进入格勒诺布尔之前,我是冒险家;进入格勒诺布尔之后,我是君主",他后来对拉斯卡斯说道。

马尔尚②是追随拿破仑的 600 人部队其中一员,他记得拿破仑对第五团士兵补充说:"我带着一小撮勇敢的人前来,因为我指望着人民和你们。波旁王朝的王位是不合法的!因为它不是由人民选择,违背了人民的意愿。因为它违背了我们的国家利益,只为少数家族的利益而存在。问问你们的父亲,问问所有这些从周围赶来的居民,你们会从他们口中得知法国的情况。"然后,他对这群来见他的人说:"在你们的市镇里,他们威胁你们恢复什一税、特权、封建权力和所有滥用的权力,而你们曾经成功地摆脱这些,这难道不是事实吗?"③

拿破仑与死神的再次相会是在滑铁卢(Waterloo)。1815 年 6 月 18 日下午 6 点左右,拿破仑在德沃·德·圣莫里斯(Jean-Jacqnes Desvaux de Saint-Maurice,1775—1815)将军身旁,随后,后者的头就被炮弹炸掉。当皇帝得知布吕歇尔代替格鲁希(Grouchy)抵达时,他来到近卫军的最后一个方阵,即由康布罗纳指挥的方阵,并命令他们扑向英国人。④ 苏尔特、拉贝多瓦(Charles de la Bédoyère,1786—1815)、弗拉奥(Auguste, count de Flahaut de la Billarderie,1785—

---

① 巴里·奥马拉:《流亡中的拿破仑》,拿破仑基金会,塔朗迪耶出版社,1993 年,第 113 页。
② 这是拿破仑的贴身男仆马尔尚,不要与德勒萨特和兰登的上级马尔尚将军混淆。
③ 马尔尚:《回忆录》,塔朗迪耶出版社,第一卷,1991 年,第 113 页。
④ 《科涅上尉笔记:帝国战争纪事》,阿歇特出版社,1883 年。

1870)、贝特朗阻止了他。

后来,蒙托隆说:"很不幸,我没有在滑铁卢丧命。这原本是最好的结局。"并对奥马拉说:"我应该死在滑铁卢。但不幸的是,人越想寻死,却越无能为力。士兵们在我的旁边、前面、后面,在四面八方倒下,却没有一颗子弹击中我。"

十天后,6月28日,在马尔迈松城堡,不断有人告诉拿破仑哥萨克人包围了他的住宅,并有可能占领这里,在这种情形下,拿破仑身上表现出了令人难以置信的毫不在意和自暴自弃。奥坦斯王后说:"我不理解皇帝,他没有拿主意,没有为自己的离开做决定,而是在读一本小说。"[1]

---

[1] 阿尔比娜·德·蒙托隆:《圣赫勒拿的回忆:由弗勒里伯爵出版》,埃米尔·保罗出版社,1901年,第20页。

四　自杀

最早的念头

拿破仑对自杀这个问题的看法经常变化。

1785年11月,16岁的拿破仑在瓦朗斯的法国炮兵团服役。那时他刚从巴黎的军校毕业,就作为少尉被派遣到当地驻军任职,他觉得自己是个异乡人。拿破仑非常想念科西嘉岛,他已经五年没有获准休假而踏足故乡了,他不能哀悼在年初去世的父亲,没能同父亲告别,甚至没去参加他的葬礼。

在训练间隙,他感到非常无聊。因此,他试着用写一部科西嘉岛的历史作为消遣,但由于没有足够的材料,他很快就不得不停笔。之后,他再次提笔,写了一部关于斯多葛派的自杀、他年轻时崇拜的思想大师,以及诸多英雄人物如普鲁塔克、塞涅卡(Sénèque Seneca,公元前4年—65年)、西塞罗(Cicéron,前106—前43年)和马可·奥勒留(Marc Aurèle,121—180)的论文。他所崇拜的不是基督教徒所崇拜的道义或美德，而是古代人①所崇拜的荣誉和尊严。对他来说，自杀不是罪，而是在绝境中或为了捍卫尊严而做出的光荣选择。

在人群中，我总感到孤独。我回去，自己沉思，并沉浸在强烈的忧郁之中。今天它指向何处？死亡。在我的生命之初，我可以希望活得很久。我已经离开家乡六七年了。四个月后，当我再次见到我的同胞和家人时，我将会多么高兴啊！童年的快乐回忆使我感受到了温馨。我难道不能认为自己将拥有完满的幸福吗？是怎样的愤怒让我想要自我毁灭？毫无疑问，我能在这世界上做些什么？既然必将死去，那么自杀不是更好吗？如果我已经过了六十岁，我会尊重同时代人的预判，耐心地等待，直到生命自然地结束。但是，既然我在遭受不幸，无论如何都不快乐，那么何必忍受这毫无激情的岁月？人与自然多么疏远！他们是多么懦弱、卑微和阿谀！

我将在家乡看到怎样的景象？同胞们背负锁链，颤抖着亲吻压迫者的手！他们不再是勇敢的科西嘉人，某位英雄曾用其美德激励着他们，他是暴君的敌人，是众多卑鄙朝臣的敌人。科西嘉人为他自豪，充满对其独特重要性的崇高之感。如果科西嘉人一整天都用于参与公共事务，他会活得很快乐。夜晚，他在爱妻温柔的怀抱中度过，理智和热情抹去了白天所有的悲伤。

---

① 尤其是指古希腊人和古罗马人。

四
自杀

温柔和自然让夜晚的他堪比诸神。但是,有了所谓自由那些快乐的日子就像梦一样消失了!法国人,你们抢走我们所珍视的一切还不够,还要腐蚀我们的灵魂。因此,家乡的现状和我对现状的无能为力,是我想要逃离这片土地的另一个理由。在那里,对于出于人们的美德必须去厌恶的人,我却因军人的职责而不得不称赞他们。当我抵达家乡,我该做出怎样的表情、使用怎样的语言?如果家乡不复存在,优秀的爱国者必将赴死。如果只需消灭一人便能解救同胞,我将即刻启程,把捍卫祖国和维护法律的复仇之剑刺进暴君的胸膛。我的生命是我的负担,因为我一点都不快乐,一切于我皆是痛苦。生命是我的负担,因为那些可能一直和我朝夕相处的人们,他们道德观与我相去甚远,就像月光不同于阳光。因此,我不能遵循这唯一让我忍受生活的生活方式,这让我厌恶一切。①

幸运的是,三个月后,前往科西嘉岛的休假结束了拿破仑的这种忧郁。从 1786 年夏天到 1793 年夏天,拿破仑在科西嘉这座所谓的美丽岛(l'île de Beauté)待了七年,其间只去过两次欧洲大陆,一次是 1788—1789 年在欧索讷服役,另一次是 1792 年在巴黎服役。

在阿雅克肖,见到长兄约瑟夫,拿破仑向他坦言,自己只想知道后人对他的评判。想到后人将欣赏他伟大而高尚的行为,就心潮澎

---

① 拿破仑·波拿巴,1786 年 5 月 3 日在瓦朗斯写的信。

湃。有一天，他告诉我："我想成为未来的人，见证像高乃伊这样的伟大诗人给我带来的所感、所思和所言。"①无论今生还是来世的幸福都不那么重要，重要的是后世对英雄的崇拜。

但九年后，1795年，罗伯斯庇尔垮台后，热月党人撤销了拿破仑意大利方面军炮兵总司令的职务，他感到自己手无寸铁、无能为力。他没有像别人建议的那样卷入旺代战争（la guerre de Vendée），而是考虑在万不得已的情况下，为土耳其苏丹效力，并再次谈到了自杀问题。

8月10日，他在写给未婚妻德茜蕾·克拉里（Désirée Clary，1777—1860）的信中说，要么取得荣耀要么走向死亡这是他的命运。并在写给哥哥约瑟夫的信中说，他对生活没什么留恋，总是活得像在战斗前夜一般。

1795年8月12日，他向约瑟夫证实："我对生活几乎没有留恋，也不太关心。我发现自己总是处于战斗前夕的精神状态。我觉得，死亡降临时，担心就是愚蠢。一切都让我勇于面对机遇和宿命。我的朋友，如果令人消沉的情况继续这样延续下去，当有马车向我迎面撞来，我甚至不会转身闪躲。我的理智有时会对此感到惊讶，但正是这个国家的糟糕的道德境况和不幸事件让我产生这种自杀倾向。"②

---

① 约瑟夫·波拿巴：《军事通信和回忆录》，法国国家图书馆，第38页。
② 由马克斯·加洛引用的约瑟夫·波拿巴的信件，马克斯·加洛：《拿破仑》，第一卷：离开之歌，罗伯特·拉方特出版社，1997年，第250页。

四

自杀

三年后,他将再次经受自杀的诱惑,但原因与此相反。这一次不再是因为抑郁,相反,是因为过度亢奋和自负。这涉及一个海上的瓶子。1798年春,一个晴朗的早晨,一艘军舰离开土伦前往一个秘密目的地。时年29岁的波拿巴就在船上,此时的他因第一次意大利战役,以及他自作主张与奥地利谈判达成的《坎波福尔米奥条约》而荣耀加身。

在等待时机成熟以推翻督政府(la Directoire)的同时,他开始谋划征服埃及。督政官们很高兴看到这个危险的竞争对手远离法国。作为洛迪、阿尔科莱和里沃利三场战役的胜利者,波拿巴本可以试图推翻督政府,但他觉得时机尚未成熟。"我不想待在这里,因为没有什么可做的事情,"他向他的老同学、后来担任其秘书的布里耶纳倾诉。其他方向吸引着他,"我必须前往东方,一切伟大的荣耀都来自那里",还有:"欧洲是一座鼹鼠洞。只有在生活着6亿人的东方才有庞大的帝国和伟大的革命。"①他梦想像亚历山大大帝一样去征服东方。"我向每个士兵承诺,这次远征归来时,参加远征每个人都会有足够的资金来购买6阿庞②土地。"

1798年5月19日至7月1日,波拿巴乘坐旗舰"东方号"(*Orient*)出海,它处于由海军上将布鲁伊斯指挥的主力舰队的中心,法国舰队

---

① 路易斯-安托万·布里耶纳:《拿破仑、总理府、领事馆和帝国回忆录》,沃伦和塔利尔出版社,第二卷,1829年,第39页。
② 阿庞(Arpent),6阿庞相当于5英亩。——译者注

从土伦启程，横渡地中海，抵达埃及亚历山大港（Alexandrie）。除了850名船员外，这些舰船还载有2 145人，其中包括"科学与艺术委员会"（Commission des arts et des sciences）的167名学者、艺术家和工程师。另外三支舰队分别从热那亚、阿雅克肖和奇维塔韦基亚（Civitavecchia）启程，预计将在停靠马耳他岛（Malte）之前和主力舰队会合。

这四个舰队皆由不同的重型船只组成，致使它们在遭遇袭击时航行缓慢且机动能力严重受限。为了顺利抵达埃及，舰队必须避开英国舰队。在这种威胁的困扰下，一旦地平线上出现陌生的船帆，法国舰队就会响起战备警报。

马尔蒙说："英国海军上将纳尔逊（Horatio Nelson，1758—1805）被派往地中海，他率领一支由14艘军舰组成的舰队，他的身影每天都在海上出现。……我们的船只装备很差、船员编制不齐且几乎没有受过训练、军舰上挤满了军人和火炮，妨碍了船员行动。这支由鞑靼人和各类船只组成的庞大舰队，哪怕只与敌方舰队交锋一次，必然会被击溃，甚至被摧毁。……为了远征成功，航行必须安静地进行，不能有任何不利的交锋。但是，我们被迫如此缓慢航行，怎么能指望一直保持这种好运呢？一切都对我们不利，连百分之一的走运机会都没有。就这样，我们欢欣鼓舞地走向几乎注定的失败。"①

22天后，6月9日，波拿巴的舰队望见了戈佐岛（l'île de Gozo），

---

① 马尔蒙：《回忆录：1792年至1841年》，佩罗坦出版社，第一卷，1857年，第355—356页。

该岛离马耳他岛非常近。突然,瞭望员报告说东面出现大量船帆。他们害怕法国舰队不得不与英国舰队交锋,他们觉得之前一直只是侥幸才逃过一劫。

安托万·阿尔诺(Antoine Arnault)是一位年轻的剧作家,也是"科学与艺术委员会"的正式成员,他证实:"当时,舰队向南航行,就像滚动的雪球一样越来越大,在途中会合了遇到的舰队(从热亚那和阿雅克肖出发的舰队)。"然而,那个载着德赛(Louis-Charles-Antoine Desaix de Veygoux,1768—1800)将军所率领的一个师和老好人蒙日的舰队没有出现。它从奇维塔韦基亚出发,本应在博尼法乔与主力舰队会合,但主力舰队在撒丁岛等了它三天,又在西西里岛等了三天。

"这样的等待让总司令更加担心。因为从被拦截的英国船只那里,他得知纳尔逊指挥的舰队已停靠那不勒斯。他们没有从那里出发吗?英国人没有截住法国舰队?英国人没有去马耳他岛埋伏我们吗?我们要发动进攻并顺便拿下马耳他岛。更长的等待将会影响舰队的命运和远征的结局,因此他决定法国舰队继续向马耳他航行。

……越接近马耳他岛,拿破仑对迟到的船队的担忧越强。于是,他亲自来到甲板上,最后在那里坐了下来。他说话时,眼睛总是盯着地平线,由于肉眼看得不够清楚,他经常借用我的眼镜。……我们已经驶过潘泰莱里亚岛(Pantelleria),正驶向戈佐岛。就在这时,我们的侦察护卫舰发出了南侧有船帆出现的信号。'那是英国人,'有人说,'他们就在马耳他岛和我们的舰队之间:准备开战。'船上大为骚动,所有人准备战斗。所有分隔船舱的隔板都被拆除。所有行李都被抬到船舱底部。大家都被分配了位置和职责,所有人都得参战。士兵们战斗,学者们运送弹药。

波拿巴指挥的海战具有绝对的特殊性,具有他果敢的印记。根据我所掌握的情况,一边开炮,一边趋近英国舰队,只会对我们不利……,要尽可能快、尽可能近地扑向敌人,并进行跳帮战。为此,我们早就做了准备。部署了坚固的长链条,并配备了抓钩,以牢牢地捆住敌我双方舰船,可能还用来支撑活动甲板,借助活动甲板,我们蓄势待发的部队将从一条船登上另一条船进行肉搏战。"[1]

波拿巴立即召集了战争委员会。他一言不发地听着。但军官们的讨论漫长且混乱:有人提议立即进攻,多数人提议按照既定计划参战,出现战败迹象就立即投降。他听到后站起来,气愤不已地表示:"像我这样的人是不会投降的。如果英国人打败了我们,我会炸毁旗舰。公民们,你们可以撤退,而这是我的命令。"

比起死亡,他更担心被俘,除了遭受失败的耻辱,还要在海岸附近停泊的废弃军舰上煎熬数年,没有逃脱的可能。它们被称为囚船。它们是漂浮在海面上的监狱,英国人把囚犯塞进舱底,那里没有新鲜空气,也看不到大海。

波拿巴随后命令海军上将布鲁埃斯作战斗部署。我们的任务如下:学者们负责运送子弹的火药包。

---

[1] 安托万·阿尔诺:《六十岁老人的回忆》,杜菲出版社,1833年,第四卷,第117—121页。

四

自杀

然后,绝对读过《鲁滨孙漂流记》(*Robinson Crusoé*)的波拿巴让人喊来"科学与艺术委员会"的艺术家安德烈·杜特尔特(André Dutertre)①:"公民,请您为船上的主要乘员绘制肖像画。"

届时,约十五位"东方号"上最杰出的乘员将为后人摆出姿势。除了波拿巴,还有七位军官:贝利亚尔(August-Daniel Belliard,1769—1832)、贝尔蒂埃、卡法雷利、克莱贝尔(Jean-Baptiste Kléber,1753—1800)、拉纳、兰蓬(Antoine-Guillaume Rampon,1759—1842)、雷尼耶(Jean-Louis-Ebénézer Reynier,1771—1814);两名海军上将:布鲁埃斯、冈托姆(Honoré-Joseph-Antoine Ganteaume,1755—1818);以及他的三位副官:朱诺、缪拉和苏尔科夫斯基(Józef Sulkowski,1773—1798);两位医生:德斯热内特(Desgenettes)、拉雷;还有两位学者:贝托莱和多洛米厄(Dieadonné Dolomieu,1750—1801)。苏尔科夫斯基是个波兰青年,几乎会说欧洲的所有语言;拉雷收集了现有最好的外科器械,发明了当时的移动救护车②;德斯热内特懂得配制各种药品;贝托莱发明了漂白布和改进了火药制造工艺,并协助创建了一些化学术语;多洛米厄是研究地震和火山的地质学专家。

他们的画像画好后,波拿巴让人把它们密封在一个瓶子里,并附上一份关于埃及远征计划的简短说明。如果战败并即将被英国人俘虏时,在我们与"东方号"一起粉身碎骨之前,把瓶子扔进海里。这无

---

① 随后,杜特尔特应邀为《埃及记》(*Description de l'Égypte*)绘制和雕刻了大量的古代遗迹和全系列的远征队成员肖像。
② 由法国炮车改装而成,以便快速运输伤员。——译者注

疑是精神战胜死亡并获得永恒的方法。就像法老的木乃伊一样！

"终于，做好了一切迎击英国人的准备工作了。这时，轻型舰队（侦察船）的信号告诉我们，看到的是奇维塔韦基亚舰队。万幸，虚惊一场。"

起初，英国人认为法军在筹备入侵英国，于是他们便将英国海军主要力量集中在英吉利海峡（la Manche）。在地中海，他们只封锁直布罗陀海峡（Gibraltar），并派纳尔逊守在狮子湾（le golfe du Lion）侦察情况。直到6月7日，纳尔逊才得到增援，以确保他的舰队比布鲁埃斯舰队更具优势。正因为这些耽搁，6月8日他的舰队还在厄尔巴岛附近。

所以，瞭望员报告发现的船只并不是敌舰。相反，它们是友军舰队，是从奇维塔韦基亚出发的法国分舰队。他们提前抵达，自6月6日以来一直等在那里。

杜特尔特绘制这些肖像并没有浪费精力。因为后来波拿巴会把这些肖像送给这些担任模特的人或他们的家人。此外，其中几位模特——布鲁埃斯、卡法雷利、克莱贝尔和苏尔科夫斯基，很快将葬身埃及，没能收到自己的肖像。杜特尔特非常珍视这些作品。他一定问过从叙利亚远征归来的首席医生德斯热内特：

某某某怎么样了？
——他死了……
——唉，太可惜了，我没有他的画像。那么某某呢？

四
自杀

——他也死了。

——这个人,我无所谓,他的画像我有。

无论如何,波拿巴准备和旗舰"东方号"及其所有船员一同自杀,而不是投降,他用行动预演了滑铁卢战役中的那句名言:"近卫军宁死不降。"①

一年后,1799年5月27日,在远征叙利亚期间,波拿巴在雅法让人用劳丹酊或鸦片毒死了25到30名鼠疫患者,以避免他们被土耳其人折磨。这就是所谓的安乐死。他后来说:"给瘟疫受害者提供鸦片不是犯罪。相反,这是人们在听从理性的声音。比起在这些野蛮人手中遭受最可怕折磨引起的恐惧,谁不会选择快速死亡?我爱自己的儿子不亚于任何人对自己孩子的爱,但是,如果我的儿子身处类似境地,我也会这么对待他,如果我自己面临这种情况,我会要求别人以同样的方式对待我。"②

1799年10月8日,日落时分,波拿巴乘坐"米龙号"(*Muiron*)顺利从埃及返回法国,这条船从阿雅克肖航行至普罗旺斯(Provence)海岸,一路没有遇到敌舰,突然他被告知有不明船帆出现。似乎这些

---

① 有人认为这些话出自康布罗纳之口,也有人认为出自另一位卫队将军米歇尔(Michel)之口。
② 让·伯奈特(Jean Burnet),S.H.杜蒙(S. H. Dumont),埃米尔·旺蒂(Émile Wanty):《拿破仑档案》,马拉布大学出版社,1962年。

船只在向他驶来。人们担心这是英国舰船。这一次并不像 15 个月前在马耳他岛附近那样是虚惊一场。这是 10 艘英军军舰。那是凯思（Heorge Keith Elphinstone，Vislonnt Keith，1798—1805）勋爵的舰队。

"回科西嘉岛吧。"负责指挥"米龙号"和护送其小舰队的冈托姆海军上将提议道。而且，他一刻也没耽搁，已经下令船队改变航向。"公民将军，我向您保证，我们会安全无虞地到达那里，我们有足够的时间逃脱。

——公民海军上将，您在做什么？如果我们躲避和逃跑的话，敌人就会认出我们来。"拿破仑对他说。

思考片刻后，他又说："即使我们成功返回科西嘉，敌人也会很快知道我们在那里。我们将更难再次驶出科西嘉。最好的办法是继续航行，好像什么都没发生。看运气吧。"①

"如果我被英国人抓住了，我将会被关押在囚船上。对法国来说，我就是一名普通逃兵、一名未经批准离开军队的将军。另外，在自己的立场上，我绝不会向英国舰船投降。即使遭到数量超过我们的军事力量打击，我们依旧会战斗到底。我绝不背上国籍旗投降。敌人的水兵一登船，我们就炸毁护卫舰。"②

而且既然蒙日勇敢地赞同他的意见，拿破仑就让蒙日在危险情况下点燃火药。然后，他命令冈托姆稍稍转向，不去土伦，向弗雷瑞

---

① 马尔蒙：《回忆录：1792 年至 1841 年》，佩罗坦出版社，1857 年，第二卷。
② 让-巴蒂斯特·布列东·德·拉马蒂尼尔：《埃及和叙利亚》，第五卷，1814 年，第 57—58 页。

四
自杀

斯(Fréjus)航行。

法军的行动很成功。夕阳下,从法国护卫舰上人们可以清晰地看到敌舰。相反,由于前者处于阴影中,英国人看不清对方。法国舰队看起来像威尼斯的护卫舰,无疑被误认为是第三方的补给船队。事实上,英国舰队放任波拿巴的舰队继续前行,自己则悄悄地驶向……科西嘉!

马尔蒙继续说:"我们就在英国舰队对面。难道我们离开埃及就是为了走到这步田地?我们可能会被扔进英国监狱。但是这没有发生,危险消失了。更妙的是,如果不是偶然遇到这支舰队,我们会在土伦登陆,而在那里我们无法逃避漫长且严格的入境检查。一旦如此,波拿巴的政敌就有了喘息的机会,提前采取措施。他们还会利用克莱贝尔指控拿破仑叛逃的信件,这些信件会在此期间到达法国。相反,英国人迫使我们驶向弗雷瑞斯,那里的人们欢天喜地地欢迎我们,认为我们是上帝的使者,免除了对我们的入境检查。"

作为第一执政,波拿巴谴责自杀。1802年,掷弹兵戈班(Gobain),本来是个能力突出的人,却殉情自杀。这是执政卫队在当月发生的第二起殉情事件。由于担心自杀现象进一步蔓延,波拿巴随后在卫队的当日公告中提出:"士兵应懂得如何克服激情造成的痛苦与忧郁。坚定不移地用真正的勇气来忍受灵魂的痛苦,就像坚定不移地冒着炮火坚守阵地一样。不做反抗就陷入抑郁,为了逃避抑郁而自杀,就是在征服战场前放弃战场。"

然而，1812 年到 1815 年间，拿破仑再次考虑自杀。一次考虑自杀是在俄国战役期间，当时他准备了一剂毒药，以防被俘。

15 个月后的法国战役期间，他又萌生了这种情感。1814 年 2 月 7—8 日晚，拿破仑住在塞纳河畔诺让（Nogent-sur-Seine）教堂对面的一座私人住宅里。部队不仅士气低落，还缺少食物。反法同盟军队正迅速向巴黎进军。人们拒绝听从他下达的命令自行组织抵抗。相反，红衣主教莫里（le cardinal Maury）下令为巴黎进行公开祈祷。拿破仑写信给哥哥约瑟夫（他刚开始负责巴黎防务）："阻止这 40 个小时的祈祷和弥撒。一旦他们开始这些滑稽动作，即便我们还在，人们也都会为死亡的恐惧所攫取。古语仍是对的：'是牧师和医生让死亡变得可怕'。"最重要的是，他让自己二十年的朋友缪拉成为妹夫和那不勒斯国王。然而，缪拉背弃了他，转而与反法同盟国家签约，向法国宣战①。

"那天晚上，拿破仑被死亡所困扰。法国以一敌四，他看不到任何脱身的可能性。他在考虑自己的死亡，或者至少是另一场失败的战斗。然后他躺在床上，但无法入眠。然后，一封快信来了。这封信是马尔蒙寄来的，这一次它带来了令人满意的消息。布吕歇尔和施瓦岑贝格（Karlphilipp, prince zu Schwarzenberg, 1771—1820）认为，拿破仑撤退 100 公里标志着法军的所有抵抗都已宣告结束。于是他们分头行事，前者从马恩河谷（vallée de la Marne）向巴黎进军，后者

---

① 为了维护他对那不勒斯王国的统治权，缪拉于 1814 年 1 月 6 日和 11 日分别与英国和奥地利签署了联盟条约，他在条约中承诺为反拿破仑联盟提供 3 万名士兵。

四
自杀

从塞纳河畔向巴黎进军。他们这样分开行动,就变得易受攻击。两天后,拿破仑向布吕歇尔军的一个军团发起进攻,并在尚波贝尔(Champaubert)几乎将其全歼。"①

之后的日子里,拿破仑不止一次像普通军官那样拔出佩剑,从包围他的敌人手中脱身。1814年3月20日,在奥布河畔阿尔西(Arcis-sur-Aube)混战最激烈的时候,多亏了吉拉尔丹(Girardin)上校,他才躲过了哥萨克人的长矛攻击,他只是冷冷地对吉拉尔丹说:"谢谢。"后来,他向科兰古坦言:"生命对我来说是难以忍受的。我尽我所能死在阿尔西。炮弹不想要我的性命。我完成了任务。"②一枚炮弹落在离马几步远的地方,这只受惊的动物跳到一边,差点把皇帝掀翻在地,他当时正忙着用望远镜观察战场。他在马鞍上稳住身子,把马刺磕在马肚上,让它走近炮弹,强迫它去闻炮弹。炮弹爆炸了。皇帝在烟雾中消失了一会儿,但弹片仅击伤了他的马。他只是换了坐骑。埃克塞尔曼斯(Exelmans)恳求他撤退。他回答说:"不要害怕,要杀我的炮弹还没被造出来呢。"塞巴斯蒂亚尼(Sébastiani)对埃克塞尔曼斯低声说:"让他去吧,您看,他是有意为之。他想结束自己的生命。"

果然,过了一会儿,拿破仑看到自己的一列士兵正从桥上逃走,他冲到他们面前,手握长剑,对他们喊道:"你们不再是尚波贝尔和蒙

---

① 文森特·克罗宁:《拿破仑》,阿尔班·米歇尔出版社,1979年,第393页。
② 科兰古:《回忆录》,普隆出版社,第三卷,1933年,第453页。

米拉伊（Montmirail）的胜利者了吗？看看你们中谁会在我之前再次过桥。"

他给士兵树立了重新前进的榜样。

自杀未遂

1814年3月31日，拿破仑意识到保卫巴黎为时已晚。于是他派外交大臣（ministre des Affaires extérieures）科兰古去试探沙皇的意图。然而，塔列朗在亚历山大面前绕开了拿破仑，并说服亚历山大支持路易十八；在参议院也绕开了他，投票决定废黜拿破仑及其家族。在这种情况下，拿破仑皇帝退位了，他只为自己保留厄尔巴岛的统治权，为玛丽-路易丝保留帕尔马公国，签署了《枫丹白露条约》（traité de Fontainebleau），并向大军团告别。

四月初，拿破仑得知他的几位元帅，马尔蒙、内伊、勒斐弗尔（François-Joseph Lefebvre, duke de Dantzig, 1755—1820）、贝尔蒂埃、乌迪诺、蒙西（Bon Adrien Jannot de Moncey, 1754—1842）、麦克唐纳（Jacqnes Macdonald duke de Tarente, 1765—1840），都拒绝继续战斗。他只剩下妻儿，但已与他们分开11个星期了。拿破仑急于把他们带到厄尔巴岛，于是派康布罗纳带着一支卫队去找他们，想把他们带到枫丹白露。但他的岳父——奥地利皇帝弗朗茨二世（Franz II, 1768—1835）先他一步，在几个小时前就带走了他们。在枫丹白露，

四
自杀

在为他们准备的房间里,拿破仑来回踱步,却没等到年幼的罗马王和玛丽-路易丝,只收到了她匆忙写给他的这张便条:"一位波兰军官为我给你带去这张便条,他刚给我带来你的信。你已经知道,我从奥尔良(Orléans)被带走了,有命令哪怕诉诸武力也要阻止我去找你。亲爱的朋友,小心点,我们正在被玩弄。我为你担心得要命。"①

一个星期之内,他失去了一切:权力、大部分支持者、妻子和儿子。

于是,拿破仑想要永远结束这一切,就像希腊人和罗马人看到自己被包围时经常做的那样,并试图自杀。

他的贴身男仆康斯坦说:"(4月12日至13日晚上)午夜时分,当时我睡得很沉,值班的佩拉德(Pelard)先生叫醒我。他说,皇帝在找我。一睁开眼睛,就看到他恐惧的神情,我感到不安。于是,我马上跳下床。"下楼时,佩拉德先生又说:"皇帝在杯子里倒了些东西,喝了。"

> 在无法想象的焦急中,我冲进陛下的房间。皇帝已经再次入睡,但当我走向他的床,我看到壁炉前的地板上有黑色皮革和塔夫绸材质袋子的残片……那是自西班牙战役(原文如此)以来他一直戴在脖子上的袋子,在两次战役之间的间隙,我曾为他精心保管。啊!我多希望自己知道里面有什么!在这个生死攸关

---

① 文森特·克罗宁:《拿破仑》,阿尔班·米歇尔出版社,1979年,第407页。

的时刻,可怕的真相突然展现在我面前。

然而,我当时在皇帝的床边。

——他的声音时而虚弱,时而断断续续:康斯坦,我要死了!我受不了这些折磨,尤其是知道自己很快就被外国军官俘虏而感到羞辱!……他们把我的鹰拖进了泥潭。他们不了解我……我可怜的康斯坦,当我下台以后,他们会后悔的!……马尔蒙给了我最后一击,这个不幸的人!……我爱他!……贝尔蒂埃的背弃让我痛心……我的老朋友们,我曾经的战友们!

皇帝还对我说了一些其他的事,我不敢以不忠实的方式来叙述这些话。可以想见,尽管我已陷入最深的绝望之中,但我并没有试图记下那些不时从皇帝口中冒出的话。他没有马上开始说话,而我所陈述的这些语言是在他休息之后,或者说是度过虚弱状态后说出来的。我盯着皇帝的脸,透过眼泪,我发现他不时抽搐。这很危险,我感到最强烈的恐惧。幸运的是,抽搐之后,皇帝开始轻微地呕吐。这给了我希望。在身体和精神都在饱受折磨的情况下,皇帝并没有失去理智。这第一次呕吐之后,他对我说:

——康斯坦,让人把科兰古和伊万叫来。

我打开门,没有离开皇帝的房间,把这个命令传达给佩拉德先生。我回到床边,恳求他服用镇痛药水。我所有的努力都是徒劳的;他拒绝了。甚至在死亡面前,他都决不回头。

尽管皇帝固执地拒绝,我仍继续恳求。这时德·科兰古先

四
自杀

生和伊万先生进入房间。陛下用手势示意维琴察(Vicence)公爵先生(科兰古)走到床前,对他说:

——科兰古,我将我的妻子和孩子托付给你。请你像对我一样对待他们,为他们效力就像为我效力。我活不了多久了。

这时,皇帝再一次呕吐,但比第一次严重程度更轻。与此同时,我试图告诉维琴察公爵,皇帝已经服毒。他更多的是猜测我的意思,而不是理解我的话,因为啜泣使我的声音哽咽,以至于一个字也说不清楚。伊万先生走向床前,皇帝对他说:

——你认为这个剂量够大吗?

伊万先生不理解这些话,因为他从来都不知道这个袋子的存在,至少据我所知[①]。所以他回答说:

——我不知道陛下是什么意思。

皇帝没有回答。[②]

我们三个人,维琴察公爵、伊万先生和我,一起恳求皇帝。很幸运,我们说服他了喝杯茶,但这也困难重重。当我递茶时,他又急忙拒绝了,说:

——别管我,康斯坦,别管我了。

我再次恳求,他终于喝了,呕吐也停止了。

[①] 从1800年到1814年。亚历山大·伊万(Alexandre Yvan)是大军团的首席外科医生,陪同拿破仑历经所有战役。在俄罗斯战役中,据说伊万应他的要求,给了他这袋著名的毒药。根据一个版本的记载,它是颠茄和嚏根草的无害混合物。根据另一个版本,它是有毒的药物,但在枫丹白露,伊万设法使皇帝及时呕出这些药物。

[②] 根据马尔尚的说法,拿破仑感叹道:"上帝不希望这样"(马尔尚:《回忆录》,第一卷,第20页)。

喝完这杯茶后不久,皇帝就打起了瞌睡。先生们安静地退下了,我独自留下,等他醒来。

睡了几个小时后,皇帝醒了,看上去几乎一如往常,尽管他的脸上还留有遭受痛苦的痕迹。我把他扶了起来,皇帝只字未提起我们刚刚度过的可怕夜晚,哪怕是以最委婉的方式。

他像往常一样吃午饭,只是比平时晚了一点。他的神情又变得相当平静,甚至看起来比长久以来都更加愉悦。难道是因为那片刻的沮丧使他渴望死亡,而在死里逃生后产生了满足感?还是因为他确定自己害怕在床上死亡更甚于害怕在战场上死亡?无论如何,我把皇帝活下来的快乐归功于那袋致命毒药的药效已过。①

文森特·克罗宁找到了拿破仑恢复平静的原因:下午,皇帝收到了玛丽-路易丝又一封来信:"不要生我的气,我亲爱的朋友。我阻止不了他们。我是如此爱你,这让我心如刀割。我担心你认为(原文如此)这是我和我父亲为对付你一起策划的阴谋……我想分担你的不幸,我想照顾你、安慰你,帮助你并减轻你的忧伤。"读到这封最深情的来信,拿破仑重获了活下去的欲望。他曾选择死亡,但失败了。那就这样吧。事情结束了。②

---

① 康斯坦:《拿破仑一世的私人回忆录,由他的随从撰写》,第二卷,第471—474页。
② 文森特·克罗宁:《拿破仑》,阿尔班·米歇尔出版社,1979年,第409页。

"一切都恢复正常,除我提到的人之外,皇宫里没有任何人察觉发生了什么。我得知伊万先生已经离开枫丹白露。这位始终忠于皇帝的优秀外科医生,想到自己可能承担的罪责,已经失去理智。出于绝望,因为皇帝当着维琴察公爵的面问他的问题,并担心这会让人们怀疑他给陛下提供自杀工具。因此,他从皇帝的卧室冲出来,在皇宫的院子里找到一匹配了马鞍和缰绳的马,跳上马背,匆匆赶往巴黎。"①

但几天后,拿破仑收到了他岳父的来信:"我建议她(玛丽-路易丝)和家人一起到维也纳来休养几个月……"②除签名之外,这封信都出自梅特涅之手。

对自杀的新思考

古尔戈告诉奥马拉滑铁卢战役中的一段插曲:"在法国人冲锋失败后,当英国人发起冲锋时,他们的一些骑兵来到距皇帝所在地100或150托阿斯③的地方。皇帝身边只有苏尔特、达武(Louis-Nicolas Davout duke of Auerstedt,1770—1823)、贝特朗和古尔戈这几位将

---

① 康斯坦:《拿破仑一世的私人回忆录,由他的随从撰写》,法国水星出版社,1967年,第474—475页。
② 文森特·克罗宁:《拿破仑》,阿尔班·米歇尔出版社,1979年,第409页。
③ 托阿斯(Toise),法国旧长度单位,1托阿斯相当于1.949米。——译者注

军。附近有一个营的法军结成的小型方阵。拿破仑命令古尔戈将军指挥这个营的两三门野战炮开炮,以阻止越来越近的骑兵。命令得以执行,一发炮弹打中了安格列西(Anglesey)侯爵的一条腿。之后,拿破仑站在纵队前,大喊道:'我们必须死在这里。我们必须死在战场上!'(……)拉贝多瓦像疯子一样,到处奔跑,张开双臂,决意赴死。拿破仑想冲到敌人中间。但苏尔特抓住他的马缰,阻止了他,对他喊道,他不会被杀,而将被俘。之后,在其他人的帮助下,这位将军设法使拿破仑离开了战场。"①

滑铁卢战役之后,拿破仑再次考虑自杀。1815 年 6 月 21 日,在马尔迈松城堡,他让自己的药剂师查尔斯·卡代·德·加西古——他恰好是路易十五的亲生儿子——为他准备一种毒药。他在夜里吞下了它,却痛得直不起腰,随后他召回了药剂师,加西古应他的要求提供解药。

马尔尚回忆说,6 月 29 日,皇帝把科尔维萨叫到了马尔迈松城堡。"离开时,皇帝召唤我。(……)他给了我一个长 15 法分②、宽 4 或 5 法分的小瓶子,里面装着红色液体,命令我别让任何人看到,并补充说:'设法让我随身携带,系在外套上或者衣服的其他地方,总之要让我便于拿取。(……)我独自一人拿着瓶子,我很清楚,它能快速致死。我陷入无尽的悲伤,直到那天晚上,我在睡前

---

① 巴里·奥马拉:《流亡中的拿破仑》,拿破仑基金会,塔朗迪耶出版社,第二卷,1993 年,第 148 页。

② 法国古长度单位,22 法分约为 50 毫米。——译者注

四

自杀

又见到了皇帝。在告诉他 P 夫人①告诉我的事情后,我正要退下,他问我怎么安排了他给我的瓶子。我向他展示了左侧背带的一端,他可以用右手轻松拿到,在背带下面,有个装瓶子的小皮袋,瓶子可以很容易地被放进或取出,小皮袋由一根绳子穿过孔眼固定。他检查了一遍,取出瓶子又放进去,然后看着我说:'很好!'当感受到我的悲痛时,他把手放在我的脸颊上,告诉我为他的离开准备好一切,他自杀的时间很可能就在第二天。这种状态一直持续到八月初。"②

皇帝身边的一些人担心他会自杀。因此,他的新贴身男仆马尔尚说:"我知道他身上有某种东西用来逃脱敌人的囚禁,如果不幸落入敌手,或者敌人想要羞辱他。毁灭的念头像闪电一样迅速涌上我的心头。我的痛苦难以言喻。我对可能在我面前发生的悲剧感到不安。"

8月2日或3日上午,皇帝仍在英国军舰"柏勒洛丰号"(*Bellerophon*)上,他知道英国政府决定把他流放到圣赫勒拿岛。毫无疑问,他预见了等待他的命运,他似乎决心逃避流放。沉思了一段时间后,他平静地走动,之后,写了一些东西、整理了一些文件,安排

---

① 她是弗朗索瓦丝·德·佩拉法拉(Françoise de Pellapra),一个美丽的里昂女子,拿破仑让她欺骗了玛丽-路易丝皇后。见《拿破仑的侍女,埃米莉·德·佩拉法拉回忆录》,1921年,以及《拿破仑的一个侍女》,1933年。

② 马尔尚:《回忆录》,塔朗迪耶出版社,第一卷,1991年,第187页。

了一些事务，并处理了一些贵重物品。然后他命令马尔尚锁上他的房门，不要让任何人进来。"半小时后，马尔尚听到皇帝的声音，走进去，发现他躺在床上，并注意到在他身边的小桌上有一个杯子，里面装着淡黄色的液体，就像水和西班牙葡萄酒。皇帝依旧神色平静，命令他领来B（贝特朗）伯爵。在与他谈话之后，皇帝起身穿上了衣服。杯子里的液体还是满的，还在同一个地方。第二天，杯子消失了，随之消失的还有那个小瓶子"[1]。

拿破仑在马尔尚面前阅读了《加图之死》(*La Mort de Caton*)，其中普鲁塔克讲述了加图宁可自己向恺撒交出乌提卡(Utique)，也要劝说自己的同胞投降，但为了维护自己的荣誉，他用剑刺向了自己。然后，拿破仑向拉斯卡斯坦言："亲爱的朋友，我有时想放你走，这不难。只要头脑稍微一发热，我很快就会离开你，一切都会结束，你会去和你的家人团聚……尤其是我根本不受内心原则的困扰。有人认为所谓另一个世界的痛苦是人们想象出来的，所谓死亡的痛苦只是用于增加我们对死亡的厌恶，我和他们的看法一样。上帝不会想要死后世界这样一个抗衡他无限仁慈的力量，尤其是当人们考虑到像自杀这样的行为。死亡到底是什么？什么东西让我们想要更早死去，回去上帝身边？"[2]

---

[1] 约阿希姆·赫瑞奥：《拿破仑在圣赫勒拿岛》，路易出版社，1829年，第20—23页。

[2] 拉斯卡斯：《拿破仑的最后旅程》，法兰西帝国出版社，2012年。

不再自杀问题

不,皇帝没有决定自杀。马尔尚指出:"皇帝下了很大决心要活下去,并向文明的欧洲展示一个伟大灵魂在逆境中能做些什么。"

事实上,拿破仑在英国并不只有敌人。他是拜伦勋爵(Lord Byron,1788—1824)等浪漫主义者的偶像。英国议会中也有人反对向法国这个"大国"开战。例如,1815年,塞缪尔·惠特布雷德(Samuel Whitbread,1764—1815)投票反对战争借款,并于获知威灵顿公爵在滑铁卢战役中获胜后自杀。这一令人难以置信的举动在伦敦引起了轰动。如果听说皇帝将被送往圣赫勒拿岛,拜伦很可能也会选择自杀。

"诺森伯兰号"把拿破仑带去这该死的流放地,他向船上的医生瓦登(Warden)询问了惠特布雷德的自杀,这让瓦登印象深刻:

这难道不是神经衰弱和伦敦秋季经常起雾所致吗?

——不是的,惠特布雷德对伟大事业、废除奴隶制、为穷人提供免费教育、法美两国的和平所具有的激昂奉献精神已使他不堪重负。他为此头痛欲裂。抑郁和亢奋在他身上交替出现。他认为所有人都对他不满或密谋对付他,于是在议会中与同仁们争吵。实际上,他已经疯了。将军,您有没有想过轻生?

——拿破仑回答说：没有。我还没疯狂到要结束自己生命的地步。自杀是一种怯懦。真正的英雄必须战胜一切痛苦，无论是什么痛苦……在我看来，自杀是最令人反感的罪行，并且没有什么理由能为之辩护。自杀的原因显然出于所谓怯懦。一个人在反复无常的命运面前战栗，能自称勇敢吗？真正的英雄主义在于凌驾于活着所要经历的痛苦之上。①

这是一个奇怪的回答。

拿破仑是否因为谈起过往自己所创造的传奇，或如阿尔比娜·德·蒙托隆（Albine de Montholon，1779—1848）这样偶然出现的女性，又或是因为自由的渺茫，而感到些许安慰？相反，他没有自杀不是靠天主教信仰和来世希望的帮助。

马尔尚将再次听他谈论这个问题：

人有权自杀吗？

——有，只要他的死不伤害任何人，且生命对他来说是一种痛苦。

——生命何时是一种苦难？

——当生命带给他的只有折磨和痛苦。然而，因为折磨和痛苦每时每刻都在变化，一个人生命中没有哪一刻有权自杀。

---

① 威廉·沃登：《一个英国人眼中的拿破仑：圣赫勒拿岛来信》，亨利·维维安出版社，1901年，第147页。

四

自杀

只有在他死去的那一刻才会到来,因为只有这样,才能证明痛苦和折磨构成了他的生命的唯一理由。屈服于灵魂的道德情感,每个人都会在一生中想要自杀几次。但几天后,他会对自身情感和环境的变化感到愤怒。星期一自杀的人本来想活在星期六,然而生命只有一次。一个人的生命由过去、现在和未来组成,至少对于现在和未来是如此。但是,如果一个人的生命只有现在的痛苦,他就会牺牲未来。一天的痛苦并不足以使他牺牲自己未来的生活。如果一个人的生命只有痛苦,并且能够保证(这是不可能的)它将永远如此,以及他的立场和意志不会因为环境和形势的变化或者因为习惯和时间的推移而改变,只有这样,他才有权自杀。一个人屈服于当前痛苦的重压,选择轻生,这是对自己的不公。因绝望和软弱而顺从当下的冲动,他为此牺牲了整个未来的生命。

人生的苦难致人自杀时,他不仅结束了痛苦,还摧毁了未来。一个人永远不会为被砍掉的手臂而后悔。他会而且永远会为轻生而后悔。[1]

拿破仑对奥马拉说:"我的格言一直是,承受痛苦并抵抗降临在自己身上的不幸,比放弃生命更能体现真正的勇气。自杀是输光一切的赌徒的行为,也是一个被毁掉的浪子的行为,这也只能说明这个

---

[1] 马尔尚:《回忆录》,塔朗迪耶出版社,第二卷,1991年,第236—237页。

人缺乏勇气。"而且,在暗指他的个人情况时,他补充说:"贵国政府如果认为用各种手段来打击我,比如流放我至此、剥夺我与最亲近、最珍视的亲人间的所有联系,致使我不知道这世上是否还存有我的血脉,他们让我与世隔绝、对我施加严酷程度与日俱增的无用且烦人的指令、派人渣来做我的狱卒,如果英国政府认为这样能耗尽我的耐心并迫使我自杀,那他们就错了。如果我曾想要自杀,甚至只是闪过这样的念头,都正中他们下怀。这些折磨恰恰阻止了我的自杀。"①

但他向马尔尚承认:"死亡难道不是对我的恩惠吗?我不会做任何事寻求死亡提前到来,但也不会苟活。"②

历史具有讽刺意味。虽然拿破仑在圣赫勒拿岛被监禁期间从未考虑过自杀,但在他死后一年,三名"刽子手"之一,即不断拒绝所有遣返拿破仑回到欧洲请求的三位英国大臣③之一,在荒诞的情况下自杀了。此人是外交事务大臣(secrétaire d'État aux Affaires étrangères)兼下议院领袖卡斯尔雷勋爵(Robert Steuart Viscount Castlereagh, 1769—1822)。1822 年,卡斯尔雷勋爵变得极其不得民心,且似乎患有妄想狂。巴尔扎克在《驴皮记》里说,"在满足我们最卑微的需求之后",他用裁纸刀割喉自杀。

---

① 巴里·奥马拉:《流亡中的拿破仑或圣赫勒拿之声:拿破仑的观点和反思》,辛普金和马绍尔出版社,1822 年,第 54 和 61 页。
② 路易·查迪尼(Louis Chardigny):《拿破仑》,佩林出版社,2010 年,第 44 页。
③ 除了卡斯尔雷(Castlereagh)勋爵外,还有首相利物浦勋爵和战争和殖民地事务大臣巴瑟斯特勋爵。

五　守护天使

让-巴蒂斯特·米龙

虽然让-巴蒂斯特·米龙是包税人①的儿子，但他是一个狂热的共和党人。1793年，19岁的他在围攻土伦战役中担任炮兵中尉，在那里他遇到了波拿巴并与他成为朋友。和波拿巴一样，他的大腿也受了伤。然而，战斗一结束，他就去了巴黎，向公共安全委员会恳求释放自己的父亲。在他的努力下，其父获释，成为此前巴黎16名包税人中唯一逃脱上断头台的人。

20岁时，米龙晋升为营长，并于次年被晋升为上校。葡月13日，波拿巴任命米龙为自己的副官，将一个由四门大炮组成的炮兵阵地交给他，让他在左臂戴上红白相间的丝绸臂章。

在阿尔科莱桥战役中，米龙发现一名奥地利枪手盯上了波拿巴，

---

① 法国封建时代受王室委托承包征收间接税的人。包税人不是热心追求国家利益的法国公民，他们愿意替国家收税，也是为了赚钱发财。于是包税人利用国王和政府的名义，想出千奇百怪的方法征税。法国大革命中包税制被废除。——译者注

用自己的身体挡在拿破仑身前,接住了原本射向拿破仑的子弹,倒下了。他的鲜血溅在了拿破仑身上。在随后的混战中,米龙的尸体掉进河里,再也没有找到。

彼时,米龙刚刚结婚。妻子正怀有身孕。波拿巴给她写信:"在阿尔科莱战场上,米龙在我身旁牺牲。您失去了心爱的丈夫,我失去了长期相伴的朋友。但是,祖国失去的比我们两个人都要多,因为它失去了一位以才华和勇气著称的军官。如果我能为您或他的孩子提供任何帮助,请您完全依靠我。波拿巴。"奇怪的是,在信中,他没有提到米龙是为了救自己而牺牲。然而,七个月后,他为在威尼斯缴获的一艘护卫舰命名为"米龙"。1799 年 12 月 9 日,他就是乘坐这艘船离开埃及,返回法国。1815 年,当拿破仑打算下台前往英国,并在那里隐居时,他考虑化名为米龙上校或杜洛克上校。最后,1816 年,他向奥马拉坦言:"在阿尔科莱,当我冲向前方时,米龙上校扑到我面前,用他的身体掩护了我,受了本该是我注定要受的致命伤。他倒在我的脚下,血溅到我的脸上。他为拯救我的生命而牺牲了自己。"最后,拿破仑在遗嘱中,将 10 万法郎遗赠给了米龙的遗孀或子孙。

皮埃尔·多梅尼

在阿尔科莱桥,刚开始,法军被击退。波拿巴设法骑上马,但他的马被子弹惊吓或激怒了,带着他一起跳进了河里,人和马都沉了下

五
守护天使

去,差点淹死在泥水里。在滚滚浓烟和爆炸的轰鸣声中,他几乎消失了。已经抵达桥那头堤坝上的奥地利人没有看到他,从他身边越过。否则,奥军很有可能杀死或俘虏他。

幸运的是,法军军士长贝利亚尔(Belliard)看到了拿破仑,并喊道:"快救将军。"两名士兵,多梅尼和穆西,把拿破仑拉出水面,将浑身是泥、处于半窒息状态的拿破仑带回岸边。这次营救至今成谜:为什么拿破仑的两位副官,他的亲弟弟路易·波拿巴和马尔蒙也声称救了他?为什么波拿巴立即将军士长贝利亚尔晋升为准将,难道只是因为他发出警报有功?

无论如何,多梅尼并不总那么可靠。他勇气可嘉,但有时让人难以忍受。15岁时,他在佩里格学习,在一场马刀决斗中杀了一个似乎侮辱过他的炮手。他吓坏了。连父母都没见到就逃走了,并在图卢兹加入了一个骑兵团。他就是这样来到阿尔科莱的。

埃及远征期间,有一次多梅尼和两个战友坐在开罗的一家咖啡馆里,不顾周围的人就开始大声说笑,甚至攻击邻桌的将军们。结果,他和战友被带到战争委员会,并被判处枪决。波拿巴得知后,表示愿意赦免他,但不包括另外两人,多梅尼拒绝丢下战友。他和这两名战友一起被带到了刑场,但行刑队已受命放过他。这个警告仍让他们担惊受怕。

此后不久,多梅尼又两次救了波拿巴,真正证明了他是波拿巴的守护天使。一次是在1799年4月1日法军围攻圣让德亚克时。发动进攻之前,波拿巴正与贝西埃、杜洛克和欧仁·德·博阿尔内

(Eugène de Beauharnais，1781—1824)进行视察,这时敌人的炮弹落在附近;炮弹爆炸之前,多梅尼和穆西赶忙用身体护住拿破仑;多梅尼用手臂直接挡住了拿破仑的头。爆炸没有伤到任何人。波拿巴随即与他握手,并说:"真是个好兵!"

拿破仑向奥马拉描述说:"在围攻圣让德亚克时,西德尼·史密斯(Sidney Smith)发射的一枚炮弹落在我脚边。靠近我的两名士兵抓住我,将我紧紧抱住,一个挡在我前面,另一个挡在侧面,就这样用身体为我筑成堡垒,以抵挡爆炸。炸弹爆炸后,我们被沙子覆盖,被埋在爆炸形成的坑里。两名士兵中有一人受伤。我使他们两个都晋升为了军官。"[1]

四个月后,阿布基尔战役中,多梅尼在夺取了土耳其帕夏指挥官(capitan-pacha)军旗后,再次设法救了波拿巴。当时总司令站在炮架上,关注着战役动向,而毫不在意耳边呼啸而过的子弹。一些军官提醒他要小心,但被他严厉斥退了。多梅尼则直接过去,像对孩子一样,随意地拦腰抱住波拿巴,把他放在地上。说道:"将军,恕属下无礼!"

波拿巴正准备惩罚这种不可思议的大胆举动,接替他站上炮架观察战况的参谋中尉胸口就中了一枪。就在刚刚,多梅尼第三次救了他的命。拿破仑很欣赏他。在他乘坐护卫舰"米龙号"返回法国时,多梅尼是他选择的少数几个陪同者之一。

---

[1] 巴里·奥马拉:《流亡中的拿破仑》,拿破仑基金会,塔朗迪耶出版社,第一卷,1993年,第206页。

多梅尼还在马伦戈、奥斯特里茨(Austerlitz)、耶拿、埃劳、弗里德兰(Friedland)、马德里、埃克穆尔和瓦格拉姆都参与过战斗。5月2日,他在马德里骑着马冲向起义的人群,有两匹马在他身下被杀,在瓦格拉姆,他失去了左腿。1812年,他晋升为准将,并担任重要军火库——文森堡的总督。1814年,他拒绝投降,并这样回复俄国将军巴克莱·德·托利(Mikhail Bogdanovich Prine Barclay de Tolly,1761—1818):"把我的腿还给我,我就把堡垒交给你们。"① 1815年,他像1814年一样,依旧坚守堡垒,且从未将堡垒交给敌人。

吕西安·波拿巴

1799年,波拿巴从埃及返回法国后,重获了三年前第一次意大利战役胜利带来的人气。然而,督政府主席戈耶(Louis-Jéróme Gohier,1746—1830)在与拿破仑争夺约瑟芬的青睐,并反对他加入督政府,理由是:他还未达到当时宪法规定的督政官的最低年龄要求40岁。

波拿巴没有办法发动政变。由于他在法国没有军事指挥权,所以没有军队可以支配。除了在五百人院(Conseil des Cinq-Cents)任职的两个兄弟吕西安和约瑟夫外,他在两个立法机构中几乎没有支持者。

吕西安让他与西埃士(Emmannel-Joseph Sieyès,1748—1836)取

---

① 1814年3月31日,多梅尼将军回复俄国军队总司令、陆军元帅巴莱克·德·托利。

得联系。当时，西埃士在督政府中任职，正在寻找一支武装力量来推翻戈耶，并在必要时，与两名心腹一起夺取政权。

拿破仑后来坦言："西埃士根本不认识我，他知道我是个好将军，是个英勇的上尉，但对我的品质一无所知。在讨论中，我展现的辩证法、推理方式、解决问题并以各种形式追问直到把人们说服的能力，让他感到非常惊讶。"[1]

西埃士随后策划了一场议会政变。在一场虚构的阴谋的威胁下，他把两个议会的开会地点转移到远离圣安托万（Saint-Antoine）郊区工人街区的圣克卢（Saint-Cloud）城堡，以便议员们投票支持西埃士提出的宪法改革条款，同时规避雅各宾派可能进行的反抗。

雾月18日，1799年11月9日，其计划的第一部分取得了圆满成功。但是，第二天，在圣克卢城堡的橘园里，波拿巴身旁跟着武装掷弹兵。他发表了演说。因为他拙劣的演说，一切几乎都失败了。议员们的呼喊声从四面八方响起："打倒独裁者！剥夺公民权，新克伦威尔！"他们拍打他的肩膀、抓住他的胳膊。一些人挥舞着匕首。他脸上流着血，跑开了。

刚刚就任五百人院议长的吕西安试图发言，但他的声音被要求立即打倒他哥哥的议员们发出的呼声淹没。然后他走下主席台、放弃演讲、中止了会议，让一些议员跟着他到花园里去，并宣布留在橘

---

[1] 贝特朗：《圣赫勒拿岛笔记》，第二卷，《1818—1819年》，阿尔班·米歇尔出版社，1959年，第202页，1818年5月的笔记。

五
守护天使

园里的人将不再是人民代表。

这为拿破仑争取了时间,他恢复镇定、骑上马,并对他的军队发表讲话:

> 士兵们,我已经带领你们取得了胜利,我可以信任你们吗?
> ——对,对。将军万岁!

仍然聚集在橘园大厅里的五百人院议员,看到军队闯入议场恐慌失措,从窗户跳了出去,四散而逃。

未来的夸涅(Coignet)上尉当时还是普通士兵,在他的《笔记》中记叙了一名掷弹士兵的证词:两名议员拿着匕首向波拿巴冲去,是我和战友挡住了他们的攻击。然后他(波拿巴)就出来了。他们对他喊道:"剥夺公民权!"这时他拔出了剑,让我们上刺刀,并对他们喊道:"走出大厅!"所有议员都从窗户逃走了,而我们掌控了大厅。①

波拿巴随后前往元老院(Conseil des Anciens),让元老院议员们投票通过了废除督政府的法令,取而代之的是由他、西埃士和罗歇·迪科(Pierre Roger Ducos,1747—1816)三人组成的临时政府。然后,士兵们出发寻找分散在周围的五百人院议员,并将其中一些人带回橘园,在那里他们被迫批准元老院颁布的法令。

剩下的就是让督政府其他成员辞职了。塔列朗负责说服巴拉

---

① 《科理上尉笔记:帝国战争纪事》,阿歇特出版社,1883年。

斯；另外两人，戈耶和穆兰（Jean-François-Anguste Moulin, 1752—1810）则被派往卢森堡。

不久以后，这个临时政府将被波拿巴领导的执政府（Consulat）取代，由康巴塞雷斯（Jean-Jaeques-Régis de Cambacérès, duke de Parine, 1753—1824）和勒布伦（Charles François Lebrun, 1739—1824）协助。

在这次事件中，吕西安不仅助拿破仑一臂之力，将其引荐给了西埃士，而且在事成之后，帮助他哥哥摆脱了西埃士。但最重要的是，在第二天，雾月19日，他可能保住了拿破仑的人身自由，甚至他的性命。

尽管拿破仑从未与吕西安亲密相处，但一个月后，拿破仑任命他为法国内政、农业、工业、贸易和公共教育部长（ministre de l'Intérieur, de l'Agriculture, de l'Industrie, du Commerce et de l'Instruction publique），并于1800年任命他为驻马德里大使，以此表达感激之情。

然而，1804年，当皇帝坚持要求他与亚历山大德里娜·德·布莱尚（Alexandrine de Bleschamp, 1778—1855）离婚，并与伊特鲁里亚（Étrurie）女王结婚时，两兄弟产生不和。吕西安拒绝离婚。兄弟之间的关系变得如此紧张，以至于"母亲大人"（拿破仑母亲的外号）为了声援吕西安，拒绝参加拿破仑的加冕仪式。1810年，吕西安决定流亡美国。在逃亡途中，他被英国人俘虏，并将其视为客卿。

1815年，吕西安回到法国。滑铁卢战役后，他毫无怨恨，为挽救罗马王的权利奔走，并为拿破仑和所有家人取得前往英国的签证。然而，这一切都是徒劳。

在圣赫勒拿岛，拿破仑在遗嘱中完全忽略了吕西安。更忘恩负义的是，他把那天自己在圣克卢城堡的获救全部归功于缪拉："当一些五百人院的议员想刺杀我时（……）我命令缪拉带着一个营的兵力进入大厅，击退议员们冲击，驱散议会。缪拉，这个浑身金光闪闪的英俊男子——往往这样才能使人民心悦诚服——愤怒地进入大厅并驱散了议会。"①

约瑟夫·波拿巴、维克多·贝松、弗朗索瓦·波内

滑铁卢战役后，拿破仑被上议院（Chambre des pairs）和临时政府主席富歇所抛弃，他先让位给他的儿子，然后是彻底地退位。他想前往美国寻求庇护，但在犹豫中浪费了宝贵的时间。对于一个以决断迅速而闻名的人来说，这着实令人惊讶。

拿破仑也是吕西安幻想的受害者，吕西安提出要在伦敦为波拿巴家族全家人办理签证。最重要的他是被富歇的虚假承诺坑害。富歇保证将为拿破仑和其随行人员提供两艘护卫舰，它们就停泊在罗什福尔（Rochefort），而且英国政府将为他们签发安全通行证。

拿破仑的哥哥约瑟夫则更加务实。他的说法是经验之谈。他非常

---

① 贝特朗：《圣赫勒拿笔记》，第二卷，《1818—1819 年》，阿尔班·米歇尔出版社，1959 年，第 280 页。

了解英国人。因为1802年,他与英国人谈判达成了《亚眠和约》。他认为不需要求助于英国人,还要尽可能少地透露这个横渡大西洋的计划。在他看来,最好的办法是带着极少的忠实的人秘密逃离法国。前一年,他就是这样两次成功离开法国。约瑟夫想说服拿破仑,而拿破仑疲惫不堪,犹豫不决,只同意到罗什福尔与他会合,想在那里做出决定。①

7月3日,拿破仑带着全部随行人员抵达这个港口,在那里找到了两艘护卫舰"萨勒号"(*Saale*)和"美杜莎号"(*Méduse*)。然而,他们没有获得富歇所谓的安全通行证。此外,锚地被一艘英国大船"柏勒洛丰号"和两艘小船封锁。他会尝试强行冲破封锁吗?

就在这时,最忠于拿破仑的人之一——拉勒芒(Clande François Lallemand,1790—1854)将军,在罗什福尔找到了维克多·贝松,这是他在俄国战役中的战友,一位九岁就入伍当见习水手的海军军官,也是一位被英国人俘虏后成功逃到公海的勇士。维克多·贝松建议拉勒芒将"马格德莱恩号"(*Magdelaine*)带到罗什福尔,这艘双桅船能够穿越大西洋,属于一位来自基尔湾(Kiel)的船主,他是贝松的岳父。此外,贝松精通德语、英语和丹麦语,他提议他们冒充外国人,以出口白兰地为由启程前往纽约,并让拿破仑和他的五位亲信上船:拉勒芒、贝特朗、萨瓦里、古尔戈和贴身男仆圣德尼。如果有英国人检查他的船,他会把这些乘客藏在船舱底部的软垫桶里,以防这些乘客发出空洞的声响,他还会让他们用管子呼吸。他只要求得到一些

---

① 贝纳尔·纳博内(Bernard Narbonne):《约瑟夫·波拿巴——哲学家之王》,阿歇特出版社,1949年。

五
守护天使

资金来购买一船白兰地,并赔偿他岳父可能遭受的损失。

圣德尼[1]指出:"拿破仑似乎已经决定乘坐贝松船长的'马格德莱恩号'起航。萨瓦里、贝特朗和我得陪他一起。他选择了我,因为我是所有仆从中最不怕晕船的。他曾命令我把他的所有武器摆放整齐,包括几把手枪和四支猎枪。晚上,贝松来寻找武器和相应的弹药。他还带着衣着用品(手帕、围巾、袜子等)、衣服和旅行所需的物品。"[2]

皇帝指示拉斯卡斯与他签订一份假的契约,但同时登上了富歇安排的护卫舰之一——"萨勒号",其船长收到了海军部长海德克雷(Denis Deerés,1761—1820)中将的指示,要"把曾经是我们的皇帝的那个人转移到美国"。7月11日,拿破仑与他们讨论了冲破英国封锁的可能性。

"美杜莎号"的船长弗朗索瓦·波内(François Ponée,1775—1863)从16岁时就开始了自己的水手生涯,并参加了多次对英战斗。这位勇士中的勇士提议牺牲他的护卫舰,撞击"柏勒洛丰号",以便为拿破仑争取时间乘坐菲利贝尔(Philibert)船长驾驶的"萨勒号"逃离。

阿奇尔·德·沃拉贝尔(Achille de Vaulabelle)写道:"波内船长主动提出和他的船员们一起牺牲,以便'萨勒号'离开。他提议在夜里冲向'柏勒洛丰号',在下锚后控制住它,并固定在它的船侧,紧紧缠住一直不放,只要他的手下还有一个人活着,就要战斗到最后一刻。在这

---

[1] 路易·艾蒂安·圣丹尼斯(Louis Étienne Saint Denis),绰号马穆鲁克·阿里(Mamelouk Ali),是一位忠实的仆人,他跟随拿破仑前往厄尔巴岛,后前往圣赫勒拿岛。

[2] 马穆鲁克·阿里:《关于拿破仑皇帝的回忆》,阿尔莱亚出版社,2000年。

场力量悬殊的战斗中,'萨勒号'在黑夜的掩护下,将穿过航道,抵达公海。他们不用害怕被追赶;无论'美杜莎号'以何种方式攻击,'柏勒洛丰号'必将遭受很大损失,无法追赶负责运送拿破仑的船只。但这个计划必须征得菲利贝尔船长的同意,因为他拥有两艘护卫舰的最高指挥权,而他拒绝了这个方案。他说,作为两艘船的负责人,他不能自作主张地批准牺牲其一。另一方面,皇帝宣称,这种为拯救他个人而牺牲全体船员的行为是自我牺牲,这个提议令他感激不尽,但他不能接受。"①

次日,当准备完毕的"马格德莱恩号"出现时,拿破仑放弃了登船。他不愿意抛弃大部分随行人员,并担心如果这艘船在英国人的控制下超过 24 小时,届时他可能会被迫屈辱地投降。他不能忍受人们的嘲笑,并将失去所有他认为可以从自愿投降中有望保留的权利。

"拿破仑仿佛受到了某种邪恶魔力的影响。他兜兜转转、浪费时间,召集随行人员共同商讨可行的最佳方案。他的犹豫造成一个始终警觉的敌人监视他的一举一动。总而言之,如果在几年前,他看到有人如他现在这般行事,会认为这很可鄙。"②

同一天,拿破仑接待了他哥哥派来的使者。约瑟夫是共济会的高层人士,他从罗什福尔的一位商人弗朗索瓦·佩勒特劳(François Pelletreau)那里获得了一张美国双桅船"商贸号"(Commerce)的船票,此人是当地共济会分会的首脑。这张船票在一个化名为布沙尔

---

① 阿奇尔·德·沃拉贝尔:《帝国陷落:两次复辟史》,佩罗坦出版社,1847 年,第 198 页。
② 洛德·罗斯伯里:《拿破仑:最后的阶段》,阿歇特出版社,1901 年,第 142 页。

五
守护天使

(Bouchard)的人名下,这是他在叙尔维利耶(Survilliers)城堡的管家的名字。约瑟夫给拿破仑提供了自己在一位美国领事那里获得的一本空白的美国护照。随着年龄增长和身体的发福,两兄弟长得十分相像。如果有必要,约瑟夫会借口自己生病,在艾克斯岛过夜。如果英国人检查这艘双桅船,拿破仑总有办法躲在舱底。

但是,对拿破仑来说,以改名换姓、乔装改扮或躲藏的方式逃脱是在玷污他的荣耀。他不想重复前一年自己在普罗旺斯不得已而为之的事情[1]。而且,此刻,他无疑希望通过向英国人投降,使他们高抬贵手地将他视为流亡者。他不认为自己真的会被流放到圣赫勒拿岛。

7月14日,拿破仑不再犹豫,向"柏勒洛丰号"指挥官请求优待俘虏,并向英国摄政王[2]发出了下列信件:"像泰米斯托克利(Thémistocle)一样,我来到英国人民身边,寻求接受英国法律的保护。"[3]

于是,当约瑟夫派贴身男仆前去询问皇帝的最终答复时,他收到了下列信件:"请您转告约瑟夫国王,我仔细考虑了他的提议。我不接受,那是逃跑。我哥哥可以做到,他没有身处我的位置。但我不能。告诉他马上离开。他会安全抵达美国。永别了。"

约瑟夫登上了"商贸号",这艘船将在32天后顺利地把他带到美

---

[1] 参见本书第165—166页。
[2] 从1811年到1820年,在英国国王乔治三世(George III)生病和精神错乱期间,他的儿子,未来的国王乔治四世(George IV)以摄政王为头衔摄政。
[3] 泰米斯托克利被雅典放逐,他将自己托付给波斯国王,而他曾是波斯国王的死敌。

国纽约布鲁克林(Brooklyn)。在离法国海岸的不远处,它接连遭到两艘英国船只的检查,他在房间里借口生病,没有被打扰。后来,得知这位贵客的身份后,"商贸号"船长宣称,他宁愿炸掉他的船,也不愿让英国人上船检查。对此,约瑟夫回答说:"这正是我想避免的事情。"①

这与拿破仑在远征埃及时的行为完全相反,当时他两次以为看到英国船只驶向"东方号"或"米龙号"。

至于维克多·贝松,他心灰意冷地让"马格德莱恩号"返回基尔,而未被英国人拦截。后来法国国王路易十八得知他的行为后,立即将他从法国海军中除名,他便为埃及苏丹穆罕默德·阿里(Mohamed Ali, 1769—1849)效力。他任命贝松·贝伊(Jean-Victor Besson dit Besson-Bey, 1781—1837)为海军中将和少将,创建了埃及海军,为其配备了10艘战舰和7艘护卫舰。他还制定了一个巨大的海运计划,能够将埃及尼罗河畔的方尖碑运到亚历山大港,再从那里用蒸汽船将其拖到土伦。

路易十八还惩罚了弗朗索瓦·波内,撤销了他对"美杜莎号"的指挥权,并把船交给了一个曾经的流亡者,在这种情况下也只有这个无能之辈可以承担这个职务了,即22年未航行过的杜洛伊·德·肖马雷(Le vicomte Hngnes Duroy de Chaumareys, 1763—1841)。正是肖马雷在1818年毛里塔尼亚附近那次著名的海难中损失了"美杜莎号"及其所有船员。

---

① 贝纳尔·纳博内:《约瑟夫·波拿巴——哲学家之王》,阿歇特出版社,1949年。

六　面具

19岁时,拿破仑在欧索讷驻地,为了在训练间隙有事可做,年轻的拿破仑写了一个关于东方和哲学的故事《先知的面具》(*Le Masque prophète*)。他谴责了虚假预言和政治骗局。但在这篇青年时期创作的小说中,他就显现出了对伊斯兰教的好奇。

哈基姆(Hakem)是一位英俊的王子,相貌高贵、神色严厉、眼神炽热,他宣扬等级和财富的平等。他发动人们反对巴格达的哈里发,但哈里发却推动科学蓬勃发展。在接连胜利后,哈基姆染上了一种残酷的疾病,使他毁容并失明。为了使他的追随者一如既往地信任自己,他戴上银色面具隐藏症状,并使他们相信这是为了防止他们被他脸上发出的光芒刺得目眩。

哈基姆在一次失败后自杀,所有人都认为他上了天堂。

亚历山大大帝

拿破仑从未戴过面具,除了临终有人为他的头颅做了石膏模型,以便为雕塑家们提供脸模。

然而,在1798年远征埃及和1799年远征叙利亚期间,他很快就认同了古代历史上的几位英雄,首先是亚历山大大帝(Alexander thekreat,前356—前323年)。他曾说:"为了历史,我应该死在莫斯科。那时候,我拥有最大的荣耀、有史以来最大的声誉。我去过欧洲所有大国首都,打败过最文明的民族。恺撒(Julius Laesar,前100—前44年)的高度不及我的袜带。"①他还说:"如果俄国人从克里姆林宫发射的一颗加农炮炮弹炸死了我,我也会像他们(亚历山大、恺撒)一样伟大,因为我的制度、我的王朝会在法国传承下去,而不是像现在这样,我沦落到几乎一无所有,除非我的儿子成功登上我的王位。"②

正如拿破仑在圣赫勒拿岛对贝特朗将军强调的那样,他对亚历山大大帝最钦佩的一点是,后者没有满足于在短时间内征服一个庞大的帝国,从希腊到印度和埃及,中间还征服了现在的土耳其和波斯。他知道如何尊重当地的传统和宗教,留用波斯各省总督,并将他们团结在自己的权威之下。他以波斯帝国君主大流士(Darius I,前550—前486年)和薛西斯(Xerxes,前519—前465年)③的继承者自居。"被征服的人民崇拜他;大概十二年后,(波斯人民)比他自己的马其顿士兵更拥护他……。他征服了埃及,他拜访了阿蒙神庙

---

① 贝特朗:《圣赫勒拿岛笔记》,第二卷,《1818—1819年》,阿尔班·米歇尔出版社,1959年,第134页,1818年5月。
② 罗斯伯里勋爵:《拿破仑:最后的阶段》,阿歇特出版公司,1901年,第246页。
③ 大流士为古代波斯帝国国王,在其逝世后,其长子薛西斯继承王位。——译者注

(temple d'Amon),这一步为他稳固了这个王国。如果我和我的将军们身处开罗的清真寺,谁知道会发生什么事?我将拥有30万名士兵和东方帝国。……如果我留在埃及,滞留到那里,我就能像亚历山大一样,接受战败国的习俗和宗教。"①

但是,1798年10月23日,拿破仑为什么会纵容部下亵渎爱资哈尔清真寺?1799年,他为什么离开埃及?1808年,他为什么完全不考虑西班牙王室的受欢迎程度,也罔顾习惯与英国进行贸易往来的欧洲大陆商人的利益?而且,与亚历山大比起来,被征服国家的文化印记在他身上持续的时间要短得多。

华盛顿,自由的捍卫者

1799年12月,乔治·华盛顿去世,刚刚宣告自己成为第一执政的波拿巴急切地抓住机会,将他自己在意大利和埃及取得的军事胜利与这位伟大美国公民的民主成就相提并论。为了使这次哀悼的仪式性活动尽可能地引起轰动,他向执政卫队和军队口述了当日公告:

"华盛顿去世了。这位伟人与暴政作斗争。他巩固了美国的自由。法国人民以及两个世界(旧世界和新世界)的所有自由人,

---

① 贝特朗:《圣赫勒拿岛笔记》,第二卷,《1818—1819年》,阿尔班·米歇尔出版社,1959年,第54—55页,1818年1月。

特别是像他一样为自由和平等而战的法国士兵将永远怀念他。因此,首席执政命令,共和国的所有国旗和军旗悬挂黑纱10天。"

布里耶纳在他的《回忆录》中写道:

华盛顿是新世界(指美洲大陆)理性自由的崇高奠基人,他的去世对波拿巴来说本来应该相当无足轻重。但他恰逢其时的去世为拿破仑提供了又一次机会,让他在支持自由这样掷地有声的辞藻下掩盖他的夺取政权的计划。让我们以贫乏的敬意来纪念他,这不需要付出任何代价,而且宽容的法国人会相信,如此庄重地下令为华盛顿致哀的人将以他为榜样。让我们在胜利的战利品上蒙上纪念他的黑纱,在庄严的纪念日里,华盛顿和波拿巴两人的名字将一同被人们说起。让我们责成一个机智的演说家将其雄辩之花撒在美国英雄的荣耀上,他知道如何将其中几朵花掉落在法国英雄的荣耀之上。演说家的文本十分动人。它将通过美国自由的图景来触动并警醒人们。华盛顿和阿布基尔的神圣名字(指拿破仑)将在战神殿(temple de Mars)[①]的穹顶上响起。人们会用掌声来回应这谄媚的声音。与此同时,我们的眼睛始终盯着法国皇冠,将离它更近一步。时机一到来,就抓住它,并在必要时再次喊出:"自由万岁!"然后把它戴在我们

[①] 位于荣军院内,也就是曾经的圆顶教堂,拿破仑时代变成安葬军事要人的地方,如今也是拿破仑墓的所在地。——译者注

皇帝的头上。这位演说家很机敏。德·丰塔纳(Louis, Marquis de Fontanes, 1757—1821)先生受命为华盛顿致悼词,而其雄辩之花并没有全部落在这位美国英雄的身上。①

恺撒大帝

在圣赫勒拿岛,拿破仑深入研究了恺撒的《高卢战记》(*La Guerre des Gaules*),并将他的思考口述给马尔尚,马尔尚将其命名为《论〈高卢战记〉,由马尔尚在圣赫勒拿岛根据皇帝口述撰写》,于1836年出版。

两者的生活着实有众多相像之处。两人都在15岁失去了父亲。两人在战场上具有同样的天赋——能迅速分析形势并瞬间做出正确的决定。两人都知道如何用语言来鼓舞士气。两人同样热爱荣耀、无视危险、对他人的死亡无动于衷。两人都没有流血就夺取了权力。两人都担任过执政官,然后根据人民的意愿自称皇帝(恺撒并未称帝)。他们多么相像啊!

因此,在奥斯特利茨战役之后,拿破仑决定在旺多姆广场(place Vendôme)上竖起一根象征大军团的圆柱,上面是他自己的雕像,我们就不该惊讶。他委托雕塑家安托万·肖代(Antoine-Denis

---

① 路易斯-安托万·布里耶纳:《拿破仑、总理府、领事馆和帝国回忆录》,沃伦和塔利尔出版社,第三卷,1829年,第228—229页。

Chandet，1763—1810)不要将他描绘成小伍长的形象,而是塑造成恺撒大帝的样子。拿破仑雕塑头戴月桂冠,手持金球和利剑,目视远方,胜利在望。

我们也不该惊讶,1821年4月3日,在拿破仑去世前一个月,当他正忍受巨大痛苦时,他的仆人宣称圣赫勒拿岛上空出现了一颗彗星,拿破仑认为这是凶兆。他呼喊道:"彗星出现是恺撒死亡的预兆。我气数已尽,一切都在告诉我这一点。"普鲁塔克在《恺撒传》(*Vie de César*)(《希腊罗马名传》)中的一篇中提到,在恺撒被谋杀后,一颗彗星接连闪耀七日。

拿破仑大帝

1809年,拿破仑命令出版了《埃及记,法国军队远征军在埃及的观察和研究汇编,由拿破仑大帝陛下下令出版》(*Description de l'Égypte，ou Recueil des observations et des recherches qui ont été faites en Égypte par l'expédition de l'armée française，publiée par les ordres de Sa Majesté Napoléon le Grand*)的第一卷。

1810年,在他与玛丽-路易丝结婚之际,有人为"拿破仑大帝陛下"创作了一首颂诗和一幅版画,1811年,在他的儿子拿破仑二世,也就是罗马王出生之际,米歇尔·萨巴格(Michel Sabbagh)为法国皇帝和意大利国王"拿破仑大帝陛下"创作了一首圣歌。

六
面具

车　夫

　　1814年，拿破仑踏上了前往厄尔巴岛的道路。少数忠于他的人陪同他前往孤岛：贝特朗将军、康布罗纳将军和德鲁奥将军、波兰上校吉斯曼诺夫斯基（Jan Pawel Jerzmanowski，1779—1862），司库佩鲁斯（Guillanme Joseph Peyrusse，1776—1860）、一名医生、一名秘书和26名仆人。

　　四位盟国专员护送他到目的地，他们是英国人尼尔·坎贝尔（Neil Campbel）爵士、奥地利人科勒（Köller）元帅、俄国人舒瓦洛夫（Schouvaloff）将军和普鲁士人瓦尔德堡－特鲁克泽斯（Waldburg-Truchsess）。拿破仑一行总共乘坐14辆马车，其中许多马车都有一个独特的标志，这个标志将被证明是非常危险的：帝王之鹰。他们由60名骑兵护送，而康布罗纳手下的300名掷弹兵获准与皇帝在厄尔巴岛会合，他们不得不走另一条路。

　　有些人，如德鲁奥，担心他们在海上航行时被巴巴里海盗（北非海盗）绑架，但最大的危险在陆地上显现出来。越往法国南部（Midi）走，气氛就越带着敌意。欢呼声之后是死亡威胁。庞斯·德·埃罗讲述道："对皇帝来说，蒙特利马（Montélimar）仍然是旧法国和光荣法国的一部分，但当他离开这座城市时，他觉得自己是在意大利阿布鲁佐大区（Abruzzes）或卡拉布里亚大区（Calabre），在强盗中间……

东泽尔市民(Donzère)正在庆祝波旁王朝在法国复辟：人民兴高采烈，对他喊道，'打倒暴君！'当然，他们还高呼，'波旁王朝万岁！'他想要辩驳，贝特朗将军请求他不要这样做。"①

"当他在普罗旺斯行进时，拿破仑看到的是悲伤的面庞和持刀的手……母亲们在讨要孩子，寡妇们在讨要丈夫……这些痛苦的呼喊确实有一种可怕的诗意……但有必要责难这个同样不幸的人吗？"②

在皇帝和他的护卫队到达阿维尼翁之前，该市的几个居民给贝特朗元帅传来消息，警告他几天来有不明身份的人混入当地人中，煽动他们杀害拿破仑。贝特朗曾提前告诉拿破仑，但他不相信，没有采取任何防范措施。"4月24日，皇帝在这个城市几乎必死无疑的原因是，前一天，甚至是再前一天就有人在这里等着他了，由于拿破仑没来，人们让刺客们以为他走的是另一条路。"③

然后，在马厩现身的几个刺客却成功煽动了这些狂徒，并和他们一起包围了皇家马车。"一个醉汉挥舞着一把破损的马刀，把手放在车门上。看到他这样，皇帝的仆人弗朗索瓦拔出自己的刀来攻击这个人。拿破仑迅速放下酒杯，用强有力的命令式的口吻对他说：

——弗朗索瓦，我命令你镇定。

而其中一位外国专员，即普鲁士人，他让袭击者平静下来，并说：

——让他走吧，我的朋友，让他走吧，这个暴君最好活着，这样他

---

① 庞斯·德·埃罗：《厄尔巴岛的回忆和轶事》，普隆出版社，1897年，第21页。
② 阿布兰特公爵夫人：《回忆录》，卡尼尔兄弟出版社，第十卷，1905—1911年，第493页。
③ 庞斯·德·埃罗：《厄尔巴岛的回忆和轶事》，普隆出版社，1897年，第21页。

六
面具

就会受到忏悔和遗憾的惩罚,这会让他死无数次……

离开阿维尼翁后,普鲁士人让人带着讽刺的微笑传话给拿破仑:
——将军,实际上,您的法语说得很好。"[1]

在奥尔冈(Orgon),他们停下来换马,皇帝在这里真的遇到了生命危险。安德烈-卡斯特罗(André Castelot)根据当时市长的陈述说:"皇室的马车驶向旅馆,那里应该有驿站。但什么都没准备好,所以皇帝决定在客栈吃午饭。但人群聚集在外面,想阻止马夫们换马。最后,马匹被套上了缰绳,皇帝在驿站的院子里登上了马车。但这辆马车无法穿过广场,因为那里聚集着大量村民,他们见到马车,发出巨大的喧哗声。"拿破仑把头靠在门上。他感到恐惧:他面前出现了一个绞刑架,上面摆着一个沾满鲜血的假人,脖子上挂着一个牌子,上面用红色颜料写着:波拿巴。随着呼声的增加,这个怪异的木偶被点燃,皇帝双眼紧盯着假人,看着他们行刑,看着自己的替身熊熊燃烧。一些人冲上马车,高喊:"去死吧,暴君!"[2]

特别是妇女们一个个都反应激烈,因自己的痛苦回忆而愤怒:

——我的两个儿子都战死在了莫扎伊斯克(Mojaïsk)!
——她的同伴说:"我的父亲和丈夫死在了瓦格拉姆。"

---

[1] 阿布兰特公爵夫人:《回忆录》,卡尼尔兄弟出版社,第十卷,1905—1911年,第493页。
[2] 安德烈·卡斯特罗:《拿破仑-波拿巴》,佩兰出版社,1967年。

——一个装着木腿的瘸子大喊：而我，我从二十岁就被残害成这个样子。

一个人怒气冲冲地过来打开马车门。皇帝的信使诺韦拉（Noverraz）坐在座位上，一手拔出马刀，另一只手拿着短枪，没有理会人群，而是威胁第一个胆敢接近马车的人。大元帅（贝特朗）立即放下酒杯，喊他冷静下来。诺韦拉的果断行动和大元帅的明智建议镇住了这个恶棍的第一次行动，善良的人们则争取时间让这人离开我的马车。

奥地利专员又添了一把火，对市长说："如果你不立即叫停这些令人厌恶的场景，我将派两万人在两小时后到达这里，他们会到处杀人放火。"[1]

一离开奥尔冈，贝特朗就再次恳求。看到拿破仑仍在抗拒，贝特朗告诉他，如果他继续暴露自己的行踪，就没有人对他的安全负责了。

"好吧，我们看看，"皇帝说，"也许我们会找到一些老兵来保护这位十五年来一直带领他们取得胜利的人。"

贝特朗绝望地答道："您把罪过强加给这个伟大国度！"

令人印象深刻的是，皇帝同意乔装打扮，继续赶路。尽管死神并不希望在任何战场上带走他的生命，但为了避免在路边被砍死或者被刺杀。皇帝同意穿上制服，这是一件蓝色的衣服，还有带白色帽徽

---

[1] 马尔尚：《回忆录》，塔朗迪耶出版社，第一卷，1991年，第28页。

六
面具

的圆帽,来自车队前面的一名骑马的信使,拿破仑还同意在前面作为侦察员代替他骑马。

拿破仑正是以这样的穿着,行至圣卡纳(Saint-Cannat)附近,进入了一家名为拉卡拉德(La Calade)的旅馆。

老板娘没有认出拿破仑,对他说:"哎,您遇见过波拿巴了吗?"

他回答:"没有。"

她继续说:"我很好奇,想看看他是否能脱身。我仍然相信,人民会杀了他。所以我们必须承认,他是罪有应得,那个混蛋!告诉我,他们要把他带到他的岛上去吗?"

——是的。

——他们会溺死他,对吗?

拿破仑喃喃地说:"我希望如此。"不过还是问她,皇帝是否对她做过什么恶事。

那个凶恶的女人,正磨着一把菜刀,回答说:

——"他没有对我做什么,但无论如何,我正在准备杀掉暴君的工具……如果有人想用它。"

半个小时后,车队的其他人抵达。一直忙于焚烧皇帝肖像的人群看到这辆马车经过,立即猜到这是拿破仑的马车,于是如冰雹般落下的石头飞向这辆马车。在皇帝的要求下,信使穿着他的制服并坐在他的位置,他因担忧自己的生命面临危险而颤抖,他急忙打开门,喊道:"我不是皇帝,我的名字叫弗尔内(Vernet);我是为了救他才穿这身衣服。"愤怒的人们用辱骂来回应他,逼迫他喊道:"打倒暴君!

路易十八万岁!"①

当他们坐下来吃饭时,瓦尔德堡-特鲁克泽斯告诉他们,晚餐不是由他的厨师们准备的。因此皇帝不能吃任何东西,因为担心他会中毒。

第二天,拿破仑太累了,无法继续骑马赶路,就把马和衣服还给了弗尔内,并向舒瓦洛夫将军坚持要求让副官奥莱维尤(Oleview)少校把制服和帽子借给他,而且为了更好地混淆视听,他登上了科勒元帅的马车。②

当他们抵达吕克(Luc),拿破仑去了布伊杜(Bouillidou)城堡,他的妹妹波利娜和朋友一起住在那里。看到他的这身打扮,波利娜很震惊,撅起嘴,拒绝拥抱这副模样的拿破仑。不过,她还是让他在城堡过夜,并答应他去厄尔巴岛看望他,她信守了这个承诺。

波利娜和科勒将军的和善陪伴让拿破仑打起了精神。他很快就恢复了平静,穿戴上了自己的制服、大衣和双角帽,随后在从弗雷瑞斯到波托费拉奥的五天旅程中,证明他是一个特别健谈的人。

旧制度的统治者

十个月后,自厄尔巴岛回到法国后,拿破仑委托本杰明·康斯坦

---

① 摘自《伟人的小旅程,或波拿巴从枫丹白露到厄尔巴岛的行程》,尚贝出版社,1814年。
② 摘自瓦尔德堡-特鲁克泽斯《拿破仑的行程,从枫丹白露到厄尔巴岛》,被夏多布里昂引用于《拿破仑生平》,德法罗出版社,1999年,第225页;被让·萨凡特(Jean Savant)引用于《拿破仑,由他生平见证人讲述》,布歇-卡斯托出版社,1954年,第380页。

六
面具

(Benjamin Constant)起草了《宪法补充法案》(Acte additionnel à la Constitution),并将其提交全民公决,但四分之三的选民投了弃权票。为了掩盖这一失败,1815年6月1日,他在战神广场(Champ-de-Mars,后更名为Champ-de-Mai)庄严地组织了集会以宣布结果并宣誓效忠。①

在巴黎军校二楼,在一个方形拱顶下,御座已备好。它是一把紫色的扶手椅,椅子脚下是一个同色调的垫子。在御座后面,人们放置了两个讲台。在御座对面,大约一百步远的地方,则是一个带阶梯座位的圆形剧场,有40个软垫长椅,上面盖着一块巨大的布……在这个圆形剧场的中心和王座对面,有一个祭坛,周围是牧师和乐师的座位。最后,在前方,人们建造了一个金字塔形平台,上面有一个类似罗马人在他们的营地里竖立的祭坛。这个露天的土丘被国民卫队、战斗部队、皇帝卫队团团包围,他们总共有5万人。②

当炮声宣告皇帝离开杜伊勒里宫时,人们感到脚下的大地在颤动。在亲王们和康巴塞雷斯的马车之前,皇帝的马车出现了,那是他在加冕仪式上乘坐过的马车,由八匹马拉着……"祖国万岁!"的呼声盖过了"皇帝万岁!"的呼声。

---

① 原本计划于5月31日举行庆祝活动。
② 埃米尔·勒·加洛(Émile Le Gallo):《百日王朝》,菲利克斯·阿尔冈出版社,1923年,第441页。

拿破仑坐在宝座上。他头戴一顶黑色帽子，上面装饰着白色羽毛和一颗钻石，人们仿佛身处督政府时期。但他穿的是一件绣有黄金的貂皮大衣、一件长内衣、白色丝质马裤、白色袜子和高跟鞋，倒像是法国旧制度时期和反法同盟国家的君主，也就是奥地利的皇帝和俄国的沙皇以及普鲁士国王和英国摄政王。为了安抚他们，让他们忘记法国大革命，拿破仑想模仿这些君主，表现得自己和他们一样是一个明智、体面的君主。

拿破仑希望最终向欧洲宣告和平，并让欧洲相信他的意图。他蔑视革命者的帮助，摆出一副欧洲宫廷的样子，殊不知在革命者眼中，他是篡位者和阴谋家，而且应该被剥夺公民权。[1]

米歇尔（Michelet）在《青春》（Ma jeunesse）中说："当看到波拿巴穿着罗马皇帝的袍子出现时，我无法用语言表达我的震惊。"这件可笑的衣服突显了他的肥胖。那激发人们激情的灰色大衣和小帽子到哪里去了？

埃米尔·勒·加洛在他关于"百日王朝"[2]的著名论文中描述了战神广场的场景："图尔（Tours）大主教做弥撒，而皇帝则通过望远镜观察人群……随后，布尔日（Bourges）大主教跪在他面前，为他送上《福音书》，他在《福音书》前宣誓遵守并确保他人遵守帝国的

---

[1] 让·图拉德：《拿破仑：命运的伟大时刻》，法亚尔出版社，第 529 页。
[2] 埃米尔·勒·加洛：《百日王朝》，菲利克斯·阿尔冈出版社，1923 年。

六
面具

各项法规……"

但是,仍有许多人感到失望,比如拿破仑的一名省长安托万·蒂博多(Antoine Claire Thibaudeau,1765—1854),他依旧忠于过去的习俗:"我要求,至少应该在战神广场的仪式上移除代表皇帝地位的虚幻着装,着装应该代表人民和军队,皇帝应该穿着制服、骑着战马,戴着他的战斗佩剑和将军们来到广场。这是所有从各省赶来参加仪式的人的愿望。军队的代表们看到拿破仑穿上军装,会比看到他打扮成国王或罗马皇帝的形象更加高兴……人们请求并恳请皇帝在讲话中避免使用那些似乎意味着对人民和土地拥有所有权的君主专用的代词。但拿破仑坚持使用这些词汇。"[1]

事实证明,这种把自己伪装成古代君主的做法毫无用处:1815年3月15日,欧洲各国在维也纳召开会议,剥夺拿破仑的公民权,因为他违反了《枫丹白露条约》,根据该条约,他表明自己只拥有厄尔巴岛的主权。

---

[1] 安托万·蒂博多:《回忆录:1799—1815》,普隆出版社,1913年,第491页。

七　他是基督徒吗？

离开家乡科西嘉岛去法国本土之前,年幼的拿破仑从他的乳母卡米拉·伊拉里(Camilla Ilari),尤其是从他的母亲莱蒂齐娅那里接受了天主教宗教教育,莱蒂齐娅一生中几乎每天都参加弥撒。

但周日漫长的大弥撒对这个孩子来说是一种困扰。在阿雅克肖的学校里,相较而言,他对罗马人更感兴趣。他的哥哥约瑟夫回忆说,他们的老师雷科牧师让学生们面对面,分别安排在房间里相对的两侧,一些人在罗马的旗帜之下,剩余的人则在迦太基的旗帜之下[①]。作为波拿巴家族的长子,约瑟夫坐在罗马的旗帜下。"拿破仑急切地坐在迦太基的旗帜下,这不是胜利者的旗帜,他一直没有休息,直到我们交换座位,这让我心甘情愿为之献身"。[②]

[①]　古代罗马和迦太基(位于今天的突尼斯)曾经爆发两次布匿战争夺地中海控制权。——译者注
[②]　约瑟夫·波拿巴:《军事通信和回忆录以及约瑟夫国王的政治》,佩罗坦出版社,1855年,第40页。

七
他是基督徒吗?

上帝存在……

然而,拿破仑对查尔斯神父(P. Charles)还有他的叔祖父卢恰诺领班神父保存着美好回忆,查尔斯神父在布里埃纳为他准备了初领圣体仪式①。拿破仑 16 岁时,得知父亲去世后,他给叔祖父卢恰诺写了一封信:"请您代替我们失去的父亲。"②

在布里埃纳,他每天都参加弥撒,每个月至少去忏悔一次,每两个月领一次圣体。但是有一天,当教师想惩罚他,强迫他跪着吃饭的时候,他对学监说:"先生,我站着吃!在我的家里,我们只在上帝面前下跪!"而且在巴黎军校,"1785 年 1 月,他刚刚向牧师忏悔结束(就像所有学员每个月必须做的那样),在听到牧师告诫他,向他谈及科西嘉岛,并谈及服从国王的必要性,说他是国王提供的奖学金获得者以及他要感激国王的时候,他忍不住发出了怒吼。牧师继续说,而且科西嘉人往往是性格过于自负的土匪。

"——波拿巴喊道:我不是来这里谈科西嘉的,牧师的使命也不

---

① 主要面对儿童进行的宗教仪式,教会利用各种机会提升他们的信仰素质,来培养他们的宗教情怀。——译者注

② 拿破仑未能从布列埃纳前往蒙彼利埃去目睹父亲的离世和参加葬礼,但他在神志不清时还是在约瑟夫和舅父费施面前喊道:"任何外国的帮助都不能救我,因为这个'总有一天会用他的剑战胜欧洲'的拿破仑会徒劳地试图把他的父亲从死亡之龙的魔爪中救出来"(约瑟夫・波拿巴,《军事通信和回忆录以及约瑟夫国王的政治》,佩罗坦出版社,1855 年,第 29 页)。

是在这个问题上斥责我!

然后他用拳头打碎了隔开牧师和忏悔者的栅栏,两个人打了起来。"①

在拿破仑的一生中,每当成功脱险,一个童年的习惯、一个科西嘉人的习惯就会出现:用大拇指在胸前快速地画十字。因此,在马莱(Clande-François de Malet,1754—1812)发动政变(指1812年10月23日,马莱等人企图发动政变推翻拿破仑)阴谋失败后,他宣布行政法院(Conseil d'État)会议开幕时,他做了这个手势并说着这些话:"先生们,要相信奇迹!"

他接受的宗教教育还体现在,他对钟声仍然出奇地敏感,这是唯一能进入他内心的声音。如果听到钟声,他正端坐着,就会用手势示意人们保持安静,并向声音传来的方向欠身;如果他正在散步,他就停下来,低头倾听。只要钟声一响,他就静止不动。

布里耶纳回忆说:"钟声对波拿巴有一种奇特的影响力。他听到后很高兴。我们在马尔迈松,沿着通往吕埃平原(plaine de Rueil)的小巷行走时,这个村庄的钟声频繁地打断了我们最严肃的谈话。他停下脚步,这样我们的脚步声就不会使他错过任何令他着迷的回响。"②

法国大革命时期,为了防止人们用敲响钟声作为人群集合发动

---

① 马克斯·加洛:《拿破仑》,第一卷:离开之歌,罗伯特·拉方特出版社,1997年,第51页。
② 《德·布里耶纳回忆录》,巴黎出版社,1829年,第三卷,第222页。被泰奥·费莱施曼(Théo Fleischmann)引用于《拿破仑与音乐》,布里博斯出版社,1965年。

七

他是基督徒吗？

起义的信号，并用熔化钟得到的青铜来铸造大炮和硬币，制宪会议将教堂的钟都移走。在这之后，许多法国人肯定都有拿破仑对钟声的那种怀念。

此外，很早以前，在拿破仑 11 岁或 13 岁的时候，他就失去了虔诚的天主教信仰。这是因为他知道他的父亲没有宗教信仰吗？根据美国历史学家史蒂文·恩格伦（Steven Englund）的说法，夏尔·波拿巴（Carlo maria Bonaparte，1746—1785）不仅是一个伏尔泰思想的信徒（voltairien）①，而且他在 20 岁时，在父母的要求下，不得不放弃所爱之人，迎娶年仅 15 岁的少女莱蒂齐娅·拉莫利诺（Letizia Ramolino，即拿破仑的母亲），他对此感到不满，拒绝屈服于宗教婚姻的虚伪性，而只想要非宗教婚礼。据说，领班神父卢恰诺通过伪造教区登记册，使拿破仑父母的婚礼看起来像是 1764 年 6 月 1 日在阿雅克肖大教堂举行的天主教婚礼，以此挽回拿破仑家族的颜面。但无论如何，拿破仑并不知道这些往事。

也有可能因为在布里埃纳，并非所有僧侣都树立了好榜样。他们中有人跳过圣经和颂词，搞砸了弥撒。但是，拿破仑失去虔诚的天主教信仰的决定性一天，将是一位传教士在讲道台上说："即使古典时代（这里指古希腊古罗马时期，基督教兴起以前）最高尚的人也在地狱里被燃烧，因为他们没有接受基督教洗礼，也没有信奉他们当时一无所知的基督教。"这让这个男孩深感震惊，他已经被古代英雄吸

---

① 伏尔泰怀疑基督教。——译者注

引,为列奥尼达(Léonidas,？—前520年)、加图、布鲁图斯(Marcus Julius Brutus,前85—前42年)和斯巴达人的英勇折服。①

他厌恶修道士的专制。有许多关于他在布里埃纳逗留期间的传说。据说在他初领圣体的那天,在弥撒前和几个同学去散步。他们胃口大开,去茅草屋里偷吃煎蛋卷,当作去教堂之前的午饭前菜。弥撒结束后,人们出现了巨大轰动：所有的钟声都已响起,人们在大声咒骂。为什么会这样呢？因为给他们做煎蛋卷的老妇人去找了一个修道士。她告发少年拿破仑的一个同学在领圣体前吃了东西。而那个愚蠢的修道士,非但没有对此事保密,反而将其泄露出去,并呼吁上帝和人们对这些罪人进行惩罚。

22岁时,拿破仑在瓦朗斯服役,仍然去做弥撒,哪怕只是为了支持一位宪法教区牧师的就职。②但在26岁时,当他与约瑟芬·德·博阿尔内(Joséphine de Beauharnais)成婚时,他完全没有考虑过举行宗教婚礼。

1798年,在前往埃及的舰船"东方号"上,他邀请了十几位杰出

---

① 1787年拿破仑首次获准在科西嘉岛休假时,他的兄弟约瑟夫告诉我们:"他是让-雅克-卢梭(Jean-Jacques Rousseau)的狂热崇拜者,我们称之为理想世界的居民,是高乃伊、拉辛和伏尔泰的杰作爱好者,我们每天都会朗读这些作品。他收集了普鲁塔克、柏拉图(Platon)、西塞罗、科尼利厄斯·尼波斯(Cornélius Nepos)、蒂特里夫(Tite Live)、塔西佗的作品,并将其翻译成法文；收集了蒙田、孟德斯鸠、雷纳尔的作品。所有这些作品占用了一个比装有他个人物品的箱子还要大的箱子"(约瑟夫·波拿巴:《军事通信和回忆录以及约瑟夫国王的政治》,佩罗坦出版社,1855年,第32页)。

② 弗朗索瓦·德·科斯顿:《拿破仑·波拿巴早年传记》,阿歇特出版社,2020年,第187页。

的学者、将军和医生,他把他们称为"研究所"。贝托莱、蒙日、旺蒂尔·德·帕拉迪丝(Jean-mochel Venture de Paradis, 1739—1799)、卡法雷利、德斯热内特、拉雷和其他一些人在他面前辩论一些重大议题,例如:其他星球适合人类居住吗?存在预知未来的梦吗?亚历山大大帝和汉尼拔谁更伟大?耶稣和穆罕默德谁更伟大?等等。

因此,当他远远地望见埃特纳(Etna)火山时,他想到了意大利的其他火山:斯特龙博利火山(le Stromboli),尤其是维苏威火山,庞贝(Pompéi)古城的考古挖掘使这座古罗马城市重新变得广为人知。因此,他发起了一场关于"(《圣经》所描述的)世界末日"(l'Apocalypse)的讨论:世界末日将从何而来?它是否会像1785年在冰岛那样,来自火山的连环爆发,来自彗星或陨石的撞击,来自能够淹没所有大陆的冰盖融化,来自一场比1755年里斯本(Lisbonne)大地震更可怕的地震和海啸,还是来自另一场大洪水,如同促成先知诺亚建造诺亚方舟的大洪水那样?

贝托莱是坚定的无神论者,他质疑诺亚方舟是否能长期容纳世界上所有的动物和它们的食物,以及八个人是否能在约两年中照料、喂养这么多动物,还要让它们饮水。

另一个晚上,谈话转向了地球的年龄和创世说。"我们会讨论我们感兴趣的东西",贝托莱坚持认为,"宇宙不是由上帝随心所欲地主宰。从来没有人能够对上帝做出清晰明了的解释。圣奥古斯丁(Saint Augustin, 354—430)本人宣称上帝不可被定义,所以我们对上帝也无话可说。万物或多或少都是由物质构成。当我们死了,我们就是死了"。①

波拿巴思考几日。有一天,他说:"动物和上帝之间有一种联系。人是一种比其他动物更完美的动物。他的理性更充分,但如果动物没有特定的语言,我们又能知道动物的什么性质呢?我的看法是,我们因为无法听懂动物说话而产生推测,推测是为了确定我们没有听到。一匹马有记忆、辨识能力和爱。它能把主人和主人的仆人们区分开来,尽管仆人们更常和它待在一起。我曾有一匹马,它在所有人中认出了我。当我骑在马背上,它通过跳跃和大胆的迈步显示出它知道驮着一个比经常围绕在它身边的人地位更高的人。除了一名一直照顾它的马夫和我,它不允许任何人骑它。当其他人骑在它的背上时,它的动作是如此的不同,就像它似乎认识到驾驭它的是个男仆。当我们迷路时,我会让它寻找方向,而它总能重新找到正确的方向,但哪怕在我全力观察并对地形特别了解的情况下,我都无法做到这一点。而且,谁能否认狗具有智慧呢?"②

拿破仑还说:"我认为人是由太阳投射在泥土上的热量形成。希罗多德(Herodotus,前484?—前430/420年)告诉我们,在他的时代,尼罗河的淤泥变成了老鼠,人们看到它们的形成。我们知道大脑是什么吗?一切都可以用磁力来解释。灵魂与身体一起形成。钉子钉入头部会使人发疯:那时灵魂将在哪里?有些人相信在最后的审判

---

① 阿兰·弗雷勒让:《拿破仑在海上:一连串问题》,拉比斯金出版社,2015年,第92—93页。
② 拉斯卡斯伯爵:《圣赫勒拿回忆录》,伽利玛出版社,昂星图书馆,1956年。

七
他是基督徒吗？

中，我们都必须以血肉之躯的形式出现，这是荒谬的。为什么我们要为在尘世上犯下的一些罪行而永远受到惩罚？科学向我们证明了地球不是天体运动的中心，这对基督教造成了巨大打击。"①

然而，拿破仑仍对唯物主义持怀疑态度。在一个美妙的夜晚，布里耶纳在"东方号"的甲板上再次见到他，周围有几个人正在讨论这个重要的主题。他突然举起手，指着天上的星星，回答贝托莱说："公民，你说是谁创造了这一切？我不相信宗教。但相信关于上帝的想法！很多事情我们不知道，也无法解释。你期望用你的解释来解开大自然的无限奥秘？我们是否要对未知事物咬住不放？"②

大仲马（Alexandre Dumas，1802—1870）在《双雄记》(*Compagnons de Jéhu*)中描写这一刻：

> 在获月（八月）美好的一天，他乘坐的船在大海和天空的两种蔚蓝色的背景之间航行，数学家们坚持认为上帝不存在，只有物质在运动。波拿巴望着这天穹，在马耳他和亚历山大港之间的天空比我们在欧洲仰望的天空要亮一百倍，就在人们以为他的思绪已远离这场对话时：
>
> ——他指着星辰说：你这么说也没用，是上帝创造了这一切。

---

① 古尔戈：《综合日志》，佩林出版社，2019年，1817年8月28日，第561页。
② 路易斯-安托万·布里耶纳：《拿破仑、总理府、领事馆和帝国回忆录》，沃伦和塔利尔出版社，第三卷，1829年，第188页。

——您要做划十字架的手势吗？您对共和国的观念有什么想法？①

有些震惊的蒙日紧接着抗议道。

18世纪的哲学更容易吸引拿破仑，因为他引以为傲的理性能够对抗神秘事物。他经常问他最喜欢的医生科尔维萨："生命是什么？我们何时以及如何被赋予生命？这一切难道不是谜吗？"或者再问："睡眠和死亡有什么区别？"他自问自答道："睡眠是我们意志能力的暂时中止；而死亡则是持续的中止，不仅是这些意志能力的停止，而且还有意志力无法支配的能力。"②此外，他始终没有找到一位神父，聆听他的忏悔，也没有牧师朋友，甚至连他的叔叔费施红衣主教也不是他的朋友。

事实上，他有时宣称自己是个唯物主义者："我打猎时，让鹿在我前面奔跑，我发现鹿和人一样有情感。人是比狗或树更完美的存在，比它们活得更好。植物是生物界的链条中的第一环，人是最后一环。我知道这与基督教的教义相悖，但这是我的观点：我们都只是物质。"他还说："什么是电、波和磁力？这就是自然界的伟大秘密之所在。电流计在默默运行。我相信，人是这些流动的物质和大气

---

① 大仲马：《双雄记》，腓比斯出版社，2006年，第405页。
② 拉斯卡斯伯爵：《圣赫勒拿回忆录》，伽利玛出版社，昂星图书馆，第一卷，1956年，第408页。

发生反应的产物,大脑吸收这些流动的物质并赋予人类生命,灵魂由这些流动的物质组成,它们在人死后回归所谓以太,又被其他大脑吸收。"①

梅内瓦尔注意到拿破仑的座右铭:"未来在上帝的手中"和"在战斗的日子里,当一个人对一切做出最有序的部署后,也预想了一切后,有那么一刻,成功不再取决于他,必须听从上帝的安排。"②

之后,古尔戈在圣赫勒拿岛听他说:"蒙日、贝托莱、拉普拉斯是真正的无神论者。我认为人类由泥土变成,被太阳加热并与电之类的流动的物质结合。动物是什么?例如牛,不是有机物,还是什么?好吧!当我们发现人类和动物有大致类似的结构时,难道我们不能认为,人类只是组织得更好的物质,而且是近乎完美的状态的物质?也许有一天,会有某种在物质上更完美的生物出现?灵魂与肉体相伴而生,它随着孩子长大而增多,随着老人衰老而减少。如果灵魂不朽,那么它在我们的肉体形成之前就已存在,只是被剥夺了记忆?此外,如何解释思想?……尽管如此,关于上帝的观念最简单:谁创造了这一切?那里有一层我们无法揭开的面纱,它超越我们的灵魂和理解力的极限。它是更高层次的。最简单的观念是崇拜太阳,因为它使一切繁衍生息。再说一遍,我认为人是由太阳加热的大气形成的,而在一定时间后,这种能力就不复存在了。

---

① 罗斯伯里勋爵:《拿破仑:最后的阶段》,阿歇特出版社,1901年,第215页。
② 克劳德·的·梅内瓦尔(Claude de Méneval):《拿破仑和玛丽-路易斯:回忆录》,比利时印刷出版公司,1843年,第110页。

士兵们相信上帝吗？他们看到身边的死者如此迅速地倒下！我经常与南特主教[杜瓦辛主教（Jean-Baptiste Duvoisin,1744—1813）]进行讨论。动物死后它们的灵魂去了哪里？他告诉我，它们拥有特殊的灵魂，去了某些地方。他同意我对神职人员财产的一切看法，但他信仰耶稣，说话时始终像一个真正的信徒。枢机主教卡塞利（Caselli）和教皇同样信奉耶稣。"①

他对贝特朗说："要证明上帝的存在十分困难。这种观念是有用的，它有利于维持良好的秩序。对上帝惩罚的恐惧能让许多人走上坚持美德的道路，并使他们远离犯罪。因此，神性的存在和灵魂的不朽是值得宣扬的教条。"②

当古尔戈引用牛顿（Issac Newton,1643—1727）和帕斯卡（Blaise Pascal,1623—1662）的话时，皇帝回答说："是的，但有人声称他们只是这么说，但并不是这么想。"几个月后，他说："孩子的灵魂在哪里？我不记得我出生前是什么样子，所以就好像我的灵魂不存在一样。我死后会受到什么惩罚？我的灵魂会变成萝卜、胡萝卜。"然后，古尔戈向他指出，上帝给了我们良知和忏悔，他回答说："我不惧怕忏悔。再者，在军队中，我见过正与我说话的人突然死去。呵！他们的灵魂同他们一起死去。"③

---

① 古尔戈：《综合日志》，佩林出版社，2019年，1817年1月27日，第299页。
② 贝特朗：《圣赫勒拿岛笔记》，第二卷，《1818—1819年》，阿尔班·米歇尔出版社，1959年，第251—252页，1819年1月24日。
③ 贝特朗：《圣赫勒拿岛笔记》，第二卷，《1818—1819年》，阿尔班·米歇尔出版社，1959年，1817年4月16日，第403页。

他还说:"我亲爱的古尔戈,当我们死了,我们就已经死了。什么是灵魂? 当一个人睡觉或发疯时,灵魂在哪里?"又有一天,他感叹道:"如果我必须有宗教信仰,我会信仰太阳,因为它使万物繁衍生息,他是地球的真正上帝。"①或者说:"哎! 古尔戈先生,所以你相信观察天体运动的智慧(这种智慧只是物质的属性),以及观察和思考人类行为的智慧吗?"古尔戈回答道:"陛下,我相信上帝,如果我是无神论者,我会非常不幸。"他补充道:"啊! 您看看蒙日和拉普拉斯②。他们是最虚荣的虚荣者。"③

在圣赫勒拿岛,拿破仑愿意大声朗读《圣经》,但他不能接受将柏拉图和苏格拉底打入地狱的宗教教义。而且为什么他们遭受的是永恒的惩罚? 穆罕默德和伊斯兰教优于基督教,因为穆罕默德和穆斯林在十年内征服了半个世界,而基督教用了 300 年时间才建立起来。基督教国家的国家元首不同时是宗教领袖,这太荒谬了。拿破仑反对教皇权力。"我不相信耶稣作为神存在过。"

卸去了一切负担,不必再奔波于欧洲两端,也不用备战,这让他有了思考的时间。他怀疑。他犹豫。有一天他说:"只有疯子才说我们不忏悔就会死。宇宙中有这么多我们尚未知晓、也无法解释的事。"他用手指了指天空和星辰。

有人勇敢地对他说,他最终可能会成为一名信徒。皇帝带着笃

---

① 罗斯伯里勋爵:《拿破仑:最后的阶段》,阿歇特出版社,1901 年,第 215 页。
② 皮埃尔-西蒙·拉普拉斯(1749—1827),天文学家、数学家和物理学。
③ 罗斯伯里勋爵:《拿破仑:最后的阶段》,阿歇特出版社,1901 年,第 204 页。

定的神情，遗憾地回答说这恐怕不会发生。因为皈依宗教无疑是一种巨大的慰藉。然而，他不信仰基督教既不是因为他脾气古怪，也不是因为思想放纵，而只是因为他具有理性的力量。他补充说："但是，人绝对不能为他最后时刻的事情发誓。此时此刻，毫无疑问，我认为自己将在没有忏悔牧师的情况下死去。然而这里有这样一个人（他指着我们中的一个人），他也许会向我忏悔。当然，我肯定不是完全不相信上帝，但我不能不顾理性，而去相信他们教给我的一切。否则我将是虚伪和伪善的。"

然后他似乎有了信仰的回归，他说："人内心中有一种与生俱来的信念。这让他一遍遍地问：'我从哪里来？我要到哪里去？'"

和蒙日、拉普拉斯一样，贝特朗也是无神论者。一天，贝特朗对他说："陛下，我不认为像您这样的伟人可以接受上帝曾以凡人的形象向人类展示自己，也就是说，上帝有身体、脸、嘴和眼睛，总之，长相和我们一样。愿耶稣如您所喜欢的一般，拥有最伟大的智慧、最具道德的心。但他是人，就像俄耳甫斯（Orphée）、孔子（Confucius）、梵天（Brahma）一样，耶稣向信徒灌输思想、引诱容易上当的人。耶稣被基督教徒崇拜是因为在他之前，此前诸如古埃及的神明伊希斯（Isis）和奥西里斯（Osiris）、古罗马的神明朱庇特（Jupiter）和朱诺（Junon），以及其他许多神，都曾以被许多人崇拜著称。如果耶稣彻底改变了世界，我只看到的一个天才的力量和伟大灵魂的行动。它用智慧征服世界，就像许多征服者所做的那样，亚历山大、恺撒，就像您，陛下，或伊斯兰教先知穆罕默德用剑所做的那样。"

七
他是基督徒吗？

拿破仑回答说："我了解人，我告诉你，耶稣不是人。智慧浅薄的人会认为基督与帝国缔造者、征服者和其他宗教的神明之间有相似之处。但这种相似性并不存在。在基督教和其他宗教之间存在着无限的距离。"

还有一次，他说："有一个无限的存在，与之相比，贝特朗将军，你只是一颗原子。至于我，拿破仑，是一个真正的虚无，一个纯粹的虚无。你明白吗？我能感觉到这位神，我能看到他。我需要他，我信奉他[①]。"

从根本上说，皇帝其实既不是无神论者，也不是虔诚的天主教信徒。他无疑是不可知论者、怀疑论者：他知道自己不知道。

不过，是人发明了宗教

他说："我绝非无神论者。我相信世界上存在一个无所不能的造物主、宇宙的设计者。我愿意按照习惯称他为上帝，但我不能不顾理性，而去相信天主教教会教给我的一切。听到古代最高尚的人因为不信仰他们当时无从得知的宗教而被打入地狱遭受永远焚烧，我感到很愤慨。此外，我不同意任何教会声称自己是掌握真理的唯一势力。如果自古以来只有一种宗教，我就会倾向于信仰它，但事实并非

[①] 拿破仑·波拿巴：《关于基督教的对话》，让·图拉德序言，罗彻出版社，2014年，第13—14页。

如此。上帝是存在的,但发明宗教的是凡人。"

拿破仑与古尔戈一起探讨了这个问题:"我的态度很明确。我不相信耶稣曾经存在,如果这个宗教在历史上自始至终存在,那么我会相信它。但天主教会主张把苏格拉底打入地狱,还有柏拉图、穆罕默德,英国人也是(宗教改革后,英国国教教会建立、脱离天主教教会),这太荒唐了。"①

1798年,在"东方号"上,他曾多次提到古典时代的宗教:

"亚历山大大帝尊重他所征服民族的信仰。他征服了古埃及,声称自己是古埃及太阳神阿蒙以及古希腊主神宙斯的儿子。罗马军团也尊重所有宗教。顺便说一下,我对伊斯兰教和先知穆罕默德感兴趣。如果我能够创造自己的宗教,我将统治整个亚洲。

——摩西、耶稣和先知穆罕默德在您之前就这样做了。贝托莱强调说。"

波拿巴有些窘迫,便改变了话题:

"犹太人、基督徒和穆斯林都只崇拜各自的神。耶稣复活的奇迹在其他宗教中也存在吗?

——是的,将军。古埃及人有,奥西里斯被杀后,他的妹妹伊西丝寻找散落在各处的尸体碎块并将它们重新拼凑在一起,使他死而复生。但是,基督徒祈求上天堂得到永生,而埃及人把死者在永恒旅程中所需要的一切放在坟墓里。"旺蒂尔·德·帕拉迪丝说。

---

① 古尔戈:《综合日志》,佩林出版社,2019年,1817年8月28日,第56页。

七
他是基督徒吗？

玩世不恭的波拿巴总结道：

"神职人员是神圣的宪兵队。老练的征服者也从未与神职人员闹翻。但我不能接受的是，罗马教廷成为制衡政府权威的力量。英国和北欧甩掉天主教会的枷锁是正确的，而法国国王弗朗索瓦一世（Francis I, 1494—1547）没有成为新教徒是错误的。国家元首不同时担任宗教领袖，这太荒谬了。在古罗马，元老院议员们是神的意志的阐释者。这使他们成为古罗马政府维持强大和稳固的主要推动力。"[1]

1800 年，波拿巴对一位法国参议员说："丰塔纳，让我成为信仰上帝的人吧！因为不信奉上帝的人无法被统治，只能被枪毙！"

1816 年，他进一步确认："我一旦掌权，就迅速恢复天主教的地位。我用它作为基础和根源。在我眼里，天主教是人们的良好道德、真正原则、端正品行的支撑。此外，人总是如此担忧，他需要宗教为其带来的某种模糊而奇妙的东西。对他来说，从宗教得到这些，总比去卡缪斯特罗[2]（Alessandro Cagliostro, 1743—1795）、雷诺曼[3]小姐（Marie Anne Lenormand, 1772—1843）、女巫和骗子那里要好。"

---

[1] 阿兰·弗雷勒让：《拿破仑在海上：一连串问题》，拉比斯金出版社，第 94—95 页。

[2] 意大利的预言家、医生，在各大城市算命行骗，后来被判处无期徒刑。——译者注

[3] 法国知名占卜师，发明了雷诺曼占卜牌。——译者注

选择哪个宗教？

"一切迹象都表明神的存在，这不容置疑。"他重复了几次，"但所有的宗教显然都是由人一手创造。为什么世界上会有这么多宗教？为什么我们信仰的宗教不是在历史上自始至终一直存在？为什么我们的宗教具有排他性？我们之前的那些品德高尚者怎么样了？为什么这些宗教的信徒互相诋毁、互相争斗、互相毁灭？为什么无论何时何地都是这样？这是因为人总是人，这是因为神职人员总是去各处暗中传播欺诈和谎言。"①

"1797年，当波拿巴占领教皇国（États pontificaux）部分领土时，他悲伤地发现，当时的犹太人必须头戴黄色帽子，佩戴大卫星（étoile de David），还必须生活在每晚都会宵禁的犹太隔都。"②

阿尔比娜·德·蒙托隆在她的《回忆录》中记述道："有一天，拉·雷维耶-勒波（Louis-Marie de La Révelliere-Lépeaux, 1753—1824）请（波拿巴）吃晚饭。波拿巴同意了。出席晚餐的还有这位督政官的妻子和女儿。用完甜点后，她们退下了，谈话变得严肃起来。拉·雷维耶详细阐述了我们信仰的宗教的缺点以及人民信仰宗教的必要

---

① 拉斯卡斯伯爵：《圣赫勒拿回忆录》，伽利玛出版社，昂星图书馆，第一卷，1956年，第746—747页。

② 文森特·克罗宁：《拿破仑》，阿尔班·米歇尔出版社，1979年，第151页。

七
他是基督徒吗？

性,并详细颂扬了他声称要建立的宗教——有神博爱教的优点。波拿巴说:'我发现谈话有点沉重,突然,督政满意地搓手,提议我接受他构想的宗教,等等。我没想到他会提出这个提议。不过,我谦逊地回答说,在黑暗的道路上,我的原则是跟随那些在我前面的人,我决心在这点上做我的父母做过的事。'"①

阿尔比娜·德·蒙托隆继续说道:"拿破仑在朗伍德非常关注宗教问题。他阅读了《旧约》(lAncien Testament)、所有的《福音书》(Ancien Testament)、《使徒行传》(Actes des Apôtres)、博叙埃(Jacques-Béingne Bossuet,1627—1704)和马西隆(Jean-Baptiste Massillon,1663—1742)的著作。他自称非常欣赏圣保罗(saint Paul)。据称,他偏爱先知穆罕默德。拿破仑告诉我们,伊斯兰教没有教条。真主是伟大的,穆罕默德是他的先知,这就是结论。另外,他喜欢阿拉伯人的习俗,他们把女性限制起来的做法让他很满意。他的专制的性情让他对她们在社会中的影响持负面看法。"②

古尔戈则确认,听到拿破仑说:"如果基督教的历史可以追溯到世界诞生之初,如果它是全球性的宗教,我会像教皇庇护七世(Pope Pius VII,1742—1823)一样坚定地信仰基督。但是,我发现追随先知穆罕默德的人遵循一种比我们更简单、更适用于他们风俗的宗教。还有苏格拉底、柏拉图,难道他们因为不是基督教徒就被打入

---

① 阿尔比娜·德·蒙托隆:《圣赫勒拿的回忆:由弗勒里伯爵出版》,1901 年,第 173 页。
② 阿尔比娜·德·蒙托隆:《圣赫勒拿的回忆:由弗勒里伯爵出版》,1901 年,第 162 页。

地狱?"①

他还说:

一位意大利亲王曾在教堂里给了一个狂热信徒一枚金币,这名信徒想要赎回他在炼狱中受苦的灵魂。修道士为遇到这种意外之财而高兴,喊道:

——啊!殿下,我看到三十个灵魂进入天堂。

——亲王回答道:你看到他们了吗?

——是的,殿下!

——既然如此,我将收回我的金币,因为这些灵魂肯定不会再回到炼狱了!

这就是神职人员怎样欺骗人们。宗教都建立在神迹的基础上,建立在我们无法耳闻目睹的事情上,比如三位一体(La Trinité)②。耶稣自称是上帝的儿子,他是大卫的后裔!我更喜欢先知穆罕默德代表的宗教,伊斯兰教没有我们信仰的宗教那么荒谬,所以土耳其人称我们为偶像崇拜者!③

此外,在最后一次逗留开罗期间,波拿巴向迪旺(Diwan)④宣称:

---

① 古尔戈:《综合日志》,佩林出版社,2019年,1817年3月17日,第365页。
② 基督教教义,上帝只有一个,但包括圣父、圣子耶稣基督和圣灵三个位格。——译者注
③ 古尔戈:《综合日志》,佩林出版社,2019年,1817年8月28日,第561页。
④ 伊斯兰教国家政府管理机构的名称。——译者注

"你们的书中写道,将有一位高人从西方来,延续先知的使命,这(……)难道不是真的吗?(……)难道书上写的这个人,这个先知穆罕默德的代表就是我吗?"①

在圣赫勒拿岛,拿破仑多次说:"征服者(……)必须知道如何在埃及成为穆斯林,在法国成为天主教徒:我指的是成为宗教的庇护者。当时我想把教皇请到巴黎,是为了让天主教扩大我的权力。我将领导教会发展壮大,教皇应该做我授意的一切事情。我会成为天主教的主宰。我就不会遇到天主教徒造成的任何阻碍。"②

他还说:"如果我们拿下阿克,我就会去印度。我打算在阿勒颇(Alep)戴上头巾,领导一支优秀的正规军军队和10万人的非正规军。"

另外,"我欣赏亚历山大大帝之处,不是他的军事才能,而是他的政治手段。……他去拜访阿蒙神殿是一个伟大策略。他因此征服了古埃及。如果身处东方,我可能会像亚历山大大帝一样,通过前往麦加(La Mecque)朝拜来建立一个帝国。"③

"世界上有如此多不同的宗教,"拿破仑继续说,"以至于我很难确定应该选择哪一个宗教作为自己的信仰。如果有一种宗教在世界诞生之初就存在,我会相信它是代表真理的宗教。但是,就目前来看,我认为每个人都应该保留其祖先的宗教信仰。"

---

① 引用于亨利·劳伦斯(Henri Laurens):《埃及远征》,瑟伊出版社,1997年,第315页。

② 夏尔·特里斯坦·德·蒙托隆(Charles-Tristan de Montholon):《关于拿破仑皇帝被囚禁在圣赫勒拿岛的记载》,第二卷,1847年,第269页。

③ 夏尔·特里斯坦·德·蒙托隆:《关于拿破仑皇帝被囚禁在圣赫勒拿岛的记载》,第二卷,1993年,第250页。

——您是哪一种？

——我回答：新教徒。

——您的父亲也是新教徒吗？

——是的。

——好吧，继续坚持这种信仰。①

另一方面，拿破仑向约瑟芬的侍女德·雷慕萨夫人（Mme de Rémusat）倾诉："在埃及，我梦想着一切，我也看到了实现梦想的所有方式。我应该创建一种宗教。我看到自己在前往亚洲的路上，戴着头巾、骑着大象、手拿按我的喜好谱写的新《古兰经》。东方和西方两个世界的人才将汇集于我的事业旗下，为了我的利益服务，我将探索英国在印度的势力范围，并通过征服东方恢复我与旧欧洲的关系。"②

1816年8月17日，拉斯卡斯听到拿破仑谈论宗教：

被赋予生命后，人会问自己：我从哪里来？我是谁？我会去哪里？这些神秘的问题把我们推向宗教。我们跑去迎接它，我们的自然倾向引导我们走向它。但随之而来的是让我们停下脚步的教育。教育和历史是真正宗教的大敌，它被人的不完美所歪曲。我们问自己，为什么巴黎信仰的宗教不是伦敦或柏林

---

① 巴里·奥马拉：《流亡中的拿破仑》，拿破仑基金会，塔朗迪耶出版社，第一卷，1993年，第223页。

② 德·雷慕萨夫人：《回忆录》，卡尔曼-莱维出版社，1881年，第274页。

七

他是基督徒吗?

信仰的宗教?为什么圣彼得堡信仰的宗教与君士坦丁堡信仰的宗教不同?为什么又和波斯、恒河以及中国信仰的宗教不同?为什么古代的宗教信仰不是现在的宗教信仰?然后,人们的理性痛苦地退缩了,它大喊:"宗教!宗教!人类的孩子们啊!我们信仰上帝,因为我们周围的一切其他人都在宣扬它,而且最伟大的思想家都信仰它。不仅是以推动基督教为职责所在的神学家博叙埃,还有牛顿、莱布尼茨(Gottfried Wilhelm Leibnitz,1646—1716),他们都信仰它。但我们不知道该如何看待我们所学的教义,我们发现自己是那些不识钟表的钟表匠。"(……)我要相信它,我已经相信它。然而,一旦经过理解和推理,我的信仰就受到冲击、变得不确定。早在我13岁时,这就在我身上发生了。也许我会再次盲目地相信,上帝保佑!我肯定不会抗拒,我也不要求更多。我清楚这绝对是巨大而真实的幸福。然而,在大风暴中(……)我断言,宗教信仰的缺失从未以任何方式影响过我,我也从来没有怀疑过上帝的存在。虽然在理性上,我没有能力认识他,但我的内心能够感受到他的存在。

拿破仑几乎不相信关于宇宙起源的唯物主义解释。像伏尔泰一样,他想知道上帝是否存在,上帝是创造宇宙的伟大建筑师。但他不相信来世。"我很高兴自己没有宗教信仰,"他对贝特朗说,"这让我没有任何幻想出来的恐惧,对未来毫无畏惧。"

1817年1月12日,他问自己:"耶稣到底是否存在?"他还说:

"我相信没有一个历史学家提到他,连犹太历史学家约瑟夫斯(Flavius Josephs, 37—100)也没有。没有人谈及人在死去的瞬间,眼前的黑暗笼罩着大地……"①

重新开放教堂

拿破仑告诉拉斯卡斯:"在处理政务时,我曾权衡过天主教的重要性,并决心重建天主教。但人们很难相信我为了让天主教回归而必须克服的阻力。"②

从大圣伯纳德山口越过阿尔卑斯山后不到一个月,波拿巴将意大利米兰从奥地利人的奴役中解放出来。他准备在意大利按照法兰西共和国的模式建立一个共和国。此外,四年前,法国军队在意大利战役中犯下的暴力和掠夺行为所留下的负面印象,必须在意大利民众心中消除。因此,1800年6月5日,他召集了当地的神职人员,并向他们发表了讲话:

> 将你们所有人聚集在这里,这样我就可以亲自告诉你们我对天主教、使徒的宗教和罗马的宗教的感情。

---

① 古尔戈:《综合日志》,佩林出版社,2019年,1817年1月12日,第279页。
② 拉斯卡斯伯爵:《圣赫勒拿回忆录》,伽利玛出版社,昂星图书馆,第一卷,1956年,第1040页。

七
他是基督徒吗?

我深信,只有这种宗教能够为秩序良好的社会带来真正的幸福,并巩固良好政府的基础。我向各位保证,无论何时,我都将努力借助一切手段保护和捍卫它。在座各位都是天主教神职人员,我是天主教信徒,我把各位看作亲爱的朋友。我向你们宣布,无论是谁对我们的宗教做出哪怕最轻微的侮辱行为,或者敢于稍微冒犯各位尊敬的圣人,我将把这些人视为扰乱公众安宁和共同利益的敌人,并将以最严厉和最引人注目的方式,甚至在必要时,以死刑来惩罚他们。

我希望,基督教、使徒的宗教和罗马的宗教都被完整地保留下来。人们应该公开信仰它。而且,它应享有这种被公开信仰的自由,就像我第一次踏上这些幸福的场所时那样享有充分、广泛和不可侵犯的信仰自由。彼时,意大利发生的所有变化(主要是在法国军队的纪律方面),都与我的意愿和思维方式相背离。作为一个不关心天主教的政府的代理人,我无法阻止当时的法国政府不惜一切代价企图造成的、旨在推翻天主教的一切混乱。

现在,我拥有全部权力,决心使用一切我认为最恰当的手段来巩固和保护天主教。

现代哲学家们努力使法国相信,天主教是所有民主制度和共和政府的死敌。因此,这些不幸的天主教徒经受了所有的恐惧。法国大革命时期,法国人民对宗教问题的不同看法并不是造成这些混乱的最主要原因。经验证明法国人错了。

……

我也是哲学家。我知道在任何社会中，没有人可以被视为绝对的道德和正义之人，除非他知道他从哪里来、要到哪里去。单纯的理性不能解决这些问题。没有宗教，我们将一直行走在黑暗之中。而天主教是唯一能给人类的起源和最终结局以确定无误的启迪的宗教。没有道德就没有社会，没有宗教就没有良好的道德。因此，只有宗教才能给国家以牢固和持久的支撑。

宗教是不幸之人的救命船锚。一个没有宗教的社会就像一艘没有指南针的船。在这种情况下，船舶既不能确定航线，也别指望能够安全地驶入港口。一个没有宗教的社会，总是风雨飘摇，总是被最猛烈的情绪所激荡而不断遭到撼动，社会内部经历所有内讧带来的愤怒，这使其陷入罪恶的深渊，而这迟早会导致其覆灭。

法国人民在不幸中得到教训，终于睁开了眼睛。他们认识到，天主教就像一个锚，只有它才能在动荡中稳定法国，在风暴中拯救法国。因此，法国向它敞开了怀抱。我向各位保证，法国的教堂已经重新开放，天主教在那里重现过去的光辉，民众心怀敬意地看到这些受人尊敬的神职人员满怀热忱地回到曾经被遗弃的所谓羊群中间。[①]

十年来，法国人没有了教堂，没有了三经钟的钟声、洗礼、婚礼

---

① 1800年6月6号对米兰教区牧师的讲话。

七
他是基督徒吗?

和葬礼。更糟糕的是,他们不再有星期天,只有每旬中的第十日作为休息日①。《人权宣言》、废除什一税和领主权最初几年的热潮退去之后,大多数法国人都渴望恢复他们的风俗、习惯和安宁。这就是波拿巴迅速就明白的道理。

拿破仑停止了自己年轻时在瓦朗斯、欧索讷、阿雅克肖和博凯尔时产生的想法,不再区别对待拒绝宣誓的神职人员和已宣誓的神职人员,为法国带来了宗教和平。1801 年 7 月 15 日,尽管他的支持者和战友们嘲笑他,他还是签署了《宗教协定》(Concordat)。这困难重重。一些讽刺漫画描绘了第一执政掉进一个巨大的圣杯里,被主教们用权杖按到水底淹死。

拿破仑对贝特朗说:"枢机主教卡塞利促成了《宗教协定》。他非常虔诚。在一次谈话中,我向他讲述耶路撒冷、拿撒勒(Nazareth)等,以及在叙利亚的所见所闻。他为这些感动到落泪。这位枢机主教始终相信,一个对圣地耶路撒冷有如此热情的人只会对教会有利。正是在这种劝说下,他促使罗马教廷按照我的意愿签署了《宗教协定》:'这个人为教会做了好事。让他去做吧。他想怎么做就怎么做。'枢机主教和开罗的酋长们一样,都被这几句话骗了。又或者说,没有人上当。酋长们知道我不是穆斯林,也不会成为穆斯林,但出于政治智慧,我支持他们,我奉承他们。"②

---

① 共和历以法兰西第一共和国建立之日(1792 年 9 月 22 日)为一年的开端,每年分四季、十二个月,每月三十天,每十天为一旬,每旬第十日为休息日。——译者注
② 贝特朗:《圣赫勒拿岛笔记》,第二卷,《1818—1819 年》,阿尔班·米歇尔出版社,1959 年,第 143 页,1818 年 10 月。

"在人们对《宗教协定》的争论最激烈的时候。格雷戈瓦（Henri Jean-Baptiste Grégoire，1750—1831）神父被召唤到马尔迈松。他抵达时，第一执政已经在一条小巷里漫步，并与参议员沃尔尼（Constentin-François de Chasseboeuf count de Volney，1757—1820）激烈地争论。'是的，先生，'第一执政说，'人们可以表达自己想要什么，民众需要宗教，尤其需要信仰。当我对人民说，先生，我说的还不够，因为我自己在看到大自然的景象时（他受热情鼓舞，向天空伸出双臂），我自己也被感动、被吸引、被说服。'然后，他转向格雷戈瓦神父：'那么您呢？先生，您怎么看？'后者回答说，这样的场面很适合引发严肃的沉思。"[1]

1802年复活节，《宗教协定》签署后，波拿巴下令唱诗班在巴黎圣母院演唱《感恩赞》（*Te Deum*）。这一天，他在将军们的护送下，华丽隆重地参加了弥撒。然而，他的将军们对被迫参加他们所谓虚伪虔诚的仪式感到愤怒。其间，奥热罗几次用足以盖过主祭的声音大声说话，故意扰乱仪式。

古怪的加冕礼

两年半后，1804年12月2日，教皇庇护七世几乎是在拿破仑的强迫下来到巴黎圣母院为他加冕为皇帝。这十分滑稽。因为拿破仑

---

[1] 阿尔比娜·德·蒙托隆：《圣赫勒拿的回忆：由弗勒里伯爵出版》，埃米尔·保罗出版社，1901年，第173页。

七

他是基督徒吗？

亲自把皇冠戴在了自己和约瑟芬的头上。上帝在某种程度上沦为旁观者，就像背叛教会的主教塔列朗一样，为富歇和雷亚尔（Réal）在1793年组织了对理性（Raison）女神的祭礼。

这场神圣的仪式还包括为约瑟芬加冕，她巧妙地利用这个机会给丈夫施压。奇怪的是虽然此前他一直拒绝与她举行宗教婚礼[①]，但他却强迫两个弟弟和两个妹妹请天主教神职人员为他们的婚礼祝圣。蒙贝洛的枢机主教为波利娜与勒克莱尔（Leclerc）将军的婚礼以及埃莉萨与巴西奥克希（Baciocchi）上尉的婚礼祝圣。枢机主教卡普拉拉（Caprara）为路易与奥坦斯·德·博阿尔内的婚礼以及卡洛琳与缪拉的婚姻祝圣。他们母亲莱蒂齐娅虽然笃信天主教，但并未干涉。正是拿破仑要求对四个人的婚礼进行宗教祝圣。这四场婚礼分别相隔一年、两年或三年。拿破仑还坚持在约瑟芬陪同下亲自参加了其中两场婚礼。拿破仑让别人举行宗教婚礼，但他自己却没有。

约瑟芬在最后一刻急忙告知教皇，她与皇帝的婚姻尚未得到教会的祝圣。教皇立即为加冕提出条件——为拿破仑和约瑟芬的婚姻举办宗教婚礼。由于担心在最后一刻取消加冕典礼会引发闹剧，拿破仑答应了，并请求他的舅父枢机主教费施于12

[①] 根据文森特·克罗宁（《拿破仑》，阿尔班·米歇尔出版社，1979年，第149页）的说法，波拿巴告诉德赛："他不想举办宗教婚礼，因为他认为耶稣基督只是一个先知。"

月1日,加冕礼的前夕,在没有旁人观礼的情况下,为他与约瑟芬的婚礼祝圣。①

在加冕仪式上,大司仪尚巴尼(Champagny)和大多数枢机主教都希望庇护七世能公开为皇帝和皇后举行圣体仪式。但是,教皇表达反对意见:"拿破仑可能不愿意这样做。毫无疑问,有一天信仰会劝告他这样做。此时,我们不要责备他和我们的良心。如果皇帝只是为了执行仪式的程序而举行圣体仪式,那将是亵渎。我的良心拒绝这样做。"他写道:"不举行圣体仪式。"此外,他还免去了皇帝在复活节当天公开举行圣体的仪式的义务。

拿破仑的个人信仰呢?约瑟芬回答说:"我不知道他是否信仰上帝,但他表演得很好。"他自己也承认:"教皇想让我去忏悔,我总是回避,说:'教皇阁下,我现在太忙了。等我年纪再大一点吧!'我很喜欢和他交谈,他是个善良的老人,也十分固执……我们有时会畅所欲言,以好友关系谈论此事。'你迟早将会找到(信仰),'他带着无邪的温柔对我说,'我会让你拥有信仰,如果不是我,也会是其他人。到时候你会看到自己多么愉快,多么满足!'"②

相反,得知天文学家拉朗德(Joseph-Jérôme Lefrançais de Lalande, 1732—1807)在《无神论者字典》(*Dictionnaires des athées*)修订版中

---

① 帕特里克·朗博(Patrick Rambaud):《拿破仑加冕》,米歇尔·拉丰出版社,2004年。
② 拉斯卡斯伯爵:《圣赫勒拿回忆录》,伽利玛出版社,昂星图书馆,第一卷,1956年,第1044页。

七

他是基督徒吗?

宣称自己是无神论者时,拿破仑要求他在研究所的全体会议上收回自己的话,并让拉朗德表示今后会遵从他的意愿。

在这种宗教中,拿破仑只看到了一种统治手段。他让教皇像省长一样游历各地。"有时,我曾想剥夺教皇的所有世俗权力,任命他为我的牧师,并让巴黎成为天主教世界的首都。"①

1809年,卡罗琳·缪拉(Caroline Murat)(即拿破仑的妹妹卡罗琳)的女侍从莱奥诺·德努埃勒·德·拉普莱涅(Éléonore Denuelle de La Plaigne),她身材高挑、苗条,有一头棕色秀发和一双美丽的黑眸,性格活泼且非常娇媚,有时在晚上与皇帝秘密幽会两三个小时。不久,她怀孕了,并生下了一个长得和拿破仑一模一样的孩子。拿破仑这才意识到,在他与约瑟芬结为夫妻的十四年里,是约瑟芬无法生育。只要另娶一个妻子,他就可以实现新梦想:建立王朝。然而,他不可能与年轻的莱奥诺结婚。贴身男仆康斯坦说:"有一天,有人看到她和她母亲一起来到了宫廷所在的枫丹白露。她来到陛下的内宅,让我向陛下通报。皇帝对这一举动非常不满,并指示我代他转告莱奥诺夫人,禁止她在没有皇帝准许的情况下出现在他面前,并禁止她在枫丹白露多做片刻停留。"②不,他需要一个国王或皇帝的妹妹或女儿作为皇后,那会是奥地利的玛丽-路易丝女大公,尽管她从小

---

① 巴里·奥马拉:《流亡中的拿破仑》,拿破仑基金会,塔朗迪耶出版社,第二卷,1993年,第93页。
② 康斯坦:《拿破仑一世的私人回忆录:由他的随从撰写》,法国水星出版社,第一卷,1967年,第391页。

就在厌恶拿破仑这个"科西嘉人""反基督者""野蛮人"的氛围中长大。1809年11月30日,他对约瑟芬说:"我仍然爱你,但是在政治上,没有爱情,只有头脑。"①

然而,此时他已与约瑟芬缔结了宗教婚姻,他如何才能再娶一个虔诚的天主教信徒为妻,并且她还是奥地利帝国伟大信仰天主教的皇帝的女儿呢?拿破仑是个务实的人,不屑于理会这些顾忌。起初,他没有和约瑟芬离婚(这是一个丑陋的词语),而是迫使法国参议院通过一项法令,"解除"了拿破仑和约瑟芬的民事婚姻。撤销宗教婚姻要棘手得多。当然,也有先例:为了迎娶布列塔尼的安妮(Anne of Brittany, 1477—1514),法国国王路易十二(Louis XII, 1462—1515)让波吉亚家族的教皇亚历山大六世(Pope Alexander VI, 1431—1503)宣布他之前与法兰西的让娜(Joan of France, 1464—1505)的婚姻无效,而这段婚姻并没有完成。由于约瑟芬没有像不幸的让娜那样身患残疾,拿破仑不得不另寻借口。

此时,拿破仑很难获得教会的支持和准许。因为他在教皇拒绝支持欧洲大陆封锁政策的情况下,刚刚吞并了罗马和教皇国,挟持并软禁了教皇。后者作为回应,已将他逐出教会。他正试图隐瞒这些事件。他的解除宗教婚姻的请求来得太不是时候了。

拿破仑用新的伎俩成功地撤销了他的宗教婚姻,他的两个借口是:这场婚礼既没有见证人,又未征得他的同意。这段充满伟大爱

---

① 文森特·克罗宁:《拿破仑》,阿尔班·米歇尔出版社,1979年,第338页。

七
他是基督徒吗？

情的婚姻,虽然约瑟芬是他生命中唯一挚爱,但是宗教婚礼未征得他的同意！他是被迫的！

拿破仑想在巴黎圣母院与玛丽-路易丝结婚,身边围绕着众多枢机主教。但巴黎的主教席位空缺,教皇不愿意任命继任者。红衣主教费施并不关心这些,他于1810年4月2日在卢浮宫的方形大厅（Salon carré）为他的侄子拿破仑和玛丽-路易丝举行了婚礼,当时这座大厅已被改造成一个小教堂。这次婚礼比六年前他为拿破仑与约瑟芬举行的那次宗教婚礼更加隆重和盛大。

"通常,皇帝在教堂做礼拜时相当心不在焉,尽管礼拜时间不长,每次都从未超过12—15分钟。但还是有人告诉我,陛下问能否在更短的时间内完成。他咬着手指甲,比平时更频繁地吸烟,并不断东张西望。"①

拿破仑对拉斯卡斯说,"法兰西帝国时期,特别是与玛丽-路易丝结婚后,他们尽了一切努力,让我像法国大革命以前我们的国王一样,以盛大的排场前往圣母院举行圣体仪式。我完全拒绝了。我说:我对天主教没有足够信仰,它可能对我有益。但我想得太多了,不愿意把自己冷酷地暴露在亵渎中。对此,正如一个吹嘘自己没有参加第一次领圣体仪式的人所说:'这对他来说太糟糕了,''他没有受过教育！'"……

然后,皇帝继续说到:"说出我从哪里来,我是谁,我要去哪里,这

---

① 康斯坦:《拿破仑一世的私人回忆录:由他的随从撰写》,法国水星出版社,第二卷,1967年,第149页。

超出了我的思想所能企及的范围,但事实确实是如此。我像一块手表,存在但不了解自己。然而,宗教情感是如此令人欣慰,拥有这种情感是上天的恩赐。如果从上帝的角度来看待我的欲望和痛苦,我期待未来的幸福作为回报,这对我们来说又何尝不是一种指望?那么人和事对我有什么影响呢!……我有什么权利,我经历了如此非同凡响、动荡波折的人生经历,但没有犯下任何罪行,而我明明可以做到!站在上帝的法庭前,我能够毫无畏惧地等待他的审判。他永远不会在我身上看到暗杀、投毒、冤杀他人或谋杀他人的想法,而这在与我从事的职业类似的职业中十分常见。我只想要法国的荣耀、力量和光辉。我所有的能力、努力、时间都投入那些事业中去。这绝不会是犯罪,我只看到了美德!如果未来借助某种魔力来到我面前,为我生命的最后一刻加冕,那我将多么享受啊!"

(……)他继续说:"此外,毫无疑问,作为皇帝,我不信天主教对人民有益。否则,我怎么可能展现真正的宗教宽容呢?如果我被一个教派所支配,怎么能平等对待如此对立的诸多教派呢?如果为我做忏悔的牧师用对于下地狱的恐惧来控制我并给我建议,我怎么能保持思想和行动的独立性呢?……谁会怀疑,如果换一个为他做忏悔牧师,路易十四(Louis XIV,1638—1715)的最后几年会不会大不相同呢?我对这些事情的真实性深信不疑,因此,我决心尽我所能,以我自己的宗教观点培养我的儿子。"

皇帝结束了这次谈话,派我的儿子去找《福音书》。从开头一直读到耶稣在山上布道后,才停下。皇帝说,他对这种道德的纯洁、崇高和美好感到欣喜若狂。我们所有人都是如此。①

最后的审判还是后人的评判？

拿破仑不相信天主教教义中的最后的审判,也不相信上帝的选民和下地狱的人。"我认为没有惩恶扬善的上帝,是因为我看到诚实的人总是不快乐,但恶棍却很快乐。你会发现,像塔列朗这样的人会安然死在床上……此外,如果我相信存在惩恶扬善的上帝,那么我将会恐惧战争。"②

1816 年 6 月 8 日,古尔戈记录道:"我们用晚餐,读《福音书》。阿尔比娜说,陛下最终将成为信徒。陛下回答说,不,她③对耶稣的崇拜不比对先知穆罕默德的多。她没有什么可自责的,她没有犯过任何罪行,一直以来,她只是履行自己的职责,她对来世毫无畏惧。"④

拿破仑把精力放在另一种审判:后人的审判。他认为,使自己不朽的唯一方法是像亚历山大大帝、汉尼拔或恺撒那样,将自己的故事铭刻在人们的脑海中。自从洛迪战役胜利以来,他认为自己有雄

---

① 拉斯卡斯伯爵:《圣赫勒拿回忆录》,伽利玛出版社,昂星图书馆,第一卷,1956年,第 747—749 页。
② 古尔戈:《综合日志》,佩林出版社,1817 年 12 月 17 日,第 658 页。
③ 原文中古尔戈使用首字母大写的"Elle"(她)指代阿尔比娜,即蒙托隆夫人。——译者注
④ 古尔戈:《综合日志》,佩林出版社,1816 年 6 月 8 日,第 132 页。

心且有能力名留青史。1788年,他年仅19岁,或许那时的他就已经在考虑这个问题了。正如他的哥哥约瑟夫记述的那样:

"到达科西嘉岛后,我发现拿破仑已早我几天抵达。当时,他正忙于写一本书来回答这个问题:'为了幸福,需要激发怎样的观念和情感?'这是我们日常一边散步一边谈话的主题,我们路过希腊人小教堂,继续走很远直到海边。他只想得到后人的评判。一想到后人会欣赏他那伟大而高尚的行为,他的心就悸动起来。一天,他对我说:'我想成为我的后人,见证像高乃伊这样的伟大诗人给我带来的所感、所思和所言。'"他还说:"法国只能被那些热衷于赢得荣耀的人所激励,为了流芳百世他们愿意在今天就死去。"[①]

拿破仑渴望受到世人对伟人那样的崇拜,就像他们对汉尼拔、亚历山大大帝、恺撒那样,或者至少像荷马(Homère)、苏格拉底和牛顿那样,留在所有时代的记忆中。

而且他期望至少在法国,留下他作为天选之人的声誉,他是古代和中世纪法国和法国大革命和解的象征。还有,他将证明无论一个人来自哪个社会阶层,对于一个见多识广且精力充沛的人来说,一切皆有可能。他知道如何与民众交谈,如何接近他们。

这就是为什么他下令建造凯旋门和旺多姆圆柱,它们象征他领导大军团取得的胜利。在这方面,他成功了。因为这些纪念碑既延

[①] 约瑟夫·波拿巴:《军事通信和回忆录以及约瑟夫国王的政治》,佩罗坦出版社,1855年,第38页。

续了他的故事，又成为法国国家力量的载体。

与之相似抑或恰恰相反，另一位伟人戈雅在普拉多博物馆（Prado）留下了展现拿破仑冷漠无情和不择手段的令人难忘的证据：《五月二日》《五月三日》《巨人》三幅画以及《战争的灾难》系列版画共 85 幅。

八　圣赫勒拿岛，慢慢逝去

让我们回顾拿破仑抵达圣赫勒拿岛的过程。1815 年 8 月 4 日，他乘坐"诺森伯兰号"离开英国，随行人员有 22 人。他们是：贝特朗将军，他的妻子和三个孩子；古尔戈将军他孤身一人；蒙托隆将军，他的妻子和一个孩子；前国务委员德·拉斯卡斯伯爵（担任拿破仑的秘书），以及他的儿子；还有 11 个仆人：预算总管奇普里亚尼；三名贴身男仆，马尔尚，圣德尼（别名阿里）和诺韦拉；两名厨师，皮埃龙（Pierron）和勒帕日（Lepage）；门房圣蒂尼（Santini）；马夫兼车夫阿尔尚博兄弟两人，以及财务官真蒂利尼（Gentilini）。没有神职人员。

监狱看守

这次航行历时两个月零十天。拿破仑在海军上将科伯恩（John Cockburn）的餐桌上就餐，科伯恩对他很冷淡，但很有礼貌，甚至很尊敬。其余时间，皇帝在拉斯卡斯和贝特朗面前回忆自己的过往的军事生涯。拉斯卡斯将其记录下来，开始撰写《圣赫勒拿回忆录》(*son*

八

圣赫勒拿岛,慢慢逝去

Mémorial de Sainte-Hélène)。但他也用法语或意大利语与比蒂(Beatty)上尉、瓦登医生,尤其是与奥马拉医生(一个自愿前往圣赫勒拿岛担任拿破仑医生的爱尔兰人)交谈。

10月14日,人们听到了这样的呼声:"陆地!陆地!"这就是圣赫勒拿岛,一个面积为170平方公里的岛屿,比巴黎市区的面积还要大一点,这是大西洋中的一座孤岛,距离非洲海岸1930公里,距离巴西3600公里。它是马德拉群岛(Madère)和开普敦(Le Cap)之间唯一的可以停泊的港口,英国东印度公司(la Compagnie des Indes)的船只能在这座岛上补给淡水、水果和蔬菜。

薄雾渐渐散去,巨大的黑色山峰出现。一堵巨大的墙从海中升起,这是一片火山岩悬崖,高200米至800米,上面没有任何植被。在有些地方,红色黏土组成的条痕形成了狭窄、深邃的沟壑,一直延伸到海里。人们没有看到海滩。这个矗立在大海中的巨大火山岩构成的岛屿看起来就像一座堡垒。这就是圣赫勒拿岛吗?"我们需要勇气,"古尔戈喃喃自语。

在两个玄武岩锥体之间,有一个凹陷,那里坐落着一些红色屋顶的房屋、英式教堂的方形塔楼、一家医院、两个兵营和总督的住宅。这就是詹姆斯敦,我们可以称之为圣赫勒拿岛的首府,实际上是一座拥有2000名驻军和2000名居民的城镇。有时多达50艘船停泊在港口,但这里甚至没有码头。

刚开始的六周里,拿破仑与拉斯卡斯一家以及两名仆人一起住在平房荆园(Briars),住所虽狭窄但也十分舒适,这是商人巴尔科姆(Balcombe)的别墅的附属建筑,他负责处理东印度公司的相关事务。这座住宅有一个漂亮的花园,可以俯瞰詹姆斯敦和大海。一条长满香蕉树和白玫瑰的美丽大道通往花园。拿破仑与巴尔科姆夫妇以及他们的两个女儿相处融洽,两个女孩从英国来到这里,她们在英国就学会了法语。尤其是时年13岁的贝琪(Betsy),她是一个金发碧眼、调皮捣蛋、不讲客套、聪明伶俐的漂亮女孩。她改变了皇帝的想法。很快,贝琪就被他的眼神迷住了。

但从1815年12月10日起,拿破仑被打发到了离詹姆斯敦8公里的朗伍德。它位于道路尽头,路边就是深崖,被称为魔鬼碗(le Bol du Diable)。朗伍德以前是东印度公司的农场,位于海拔400米的死气沉沉的高原上,这里是岛上阳光最少的地方,常有狂风暴雨,还经常起雾。唯一的植被是桉树。痢疾和肝病是那里的常见病。

科伯恩匆忙改造和扩建这个农场,来接待拿破仑和他的随从们。主楼呈T字形。皇帝住在一楼,有卧室、餐厅、棋牌室、台球室和客厅,客厅里陈列着玛丽-路易丝的画像和四五幅年幼的罗马王的画像。最重要的仆人们共用二楼的阁楼。蒙托隆夫妇和他们的孩子、古尔戈、拉斯卡斯和他的儿子住在附楼的17个房间里。皇帝带来的10匹马都有马厩。最后,贝特朗一家单独住在约两公里外的赫特门。最初的几个月,他们被允许接待驻军的主要官员。

八

圣赫勒拿岛，慢慢逝去

皇帝只允许在半径6公里的围墙内活动，围墙由125名哨兵把守。每天晚上9点到次日早上6点，法国人只能待在朗伍德的建筑物和花园里，这里也有哨兵把守。

科伯恩在圣赫勒拿岛待了六个月，负责管理该岛并监视拿破仑，之后离开圣赫勒拿岛前往开普敦殖民地。1816年4月14日，新任总督哈德森·洛爵士携妻子以及几位同事抵达该岛。其中有年轻而潇洒的中尉巴兹尔·杰克逊（Basil Jackson），他负责监督朗伍德的最后施工。鉴于能说一口流利的法语，他还负责监视囚犯拿破仑及其随行人员。

哈德森·洛第一次拜访拿破仑时，被拒之门外。第二天，拿破仑同意接待他，但因为无法忍受被称为"波拿巴将军"，并要求被称为"皇帝"，或者至少是"拿破仑·波拿巴"，这次会面氛围非常紧张。1816年5月16日，拿破仑向奥马拉坦言："他来了，这张脸是要折磨我的刽子手的脸。告诉他，我不想见他，希望他不要再用那张可憎的脸来打扰我。让他永远不要再接近我，除非是奉命让我离开；那时他会发现我会准备好见他。但是，在那之前，不要让我看到那张可憎的脸。"[1]而且，8月19日，他说："洛又一次到访。我告诉他，他是西西里人的走狗，而不是英国人。最后，我恳求他放过我，我请求他不要来看我。"[2]

---

[1] 巴里·奥马拉：《流亡中的拿破仑》，拿破仑基金会，塔朗迪耶出版社，第一卷，1993年，第99—100页。
[2] 巴里·奥马拉：《流亡中的拿破仑》，拿破仑基金会，塔朗迪耶出版社，第一卷，1993年，第130页。

结果是科伯恩在岛上时，拿破仑还会不时接待一些英国人的拜访。他们在前往印度的途中路过此地，好奇地想看看这个曾经"让欧洲战栗的人"，但他后来却失去了这种消遣。事实上，哈德森·洛禁止旅客与"波拿巴将军和他的随从"进行任何交流。

一天，拿破仑在向蒙托隆口述自己的过往时，哈德森·洛因对拿破仑的逃跑有强迫性的恐惧，千方百计地想要进入他的房间，以确保他没有逃跑。贴身男仆诺韦拉拒绝开门。哈德森·洛威胁说要让士兵破门而入，诺韦拉告诉皇帝，皇帝回答说："告诉我的监狱看守，只要他把钥匙换成刽子手的斧头，如果他进来就必死无疑。把我的手枪给我，"有一天，他提到这件事，又说："他们想做什么？来杀我吗？他们想像制宪会议统治法国那会儿一样，让我每天早上去问：'卡佩（Capet），你在吗？'"

五年里，拿破仑只接受了洛的四次拜访，每次会面都很简短且不欢而散，他把这个人称为"我的监狱看守"或"我的刽子手，他用刻薄的话语谋害我。"另外，拿破仑禁止管家给他使用洛提供的东西："我不想接受任何由已经变得如此可憎的手送给我的东西。"

1816年8月18日，哈德森·洛与拿破仑最后一次会面后，发现无法与拿破仑达成共识，于是失去耐心，并采取了更多的报复性措施：他进一步限制拿破仑的行动，驱逐了他的三名仆人，并禁止圣赫勒拿岛的居民和驻军在没有他授权的情况下与拿破仑或其随行人员有丝毫接触。

从那时起，宵禁炮声响起的时间变成下午六点，而不再是晚上九点,这时拿破仑和他的随行人员只能待在朗伍德的住宅和花园里。他们再也看不到日落了。再也不发出呓语了。

身边人和离别

在厄尔巴岛,拿破仑的母亲和妹妹波利娜曾前去探视。在圣赫勒拿岛,她们却没有探视拿破仑的可能:英国政府拒绝了母亲夫人和波利娜公主的所有请求。皇帝与家人的唯一联系是他的儿子——罗马王的一绺头发,这是他的女管家寄来的,一起寄过来的还有她握着孩子的手写下的信。

在厄尔巴岛,拿破仑还可以修筑道路、装饰建筑、开垦新种植园和提高当地人民的生活水平。在圣赫勒拿岛,他被剥夺了一切行动的权利。他也不能再和学者们待在一起,以前在法兰西学院,在"东方号"上或在埃及研究所身边,他非常喜欢和他们讨论宏大的科学或哲学议题。

因此,为了避免陷入无聊或抑郁,拿破仑沉浸在口述回忆、下棋或阅读(通常是高声朗读)之中。在这些日子里,他一开始就说:"我今天应该读什么?"通常情况下,答案是:"一部悲剧。"然后他想有人为他选一个。"每个人都说出符合自己品味的作品,但他更喜欢的是《西拿》、《熙德之歌》(*Le Cid*)和《恺撒之死》(*La Mort de César*),而且他读这些作品给我们听的时候也更高兴,因为他对其中的大段内容都烂熟于心。"①在伏尔泰写作的《恺撒之死》中,即将接管罗马元老院的恺撒大帝向他忠实的朋友马克·安东尼(Mark Antony,前83—前30年)透露,加图的妹妹为恺撒生了一个儿子,名叫"布鲁图斯",而加图却对此事毫不知情。加图的忠实追随者和共和国的捍卫者布鲁图斯策划了对恺撒的刺杀,他认为恺撒是独裁者。恺撒向他透露了他身为布鲁图斯亲生父亲身份,以及与同伙一起宣誓推翻共和国的事情。在人们劝阻未果的情况下,布鲁图斯面临两难境地:是弑父还是让独裁者接管罗马。在恺撒加冕为皇帝的同一天,他被刺杀了,他在刺客中认出了布鲁图斯。众人为他们鼓掌,但当马克·安东尼发表演讲,赞扬恺撒的善行和荣耀之后,人们改变了主意,屠杀了刺客为恺撒报仇。

每天,拿破仑平均花六个小时口述他的经历,亦即他非凡的一生。他对拉斯卡斯、古尔戈和贝特朗说:"工作吧。也许,我们可以借此忘掉洛这个恶棍。"

当拿破仑口述时,这个身着灰色大衣、身材矮小而结实、一绺头发垂在额头上的男人,低着头,双手背在身后,不停地踱步。他停下来是为了阅读助手所写的东西。第一次口述完成后,通常在次日就必须抄录一份副本并上交给他。就这样,拿破仑花了五年半的时间和五个人一起躲避在他的回忆中,这五个人是拉斯卡斯、奥马拉、贝特朗、古尔戈和蒙托隆。到了1818年,这五人只剩下二人,他们是贝

---

① 阿尔比娜·德·蒙托隆:《圣赫勒拿的回忆:由弗勒里伯爵出版》,埃米尔·保罗出版社,1901年,第149页。

八
圣赫勒拿岛,慢慢逝去

特朗和蒙托隆。

流放前两年,拿破仑还喜欢坐马车出门巡游。"贝特朗将军(如果他在场的话)和拉斯卡斯同我们一道,"阿尔比娜·德·蒙托隆说,"古尔戈将军和德·蒙托隆先生骑马陪着我们。我们以六匹马奔跑的速度全速前进,这六匹马由两名马夫阿尔尚博兄弟驾驭。差不多只花一刻钟,马车就在我们可以周游的高原跑了一圈。我们又开始第二圈,马跑得很快,让人喘不过气来。这种周游没什么变化,总是一样;皇帝开始厌恶这片单调的桉树林。"①

最后,他泡了几个小时的热水澡,奥马拉医生经常去拜访他。他最喜欢和医生谈论重大议题和时事。阿尔比娜也去他那里,他们二人聊得更多的是日常生活。

1816年12月,拉斯卡斯委托他的英国仆人斯科特(Scott)带一封信去英国。这个举动不仅轻率,而且致命!斯科特把这件事告诉自己的父亲,而他的父亲则告诉了哈德森·洛。后者怀疑拉斯卡斯有阴谋,将他逐出了圣赫勒拿岛,并没收了他的笔记。1822年,拉斯卡斯才把它们拿回来,所以他只能在1823年出版《回忆录》(Mémorial)。与此同时,奥马拉先他一步,在1822年出版了《流亡中的拿破仑或圣赫勒拿岛的回声》(Napoléon en exil, ou l'Écho de Sainte-Hélène)。

---

① 阿尔比娜·德·蒙托隆:《圣赫勒拿的回忆:由弗勒里伯爵出版》,埃米尔·保罗出版社,1901年,第139页。

拉斯卡斯的离开使古尔戈重燃希望,他更加崇拜拿破仑,因为他曾先后在莫斯科和布里埃纳两次救过拿破仑的命。但古尔戈看到皇帝对蒙托隆一家偏爱有加。他更加嫉妒,他没有妻子,无所事事的生活激起了他对朗伍德这个小世界其他人的仇恨和激情。"就像被关在船舱里无聊的动物一样,三位将军和两个女人——阿尔比娜·德·蒙托隆和内莉·贝特朗——他们互相伤害、互相撕扯。他们遥望欧洲的方向,那里的一切似乎都是甜蜜、轻松和愉快的,他们羡慕拉斯卡斯。所有人都在计算什么时候能够离开拿破仑……从每天预示太阳升起的炮声响起,直到炮声再次响起,这意味着太阳下山了。哨兵们把守在花园周围,极度的无聊透顶之感淹没了朗伍德。"[1]

古尔戈变得越来越暴躁,他的同伴们也越来越不愉快。下面是一个例子:

　　拿破仑问:现在几点了?
　　——十点,陛下。
　　——啊!黑夜是多么漫长啊!
　　——白天也是,陛下!
　　皇帝问他:
　　——你凭什么认为我只见蒙托隆、和他共进晚餐是不对的?

---

[1] 奥克塔夫·奥布里(Octave Aubry):《圣赫勒拿岛》,弗拉马利翁出版社,1973年。

八
圣赫勒拿岛,慢慢逝去

你很伤心,你只知道抱怨。①

1818年2月4日,古尔戈向蒙托隆提出用手枪展开决斗,并要求贝特朗为他作证。蒙托隆急忙告诉拿破仑,拿破仑建议古尔戈离开朗伍德。古尔戈随后搬到了贝勒山庄(Bayle Cottage)。哈德森·洛或受梅特涅委托监视拿破仑的斯图尔默(Stürmer)有时会招待他共进晚餐,因为嫉妒,他任由自己胡说八道、言语鲁莽。他声称自己没有透露任何重要情报。但据哈德森·洛和斯图尔默说,古尔戈声称拿破仑过得不错,他欺骗了奥马拉,假装生病,希望被放回英国;他在伦敦有一个秘密账户,并与欧洲秘密通信。哈德逊·洛将这些所谓的情报汇报给了他的上级,即英国殖民地事务大臣巴瑟斯特勋爵,而斯图尔默则传达给了梅特涅。

古尔戈离开,返回欧洲后不久,他的鲁莽言论导致巴尔科姆和奥马拉被驱逐。他们是仅有的仍获准会见拿破仑的英国人。1818年3月18日,巴尔科姆一家被哈德森·洛赶走,离开圣赫勒拿岛前往英国。在他们前往朗伍德进行告别拜访时,拿破仑对时年15岁的贝琪的离开感到非常遗憾。他喜欢她的金发碧眼、欢声笑语。那天他眼含泪水,问她想要什么礼物。贝琪回答说:"我想要您的四绺头发,一绺给我父亲,一绺给我母亲,一绺给我妹妹,一绺给我。"至于奥马拉,哈德森·洛嫉妒他与拿破仑的亲密关系,于1818年8月3日派四名

---

① 罗斯伯里勋爵:《拿破仑:最后的阶段》,阿歇特出版社,1901年,第52页。

警察逮捕了他,并将其送上去英国的船。

同年,1818年,皇帝忠实的管家奇普里亚尼去世了,这影响了拿破仑,他喜欢同这位管家用科西嘉方言对话。此外,由于奇普里亚尼负责采购,经常光顾商店,在歌舞厅与水手们交谈,并收集情报,汇报给拿破仑。管家死得如此突然,因而皇帝认为他是被毒死的,并担心有人也会谋杀自己。

人们谈论拿破仑和阿尔比娜·德·蒙托隆之间的恋情,但此事的真实性并不确定,只是人们的猜测。然而,1819年2月,拿破仑得知阿尔比娜每晚都与巴兹尔·杰克逊见面。他要求蒙托隆家族和这个年轻人断交。蒙托隆服从了,可阿尔比娜继续与年轻的情人见面,只是幽会更加隐秘。杰克逊一回到欧洲,阿尔比娜就宣称自己得了肝病,要求与她的孩子和丈夫一起返回欧洲。拿破仑已经失去了拉斯卡斯、古尔戈和奥马拉,为了让蒙托隆留在身边,他给了蒙托隆一笔可观的经济补偿。蒙托隆接受了。1819年7月2日,阿尔比娜带着三个孩子离开了圣赫勒拿岛。

"皇帝给了她一个金盒,上面画着他的肖像,肖像周围镶着钻石。他用感动的声音感谢她的付出:她搬到朗伍德住了四年,现在还愿意离开丈夫离开。然后他拥抱了她和孩子们。三天后,拿破仑去见内莉·贝特朗,并赠予她了一个漂亮的手笼和一个由32颗钻石环绕的彩饰字母盒子。"[1]抵达欧洲后,阿尔比娜和巴兹尔·杰克逊旧情

---

[1] 奥克塔夫·奥布里:《圣赫勒拿岛》,弗拉马利翁出版社,1973年。

复燃。杰克逊以确保她不会密谋解救拿破仑为借口，与她一起搬到了布鲁塞尔。

没有机会逃脱

拿破仑从未试图逃离圣赫勒拿岛。与厄尔巴岛不同，这里有2 000千名英国士兵长期监视着他们。还有两艘军舰一直在岛屿周围巡逻，随时准备与除英国船以外的任何船只交战，武装逃离几乎没有可能实现。此外，当地信号台可以立即提醒布设在岛上的所有炮台。这些炮台设在岛上高处，俯瞰所有外人可能登岛之处。此外，据说拿破仑曾告诉蒙托隆，他都不用在美国待上半年，就会被法国阿图瓦伯爵的雇佣的刺客暗杀。

确实有过两次机会，有人试图用武力解救他。然而，这些人都没有与他合谋，这些计划其实只是一些人一时的想法。

第一次营救由流亡美国的法国大军团前军官保罗·德·拉塔皮（Paul de Latapie）上校和蓬泰库朗伯爵（Louis Gustare le Doulcet, Comte Pontecoulant, 1794—1882）[1]发起。据说他们在美国招募了志愿者，并租了一艘船停靠在圣赫勒拿岛附近，但营救者需要派出一些

---

[1] 路易·德·蓬泰库朗是参加过俄国战役和滑铁卢战役的法国老兵，1817年移民美国，之后移民巴西，在那里他与伯南布哥的分离主义者合谋，然后与拉塔皮合谋，试图营救拿破仑。

小船在一处海岸登陆以转移英国军队的注意力，其他人则在另一个地方上岸。他们计划从伯南布哥（Pernambuco），即今天的巴西累西腓（Recife）起航。拉塔皮一抵达这个港口，就被巴西当局逮捕了，他们怀疑他为巴西分裂分子效力。当他告诉巴西方面他们只是去营救拿破仑时，他被释放了。但这个消息已经走漏了。营救者无法指望出奇制胜。他放弃了这个计划。

第二次营救由尼古拉·吉罗德（Nicolas Girod，1747—1840）策划。他是法国萨伏伊人，在美国路易斯安那州（Louisiane）的棉花贸易中发财致富，并在英国人围攻新奥尔良（La Nouvelle-Orléans）期间作为该市市长表现出色。作为拿破仑的忠实崇拜者，他收集了一批描绘拿破仑不同姿态的半身像、雕像和画作。为了迎接拿破仑，他在新奥尔良建造并装修了一座漂亮的房子——拿破仑之家（Napoleon House），这座建筑至今仍然存在。1819年，他让人在美国查尔斯顿（Charleston）建造了一艘速度非常快的护卫舰"塞拉菲娜号"（Séraphine），并委托私掠船①船长多米尼克·尤（Dominique You，1775—1830）招募了一批盘踞在安的列斯群岛上的海盗和大军团的老兵，准备从圣赫勒拿岛营救拿破仑。他们成功地使这个计划几乎完全秘密执行，本可以出奇制胜。然而，在"塞拉菲娜号"即将起航的前几天，皇帝去世的消息传到了新奥尔良。

---

① 这是一种获得国家授权可以拥有武装的民用船只，用来攻击他国（主要是敌国）的商船（甚至军舰——如果力所能及的话）。其实质是国家支持的海盗行为。——译者注

八

圣赫勒拿岛,慢慢逝去

乔装改扮逃跑更不可能。像《基督山伯爵》(Le Comte de Monte-Cristo)中的埃德蒙·唐泰斯(Edmond Dantès)那样钻进裹尸布或像卡洛斯-戈恩[Carlos Ghosn(日产汽车集团前首席职行官遭到日本检察院刑事指控于2019年秘密逃离日本)]那样躲进箱子,或者像他的侄子路易-拿破仑,即法国法兰西第二帝国皇帝拿破仑三世,原名路易-波拿巴于1846年5月25日逃离监禁地,在哈姆要塞(fort de Ham)所做的那样,乔装成石匠。缺乏体育锻炼使当时的拿破仑身体超重,他不想冒着损害皇帝尊严的风险而悲惨地结束一生。此外,圣赫勒拿岛各处的墙壁和岩石上到处张贴着布告,禁止当地居民帮助他逃跑,甚至禁止帮助他传送信件,否则将受到严重惩罚。

拿破仑远没有幻想一场结局未知、也许会造成悲惨结局的个人冒险,他更愿意口述回忆录,以强调和证明自己在历史中的影响。

放　弃

他唯一的幻想是英国的舆论和形势发生逆转,这样他就能像弟弟吕西安在法兰西第一帝国时期所享受的待遇那样,在相对舒适的流亡生涯中安度余生。因此,1817年6月30日,他向古尔戈透露了希望能在一年后前往英国的想法。① 像法国大革命后波旁王朝复辟

---

① 古尔戈:《综合日志》,佩林出版社,2019年,1817年6月30日,第500页。

前路易十八用里尔(Lille)伯爵的名义几乎隐姓埋名地在那里生活一样,他也会谨慎地自称米龙上校或杜洛克男爵。

阿尔比娜·德·蒙托隆回忆起皇帝在1815年经过普利茅斯(Plymouth)港的情景。"(群众)想靠岸。他们想看看这位伟人。海面上到处都是船,船上挤满了各阶层的男人和优雅的女人,都快翻了。这些船围住了这艘船('柏勒洛丰号'),他们都希望能见到皇帝。这些船航行到离我们很近的距离,船上的人可以和我们交谈。这种急切的心情令英国政府感到不安,于是下令迫使这些好奇的人离开。英国炮艇出海,由'柏勒洛丰号'的军官指挥,他们把围观的人赶回去。但群众冒着死亡的危险,坚持留了下来。"[1]

拿破仑在英国自由主义圈子里也有崇拜者,其中有诗人拜伦勋爵,他们认为拿破仑是民主的捍卫者。还有霍兰(Henry Richard Vassal Fox, 3rd Baron Holland, 1773—1840)勋爵,他在1802年曾会见过拿破仑。

拿破仑说:"如果霍兰勋爵进入英国内阁,他有可能把我召回英国。但我最希望摄政王去世,这样小公主夏洛特(Charlotte, 1744—1818)就能登上英国王位。[2] 她会召回我的。"然而,1818年2月初,传来了这位公主早逝的消息。

现在就剩下霍兰勋爵及霍兰夫人了,他们在霍兰之家(Holland

---

[1] 阿尔比娜·德·蒙托隆:《圣赫勒拿的回忆:由弗勒里伯爵出版》,埃米尔·保罗出版社,1901年,第57页。

[2] 夏洛特·威尔士(Charlotte de Galles)公主,摄政王的唯一子女和国王乔治三世的唯一孙子,似乎注定有一天要继承王位。

八

圣赫勒拿岛,慢慢逝去

House)举办的晚宴受到了英国政治精英的高度赞赏。霍兰夫人在马尔迈松第一次见到拿破仑时,就爱上了他。在整个法兰西第一帝国时期,她在拿破仑的每一次战役获胜后都兴高采烈。在厄尔巴岛,她警告他,反法同盟国家正考虑将他驱逐到圣赫勒拿岛。滑铁卢战役后,她称他为"亲爱的可怜之人",并在自己的花园里放置了由卡诺瓦(Antonio Canova marchese d'Ischia,1757—1822)雕塑的这位伟人的巨大半身像。她不断地给他邮寄那不勒斯糖果、菜园的种子、英国或北美的报纸以及整箱的书。皇帝被她的各种关怀所打动,把从教皇庇护六世(Pope Pius VI,1717—1799)那里得到的一个金鼻烟盒遗赠给她。

霍兰勋爵曾任英国政府内阁大臣、上议院的辉格党领袖。他投票反对将拿破仑囚禁在圣赫勒拿岛,并宣称这"不符合一个伟大国家的宽宏大量,将一个已经退位的外国领袖囚禁在一个遥远的岛屿上,而这位领袖寄希望于英国人的慷慨,因此向我们而不是向他的其他敌人投降。"每当霍兰勋爵获得关于朗伍德不利于拿破仑健康的卫生情况,关于对这位重要被囚禁者所受到的欺压、关于他被剥夺了体育锻炼的证据或投诉时,都会将它们传达给上议院,有时还会推动殖民地事务部长巴瑟斯特勋爵那里实施一些改善措施。

随着英国面包价格上涨、新闻审查和禁止十人以上的政治集会等种种政策的执行,利物浦勋爵(Robert Banks Jenkinson 2nd Earl of Lirerpool,1770—1828)领导的托利党政府越来越不得人心。尤其是卡托街密谋刺杀首相事件(Catostreat Conspiracy),以及发生于圣彼得广场(St Peter's Field)的史称彼得卢屠杀(Paterloo Massacre)后,托利党政府不排除被由霍兰勋爵所在的辉格党政府取而代之的可能性。

然而,神圣同盟①的其他国家仍然强烈反对释放被关押在圣赫勒拿岛的这名流放者。1820年10月28日,卡拉曼(Caraman)亲王写信给帕斯基耶(Etiene Denis Pasqurer, 1767—1862)②:"男爵先生,出于对英国事务的担忧,以及对英国内阁换届和由此产生的政治观点的新方向可能带来的后果的担心,梅特涅亲王认为需要采取一些预防措施,以保证欧洲不会看到圣赫勒拿的囚徒被释放的可能性。在这种情况下,需要把他作为神圣同盟的财产交给这些国家,这样盟国可以根据他们的安全需要对其进行处置。"

最重要的是,当神圣同盟各国在亚琛召开国际会议时(Congress of Aix-la-Chapelle),和布吕歇尔一样都是拿破仑死敌的波佐·迪·博尔戈(Charles-André, Cmote Pozzo di Borgo, 1768—1842),代表沙皇亚历山大一世,使梅特涅、卡斯尔雷、威灵顿和黎塞留(Richelieu)相信,英国人将拿破仑囚禁在圣赫勒拿岛是最好的安排,拉斯卡斯、古尔戈和奥马拉透露的关于他身体不佳的消息是谎言。

拿破仑在得知他们决定将他继续关押在圣赫勒拿岛的几天后,

---

① 1815年俄、普、奥三国君主在巴黎结成的欧洲同盟。——译者注
② 大臣帕斯基耶是拿破仑一世时期的警署署长,1820年在路易十八时期担任外交部长。

八
圣赫勒拿岛，慢慢逝去

惊恐地发现，哈德森·洛正在他的朗伍德住所周围竖起一圈栅栏。

自从1818年奇普里亚尼去世，拉斯卡斯于1816年离开，之后是古尔戈、巴尔科姆一家和奥马拉于1818年离开，最后是迷人的阿尔比娜·德·蒙托隆于1819年离开之后，拿破仑感到非常孤独。他不再接待路过的英国人。他的身边只剩下蒙托隆、马尔尚和贝特朗一家。但贝特朗一家与蒙托隆相处得并不融洽，他们之间变得越来越疏远，贝特朗毫不掩饰自己想返回欧洲的愿望。

朗伍德的生活变得更加简单。皇帝在家中与蒙托隆单独用餐，或者在疲惫时便独自用餐。星期天，他还会与贝特朗一家共进晚餐，但四人一起用餐令人悲伤。无聊和无所事事渐渐摧毁了他的健康，他预见到死亡日益逼近，于是更多地谈论哲学和宗教。他成为一名自然神论者："上帝在宇宙中无处不在。当我积极进入宗教领域，我对自己做的事不太确定。所有人都把宗教复杂化了。"当时机到来时，为什么不把筹码押注在帕斯卡尔这边（Pascal）①？不知不觉中，拿破仑像他的父亲一样，随着死亡的临近，对信仰的观念发生了变化。

在厄尔巴岛，拿破仑一抵达就去波托费拉奥的教区教堂听了一场《感恩赞》。每周日，他都会在自己的住所中的一个与客厅相邻的房间里，由代理主教阿里吉（Arrighi）神父做弥撒。马尔尚告诉我们，"皇帝确实参加了弥撒，他还邀请了平民和军队官员，并在弥撒结束

---

① 即相信上帝是面对未来不确定性的最为稳妥的赌注。——译者注

后招待了他们。"马尔尚补充说:"这个城市的钟声经常响起。这钟声让他想起了年少时,母亲带他去做弥撒,也使他想起在布里埃纳度过的时光。而且,每当有严肃的事情发生,他想否认受到的指控时,他就会用拇指在额头上画十字,说:'我是这里的异乡人。'"①

奇怪的是,离开欧洲时,他认为没有必要增加一名牧师来拖累已经有22个人和10匹马的庞大随行队伍。一天,阿尔比娜指出皇帝应该带一名牧师同行,他回答说:"我还得考虑别的事。"②但是,在奇普里亚尼生命的最后时刻,拿破仑对岛上没有天主教牧师感到遗憾,不得不面对新教神父。皇帝对这次经历有所感悟。随即要求他的叔叔费施派来一位天主教牧师,要求"此人受过良好的教育,年龄不到40岁,最重要的是性格温和,不固执地坚持反对法国天主教原则。"

一年多后,费施才派去两名牧师,没有按拿破仑的要求只派去一名。因为圣赫勒拿岛是英国国教属地,被视为天主教的传教目的地,教会要遵守这一规定。他没有选择能够谈论哲学来分散他注意力的年轻知识分子,而是选择了一个年轻的、没怎么受过教育的科西嘉人安杰罗·维格纳利(Angelo Vignali),以及一个年老的科西嘉人安东尼奥·布纳维塔(Antonio Buonavita),他对美国和墨西哥之行充满了回忆,但却病弱且嗓音嘶哑。1819年9月20日,这两位天主教牧师终于抵达圣赫勒拿岛。一起到来的还有一位接替奥马拉的科西嘉医生安托马奇,还有一位接替奇普里亚尼的管家以及一名厨师。

---

① 马尔尚:《回忆录》,塔朗迪耶出版社,第一卷,1991年,第44页。
② 古尔戈:《综合日志》,佩林出版社,2019年,1817年1月27日,第300页。

八

圣赫勒拿岛,慢慢逝去

明知道拿破仑等待他们等得多么不耐烦,哈德森·洛还是趁机激怒了他。洛让管家和厨师直接去了朗伍德,但却故意把拿破仑最热切期待的三人——一位医生和两位牧师,留在自己家里一整天。洛向他们献殷勤,并邀请他们共进晚餐。因此,第二天,他们受到了皇帝非常糟糕的接待,皇帝对他们的不紧不慢的行程感到震惊,尤其是他们没有从他留在欧洲的家人那里带来任何消息。

"皇帝对这一选择非常不满,"伯特兰指出,"老牧师(布纳维塔)一无是处,他是负责领导弥撒的人。年轻人(安托马奇)仿佛是个小学生,让他当医生简直可笑。就像居维叶(Georges Cuvier, 1769—1832)是优秀的自然史教授、贝托莱是出色的化学教授一样,安托马奇是优秀的解剖学教授,但也可以是非常糟糕的医生。"虽然安托马奇带来了一绺罗马王的头发,但拿破仑立即对他表示厌恶。拿破仑发现他没有经验,并且他也没说错,因为这个所谓的医生实际上是个解剖学家,更适合解剖尸体而不是治疗活人。他不了解皇帝病情的严重性,把他当作一个自以为生病的健康人,并认为拿破仑这么做只是在为自己被转移回欧洲找借口。

1819年10月3日,朗伍德的客厅被改造成了一个点着蜡烛的小教堂。皇帝走进去,后面跟着贝特朗和蒙托隆。布纳维塔牧师用圣水迎接他。之后,在身着白色法衣的维格纳利和身着唱诗班长袍的年轻的拿破仑·贝特朗的协助下,他们做了弥撒。拿破仑似乎很高兴,他对众人说:"如果你们中有人在良心上充满了负罪感,布纳维塔在那里接受你们的罪行并给予赦免。"但拿破仑并不忏悔。

从那时起,布纳维塔牧师(他于1821年3月返回欧洲)和维格纳利神父每周日在朗伍德餐厅的简易祭坛上举行弥撒。拿破仑在那里参加弥撒,周围所有他希望参加弥撒的随从,但没有人见过他接受圣体。

早在1819年1月16日至17日晚上,拿破仑就曾病重,这可能导致他的胃部穿孔,两年后人们在对他进行尸检时发现了这个问题。而在1820年10月4日,他最后一次骑马散步之后,他的健康状况持续恶化。

安托马奇花了很长时间才意识到他病情的严重性。他没有重视拿破仑的病情,甚至认为他在装病,将拿破仑的不适归咎于缺乏锻炼。他只是建议皇帝努力开垦一个花园、种植花草树木,以使自己免受信风和热带气候的影响。

11月6日,安托马奇在其回忆录中写道:"第三次盐水浴,拿破仑待了近一个小时,然后去了花园。他很虚弱,几乎无法支撑自己的身体。他在鱼塘边坐下。几天来,他的散步都在那里结束。他在那里坐下,待上几个小时,享受着观察鱼儿游动的乐趣。他给它们扔面包,研究它们的爱情,关心它们的争吵,并真切地寻找它们和我们之间的关联。他向我们指出这些现象,对这些问题进行详细描述,并经常要我们来听他的观察结果。不幸的是,这些鱼得了眩晕症,它们挣扎着,漂浮在水面上,一条接一条地死去。拿破仑对此感到很痛苦。他对我说:'你看,我身上有一种宿命:我所热爱的一切,依恋我的一

八

圣赫勒拿岛,慢慢逝去

切,它们立刻就会遭遇不幸;天地合力来折磨我。'从那时起,时间和疾病都无法阻止他。他每天都亲自去观看鱼儿,让我看看有没有办法救它们。我不知道鱼儿这种奇异的死亡因何发生;计划先检查是否是水的缘故。然而,对皇帝来说,检查太慢了。白天,他召唤我好几次,让我去看看其他鱼是否已经死去。我去了,我承认,当自己能够告诉他所有的鱼都活着时,我感到非常激动。最后,我终于明白了这些鱼为什么会死。我们给鱼塘涂了一层铜基腻子,水因此变质,鱼儿们也死了。我们把那些幸存的鱼移走,并把它们放在一个桶里。"①

12月底,拿破仑在报纸上惊愕地读到妹妹埃莉萨去世了。他对蒙托隆说:"她是一个精明能干的女人,有着高尚的品质和值得称赞的精神,但我们的关系并不亲密。我们的性格都无法产生亲密关系。"过了一会儿,当他和安托马奇在花园里散步时,他跌坐在一张扶手椅中。"嗯,你看,医生,埃莉萨刚刚为我们指明了道路。死亡曾经似乎忘记了这个家族,但现在死亡开始袭来。很快就轮到我了。"②

1821年3月,当拿破仑抱怨他的体内就像被小刀扎一样疼时,安托马奇笑了。蒙托隆说,"当时离皇帝去世还有七个星期,我们无法让(安托马奇)认识到皇帝病情的严重性。他坚信,皇帝或我们对他说

---

① 安托马奇:《回忆录》,老阿鲁瓦出版社,1825年,第393页。
② 苏姗娜·诺曼德(Suzanne Normand):《博尔盖塞公主——波利娜·波拿巴的忠实和不忠之心》,格拉塞出版社,1949年。

的每句话都是一种政治把戏,目的是让英国政府把我们召回欧洲。"

然而,3月21日,安托马奇终于认识到拿破仑情况的严重性和明显的胃炎症状。因此,第二天,他给这位病人服用了加入四分之一剂催吐颗粒的饮料。病人开始剧烈恶心,因剧烈疼痛在地上打滚。我们难以想象这是怎样的疼痛,谁知道他体内有多么可怕的溃疡。安托马奇怎么说?这种药效太强了,但这是必须服用的药剂。第二天,皇帝命令侍从端来一杯柠檬水。(安托马奇)找到了方法,在水杯中加入一剂他最爱使用的药。拿破仑闻到一股可疑的气味,把药水给了蒙托隆,喝下药水十分钟后,蒙托隆开始剧烈呕吐。皇帝因此大发雷霆,称安托马奇为凶手,并宣布他这辈子都不会再见他。[①]

1821年4月1日,拿破仑接受英国医生阿诺特的检查,但阿诺特也迟迟没有认识到拿破仑患有致命疾病。但与奥马拉不同,他最终认定疾病在胃部而不是肝脏。

遗　嘱

4月13日,拿破仑单独和蒙托隆待在一起,连续三个小时向他口

---

① 罗斯伯里勋爵:《拿破仑:最后的阶段》,阿歇特出版社,1901年,第31页。

八
圣赫勒拿岛，慢慢逝去

述遗嘱草稿，新的遗嘱取代了他于1815年口述给贝特朗的那份旧遗嘱。4月15日，他不顾呕吐和冷汗，再次和蒙托隆闭门密谈。蒙托隆向他大声朗读遗嘱文本，以便他能亲自抄录下来并签字。25日，他的疼痛变得难以忍受。但27日，拿破仑又增加了几条细则，并对蒙托隆说："好吧，把这些事务安排好后，如果我不死，就太可惜了。"确实是时候了，因为似乎从29日开始，他有时候会失去意识。

遗嘱的第一条令人吃惊："五十多年前，我在使徒的宗教和罗马的宗教中出生，而今我在这种信仰中死去。"奇怪的是，这些文字出自一个35年来顽固拒绝去忏悔和接受圣体的人之口。此外，他的遗嘱中所提到的六十多位受遗赠人中只有一位神职人员。

第二条也不太令人信服："我本不该这么早死去，我被英国的寡头政治及其爪牙谋杀。英国人民很快就会为我复仇。"这些文字难以令人信服，因为，第一，拿破仑没有被暗杀。第二，是谁阻挠了法国和反法同盟在德累斯顿和塞纳河畔沙蒂隆的和谈（拿破仑本人拒绝议和）？第三，无论是"柏勒洛丰号"的船长，还是英国摄政王，又或是英国政府，在他投降时都没有保证他的行动自由。第四，英国人民没有报复他们的政府，也没有报复拿破仑的主要看守者——哈德森·洛和巴瑟斯特勋爵。第五，尽管从1803年到1815年，拿破仑一直与英国打仗，但是自从1840年拿破仑遗体被运回法国之后，英国始终是法国最忠实的盟友。别忘了克里米亚战争（Crimean War）。还有1916年7月1日，那天在索姆河战役（Battle of Somme）中阵亡失踪的73 200名英国士兵，他们的名字被镌刻在蒂耶普瓦勒（Thiepval）纪念碑上。最后在 1944 年，正是包括英国在内的同盟国解放了被纳粹德国占领的法国。

拿破仑拥有一大笔财富，他把银器和图书馆都留给了他的儿子——罗马王，却没有给妻子玛丽-路易丝留下任何东西。玛丽-路易丝和情人内奈佩格（Adam Albert de Neipperg，1775—1829）住在她的帕尔马公国，并即将嫁给他。拿破仑也没有为其亲生子女莱昂伯爵（Charles Leon，1806—1881）和瓦莱夫斯基伯爵（Alexandre-Florian-Joseph Colone，Count Walewski，1810—1868）、他的母亲和兄弟姐妹、他前妻的孩子欧仁亲王和奥坦斯王后留下任何东西。他的侄子拿破仑-路易（Napoléon-Louis）和路易-拿破仑（Louis-Napoléon），即未来的法兰西第二帝国皇帝拿破仑三世（Napoléon III）也一样，拿破仑以前喜欢把他们抱在自己的腿上。他没有为以前的情妇们以及大多数守护天使们——多梅尼、古尔戈、贝松和波内留下任何东西。相反，他将 200 万法郎留给蒙托隆，50 万法郎给贝特朗，10 万法郎给拉斯卡斯，40 万法郎给第一男仆马尔尚，10 万法郎给其他每个仆人。至于许多以前的共事者，如康布罗纳、德鲁奥、拉雷和梅内瓦尔，他都为他们留下了巨额遗产，给布里埃纳市也留有一笔相当可观的遗产，即 100 万法郎。

据贝特朗说，拿破仑感到死亡即将来临，有时会在梦里看到拉纳、贝西雷斯、杜洛克、内伊、缪拉和贝尔蒂埃，有时他似乎认为死后

八

圣赫勒拿岛,慢慢逝去

世界什么都没有。

据蒙托隆说,4月20日,拿破仑让人叫来了维格纳利牧师进行忏悔,甚至可能要接受圣体。奇怪的是,三周前,他曾对贝特朗说:"我很高兴自己没有宗教信仰,这是很大的安慰,这让我没有任何幻想出来的恐惧,对未来毫无畏惧。"这一说法没有得到维格纳利神父和安托马奇的证实,马尔尚和贝特朗都认为这不可能是真的。

次日,拿破仑又问维格纳利牧师:

牧师,你知道什么是点燃蜡烛的小教堂吗?
——知道,陛下。
——你有没有主持过?
——没有。
——好吧,那就请你为我主持。我死后,请你在40个小时内展示圣体。

这一次,安托马奇也在。拿破仑认为自己在他的脸上捕捉到了令人不快的讥笑,于是叫住他:"年轻人,你克服了这些弱点,也许你太机智了,不愿相信上帝。我还没到那一步。我信仰我父亲信仰的宗教。不是每个人都是无神论者。"

然后,拿破仑又对维格纳利牧师说:"我出生在信仰天主教的家庭。我想履行它所规定的义务,接受它所提供的佑护。你要每天在邻近的小教堂做弥撒,并将祭坛放在点燃蜡烛的小教堂里,就放在我的床边。你继续做弥撒,并按照规定的礼仪进行所有的仪式。请你一直给我做弥撒,直到我死去为止。"

最后时刻

4月26日,拿破仑躺下却再也无力起床。为了减轻他的腹痛,三位英国医生阿诺特、肖特(Shortt)和米切尔(Mitchell)不顾安托马奇的反对,给他服用了大剂量的甘汞——氯化汞,这使他十分虚弱。在接下来的九天里,拿破仑一直神志不清。

5月3日,在他神志不清的时候,身穿教士法衣的维格纳利神父把临终圣体带到了皇帝所在的客厅。他在皇帝身边待了一会儿,并为其行临终涂油礼。

最后一晚的情况很糟。拿破仑的身体不断因痛苦而抽搐,说着不连贯的话。5月5日上午,他的面部放松了。直到下午5点40分左右,他一整天都呼吸平稳。然后,一阵极度痉挛使他身体抽搐,最后一声叹息带着一点白沫从他的嘴唇中溢出。拿破仑去世时年仅52岁。

维格纳利神父在他的遗体前祷告了一整夜。

第二天早上,阿尔尚博撑着他的头,以便取得他的面部轮廓来制作面模。然后马尔尚剪下他的几绺头发,按照皇帝的遗愿,把它们送给他的每个健在的兄弟姐妹、侄子和侄女,当然也包括玛丽-路易丝和罗马王。

不久后,安托马奇在蒙托隆、贝特朗、马尔尚、阿尔尚博、七名英国医生和哈德森·洛的三名代表在场见证的情况下,着手对拿破仑的肺、胃和肝进行解剖。胃部严重膨胀,这肯定使死者痛苦不堪。有人认为这是胃癌,有人则认为这是非癌症的溃疡。安托马奇和肖特注意到肝脏的大小异常,不排除由于朗伍德气候引起的肝炎这一假设。哈德森·洛的代表们反对将心脏送给玛丽-路易丝,"这样就够了",他们说。

他被下毒了吗?

1955年,瑞典口腔学家斯滕·福舒夫德(Sten Forshufvud)根据皇帝的贴身男仆和医生在其生命最后几年里的观察和皇帝的许多痛苦症状,断言他被砒霜(坤)毒害。更重要的是,在他去世19年后,人们打开他的棺材时,发现他的遗体完好无损。而坤有助于保存死者的尸体。

十几年后,加拿大人本·韦德(Ben Weider)根据对拿破仑几绺明显充满砷的头发的分析,再次提出这一观点。在拿破仑时代,遗赠或虔诚地保留亲人的几绺头发是一种习俗。例如,皇帝向贝琪·巴尔科姆告别时,送给了她四绺头发。而且按照他的遗愿,在他入棺之前,马尔尚剃掉了他的头发,把这些头发交给了他的家人。剩下的头发被其他随行人员分走,有人将头发虔诚地保留下来,有人将其作为礼物送人……有人则将其卖掉。

根据这些不同的线索:临终时观察到的症状、遗体的完好保存、头发中砷的异常含量,斯滕·福舒夫德和本·韦德,很快得到雷内·莫里(René Maury)和一位蒙托隆后裔的支持。他们得出结论:哈德森·洛给拿破仑下了毒,或者更有可能是蒙托隆毒害拿破仑。因为只有蒙托隆有酒窖的钥匙,可能在那里蒸馏了一些老鼠药,这种药在老鼠常出没的地方很常见。

蒙托隆是拿破仑的主要继承人,他是不是急于拿到拿破仑的遗产吗?他是不是急于与1819年就返回欧洲的妻子团聚,或者,最好的情况是他下毒是为了让皇帝可能以健康为由返回欧洲?

但在2002年,人们对拿破仑被流放到圣赫勒拿岛之前很久就剪下的其他几绺头发,以及他的其他家庭成员,特别是拿破仑母亲的头发进行检验分析的结果中也出现了砷。这些砷元素可能来自当时人们用来装饰头发的粉末。

此外,拿破仑小心谨慎地避免自己中毒。例如,他为了防止被人下毒偏爱煮鸡蛋,并习惯于在最后一刻才选定菜单。谋害者只要在他饮用的酒或食用的饭菜中下毒就会波及同桌用餐的人,因为他与旁人共享所有的饭菜。拿破仑唯一会单独吃的餐食是每天早上由厨师皮埃隆端来的汤,但他毫无嫌疑。最后,如果皇帝真的在蒙托隆面前起草了遗嘱,其中的条款确实对他十分有利,那么遗嘱的确定这应该发生在皇帝去世前几天。

八
圣赫勒拿岛,慢慢逝去

一般认为,他的死因是胃癌。这是拿破仑的梦魇,因为他的父亲在 38 岁时就死于这种被认为具有遗传性的疾病。在他们乘坐"米龙号"从埃及返回法国时,他在与蒙日亲密交谈时说,他宁愿母亲大人红杏出墙能让他摆脱这个危险,并补充说:"啊!我的财富和所做的一切好事都归功于我的母亲!"[1]他的妹妹卡罗琳和弟弟吕西安也死于胃癌。

然而,皇帝在临终时一些迹象似乎与胃溃疡引起的内出血相当吻合,并因治疗不当而加重病情。据说医生给他服用了酸性酒石酸锑钾(吐酒石)作为催吐剂。而且他在死前两天吞下大剂量的氯化汞来洗胃,这可能导致了致命的出血。

---

[1] 阿兰·弗雷勒让:《拿破仑在海上:一连串问题》,拉比斯金出版社,第130页。

九　身后事

早在拿破仑去世之前,就有一场虚惊。俄罗斯的历史被神秘消失的沙皇鬼魂(指沙皇亚历山大一世诈死隐居的说法)和冒牌顶替者的鬼魂(指俄国沙皇伪季米特里一世)所缠绕。这是否激发了马莱将军的阴谋,差点让皇帝消失?

这场阴谋发生在1812年10月。26天来,拿破仑携大军团深入俄罗斯后就失去了消息。法国谣言四起。

准将马莱不是第一次试图发动政变。早在1807年,他就以宣传共和主义为由造成意大利总督欧仁亲王失去罗马总督的位置。之后,马莱两次被关进监狱。1812年,他被认为精神错乱,囚禁在法布尔-圣安托万(Faubourg-Saint-Antoine)街的一家疗养院。

他并不像人们想象的那样疯癫。距离遥远和通信手段不足使胆大妄为的人可能散播假消息,就像三年后金融家罗斯柴尔德家族(Rothschild)在滑铁卢战役的决战之夜做得那样。但阴谋家要想成功散播谣言,必须比真消息传得快几天或几小时蛊惑人心。因此,他们必须精心准备,不只是宣布皇帝的死亡,组成同谋小团体,还必须印制公告、虚假报告。例如,印刷伪造的元老院法令,宣称现政府已经垮台而

九
身后事

且新政府已经成立,这些文件上面还得有令人信服的文本和署名。

在翻越疗养院的花园围墙之前,马莱就计划并组织好了一切,印刷了要用的文件。10月23日至24日晚,马莱穿上将军制服,两名同伙伪装成警长和副官,一起来到波平库尔(Popincourt)兵营。在那里,他把司令苏利耶(Gabriel Soulier)从睡梦中唤醒,并极度哀痛地宣布了皇帝的死讯,并要求司令马上在兵营院子里集合部下。假警长向他们宣读了一份假的元老院法令,内容是改革制度,并要求派五个连陪同他去福斯(Force)监狱、警察局和公安部,以及所谓的临时政府开会的地方——市政厅。除了总统拉扎尔·卡诺(Lazare Carnot)外,新政府还有奥热罗元帅、莫罗将军、塞纳省省长弗罗绍伯爵(Nicholas Frochot,1761—1828)和其他一些人,包括在场的马莱将军。

马莱不费吹灰之力就说服了苏利耶和他的部下。从波平库尔兵营出来,他带着假报告和其他文件,去了福斯监狱,在那里他释放了两名和他一样被关押的将军,拉霍里(Victor Eanneau de La Hoire,1766—1812)和吉达尔(Emmanuel Marimilien-Joseph Guidal,1764—1812)。他们也轻信了马莱告诉他们的一切,而且在马莱的指示下,他们冲向公安部,拉霍里带兵占据了公安部,而吉达尔则把部长萨瓦里送进了监狱。

然而,在对巴黎广场、旺多姆广场的行动中,马莱遇到了挫折。面对胡林(Pierre-Augustin Hulin,1758—1841)将军的怀疑,他近距离朝胡林的下巴开了一枪。而杜塞(Pierre Doucet)上校知道有一封拿破仑在所谓的死亡日期之后写的信，立即让人把马莱绑了起来，逮捕了拉霍里和吉达尔，释放了萨瓦里，并通知了战争部长克拉克（Henry Jacques Guillaume Clarke，1765—1818）。

到了中午，一切都恢复了正常。这场政变仅持续了8小时，只有胡林一人受伤。

随后，克拉克在巴黎各处张贴布告，告知民众政变已经被挫败，拿破仑仍然活着。10月29日，他下令在战神广场枪决马莱、拉霍里、吉达尔、苏利耶以及另外12人。

11月6日，这场政变的消息传到拿破仑那里。12月19日，他回到巴黎。在这个阴谋中，他看到了一场疯狂的行动。然而，令他伤心的是，没有人，甚至连塞纳省省长弗罗绍都没有想到要保护拿破仑家族、摄政王、玛丽-路易丝和罗马王。"如果我死了，"他说，"我看一切都会陷入混乱。自大革命以来，政府的不断更迭使人们对此过于习以为常。这是只有时间才能治愈的疾病。"①

收到他去世的真实消息

1821年5月5日，这一次，拿破仑皇帝确实逝世了。一艘名为"苍鹭号"（*Héron*）的帆船于5月6日离开圣赫勒拿岛，并于7月4日

---

① 让·图拉德:《拿破仑：命运的时刻》，法亚尔出版社，第480页。

九

身后事

将这条消息和尸检报告带到英国。

在法国,人们两天后才得知这个消息,"在杜伊勒里宫举行的招待会上,有人感叹道:'这真是件大事!'塔列朗在与威灵顿聊天时被旁人打断获悉此事,脱口而出:'这不是一个事件,而是消息。'"

相反,拉普无法隐藏自己的情绪。但路易十八从不放过任何一个表明他对极端波拿巴派保王党分子不满的机会,明确表示让他不要忍住眼泪。甚至补充说,此事将让他更尊重拉普。

布瓦涅伯爵夫人后来回忆说:"我从街头小贩那里听说:'拿破仑·波拿巴之死只需两索尔①!他对贝特朗将军诉说的遗言,两索尔!贝特朗夫人的悲伤,两索尔!'散发寻狗启事都比这些更引人注意。我记得我们这几个比较有反思性的人,对当时法国人这种奇怪的冷漠触动颇深。"

在拿破仑家中,似乎只有拿破仑的母亲莱蒂齐娅、波利娜公主、奥坦斯王后,尤其是年幼的罗马王拿破仑的儿子艾格隆(Aiglon),对此感到震惊。然而,在罗马,莱蒂齐娅并没有立即相信这个消息:也许是梅特涅派来的德国信使,说服了她和枢机主教费施,说天使把她的儿子从圣赫勒拿岛带到了一个更美好的国度。波利娜更加悲痛,因为她于7月11日曾写信给英国人,请求他们允许她去圣赫勒拿岛见她哥哥最后一面。

---

① 索尔(sol)又称"苏"(sous),是拿破仑时代的流通货币。——译者注

在维也纳，拿破仑的儿子10岁的罗马王哭了很久，没有人安慰他，而在帕尔马，他的母亲玛丽-路易丝女公爵给朋友克雷纳维尔伯爵夫人(Crenneville)写信说："《皮埃蒙特公报》(*La Gazette de Piémont*)如此言之凿凿地宣布了拿破仑的死讯，几乎让人无法怀疑。虽然我对他从来没有任何强烈的感情，但我不能忘记他是我儿子的父亲，而且他非但没有像大家所认为的那样虐待我，反而总是对我非常尊重，这是我们在政治婚姻中唯一可渴望得到的东西。因此，我非常悲痛，尽管我们应该为他以天主教徒的方式结束其不幸的流放生活而感到高兴，但我还是希望他能再多活几年，多享受几年的幸福——只要他离我远远的。"①

她遵循习俗，与整个宫廷一起参加了纪念拿破仑的宗教仪式，她下令为拿破仑做了1 000场弥撒，并让手下为其哀悼三个月。但她利用这个机会，终于与她的情人奈佩格再婚，并很快生下了他们的第三个孩子。

对于乡间的普通人来说，他们怎么能相信像拿破仑大帝这样的非凡人物去世了呢？许多人不知道圣赫勒拿岛在哪里。对他们来说，拿破仑并没有死，他会像1815年3月那样从这座岛上逃出，登陆法国海岸。他们还唱起贝朗瑞(Pierre-Jean de Béranger, 1780—1856)创作的歌谣。

为了图谋财富名利而非谋求政治野心，一些故弄玄虚的人：流

---

① 《玛丽-路易丝与科洛雷多伯爵夫人和克雷纳维尔伯爵夫人的通信》，夏尔·格罗尔德出版社，1887年。

九
身后事

浪汉、教师、小贩、牧师——抓住了这个机会,并根据"百日王朝"的先例,散布皇帝即将回归的谣言。马蒂厄·费利克斯(Mathieu Félix)、让·夏奈(Jean Charnay)、希拉里昂神父(Hilarion)和让-巴蒂斯特·法维尔(Jean-Baptiste Favier)就是这样。让-巴蒂斯特·法维尔曾是大军团的一名军士长,他于1815年8月26日向安省(Ain)佩里厄镇(Peyrieu)镇长自荐来假扮拿破仑。他拥有和拿破仑一样的身高、棕色且黝黑的肤色、明亮而锐利的眼睛,他还模仿了拿破仑的举止以及他心事重重和迷惘的神态。他召集了村子里退役的大军团老兵,让他们支持自己。在安省以及邻近的索恩-卢瓦尔省(Saône-et-Loire)、罗讷省(Rhône)、卢瓦尔省(Loire)和伊泽尔省(Isère),许多见过法维尔的人都信以为真了,发誓说他们又见到了皇帝。这个冒名顶替者被控欺诈和煽动叛乱,又于1816年4月被布雷斯地区布尔格(Bourg-en-Bresse)法院宣告无罪。一年后,其他农民声称在一座修道院附近看到拿破仑打扮成僧侣,并骑着马。

几年后,两个英国人路过瓦朗斯,想参观拿破仑经历初恋时住过的房间。当时,拿破仑是年轻的少尉,随第四炮兵团驻扎在这个城市,他在某位布特(Bout)夫人那里租了两间房,一间自己住,另一间给弟弟路易居住,布特女士后来把房子卖给了费埃龙(Fiéron)先生。他很快就在整个瓦朗斯出了名,并被戏称为"小学员"。

这两个英国人请房主的女仆带他们去看看拿破仑的房间。她回答说拿破仑已经睡了。

怎么可能！拿破仑已经死了很久了。

——先生们，你们搞错了。我再说一遍，他正在睡觉，他就在他的房间里，如果你们愿意，我可以带你们去。

两个英国人再次感到惊讶，但他们和女仆一起上了二楼。女仆进入一个房间，打开窗户，对两个惊讶的英国人说：

我告诉过你们，拿破仑在睡觉；他还没有睡醒。

拿破仑喊道："先生们，你们想做什么？"

——先生，我们来这个公寓是因为一个误会，在我们的旅馆里，有人告诉我们拿破仑就住在这里。

——先生们，他们没骗你们。我的确是拿破仑，但是，我是拿破仑·费埃龙。这不是那位伟人的房间，而是他弟弟路易的房间，我马上就带你们去你们想看的那个房间。①

遗体回归故土

1840 年，时任国王副官的古尔戈和法国内阁总理梯也尔（Adolphe Thiers，1797—1877）说服法国国王路易-菲利普（Louis-

---

① 弗朗索瓦·德·科斯顿：《拿破仑·波拿巴早年传记》，阿歇特出版社，2020 年，第 188 页。

九
身后事

Philippe，1773—1850)实现了拿破仑的遗愿：将他的遗体送回"塞纳河畔，长眠在他深爱的法国人民中间"。这样，国王陛下既可以恢复他不断下降的声望，又可以掩盖法英之间敌意的最后痕迹。

路易-菲利普之子儒安维尔亲王(François d'Orleans，Prince of Joinville，1810—1842)带领一艘法国护卫舰"美丽少女号"(Belle Poule)停靠在詹姆斯敦附近。

古尔戈见证了挖掘拿破仑遗体的过程："人们小心翼翼地取下一个巨大的白色丝质垫子后，我们看到皇帝穿着卫队猎骑兵制服，还佩戴着勋章。他仿佛正在睡觉。他的帽子被放在他的大腿上。皇帝脸部依旧完好，除了鼻子似乎被棺材垫压住之外，其他部位都完好无损。人们甚至能从他的嘴唇上看出石膏遗像所显示的那种嘲讽的微笑。他的双手甚至还是粉红色的。医生触摸了躯体之后，宣布他已变成了木乃伊。"①

返航平安无事。一行人在库尔贝瓦(Courbevoie)登陆后，棺材被安置在一辆由16匹马牵引的巨大马车上。马车缓缓通过四年前建成的凯旋门，沿着香榭丽舍大街，来到荣军院(les Invalides)。当人们安置棺材时，圣赫勒拿岛的幸存者贝特朗和古尔戈将传奇的佩剑和军帽放在了棺材上。②

----

① 1840年11月30日古尔戈写的信件，由蒂埃里·朗茨(Thierry Lentz)和雅克·马塞(Jacques Macé)引用于《拿破仑之死》，佩林出版社，"时间"丛书，2009年，第83页。

② 阿兰·弗雷勒让：《拿破仑在海上：一连串问题》，拉比斯金出版社，2016年，第244页。

这次拿破仑的遗体向巴黎进发似乎更像是凯旋,而不是葬礼。这是有史以来,拿破仑进入其首都时最雄伟的一次。维克多·雨果(Victor Hugo,1802—1885)记述道:

突然,地平线上的三个不同地点同时传出炮声。这种同时发出的三重炮响,将人们的耳朵包围在一种巨大而绝妙的三角形声场中。远处还传来战鼓声。

皇帝的灵车出现了。之前一直被遮住的太阳此时金光乍现。效果真是惊人。在远处的雾气和阳光中,在香榭丽舍大街灰褐色树丛的背景下,透过如幽灵般巨大的白色雕像,人们仿佛看到一座金山缓慢移动。耀眼的光芒使整辆马车闪耀着,时而是星星,时而是闪电的光芒。巨大的喧嚣笼罩着这个场景。这辆马车似乎拖曳着全城的欢呼声,如同火炬拖曳着它的火焰。

当马车转入滨海(l'Esplanade)大道时,它因偶然的道路堵塞在大道和沿河大街拐角处的一座雕像前停了一会儿。这是内伊元帅的雕像。

当灵车出现时,已经是下午一点半了。送葬队伍重新往前走。灵车缓慢前行。人们渐渐看清它的轮廓。接着是手握皇家引棺索的元帅和将军们的坐骑。前面是手擎法国86省省旗的86名获荣誉勋位的士官。这个方阵美得无与伦比,它的上方荡漾着一片旗帜的海洋。人们好像看到了一朵硕大的大丽花在移动。

九
身后事

正面走来的是一匹从头到脚披着紫色绉绸的白马,身旁是一个身着绣银线天蓝色服饰的内侍,它由两个身着镶金边绿色服饰的仆人牵着。这是皇帝仆人的号衣。人群沸腾起来:"这是拿破仑的战马。"他们中的大多数人对此深信不疑。如果这匹马只为皇帝效力过两年,它就可能有三十岁了,已经到了马的高龄。但实际上,这匹良驹是一匹温和、年迈、无关紧要的马,十几年来,它一直被丧礼机构用作举行军人葬礼上的假战马。这匹假战马背上驮着波拿巴在马伦戈战役中使用过的真马鞍。这是一副有双条金线饰带、深红色天鹅绒的马鞍,已经相当破旧。

在马身后,500名"美丽少女号"的水手排着整齐的队伍,步履匆忙。他们大多数人都是年轻人,身着战斗服和圆夹克,头戴漆皮圆帽,腰间别着手枪,手持登船斧,身侧放着马刀,这是有着硕大抛光铁柄的短马刀。

炮声仍在继续。

此时此刻,人群中有人说道,今天早上,荣军院发射的第一发炮弹打断了一名市政警卫的两条大腿。他们忘了疏通大炮。还有人说,在路易十五广场(place Louis-XV),一个人滑倒在马车的车轮下,被轧死了。

马车现在非常接近目的地了。在它前面的几乎就是"美丽少女号"的高级船员,由儒安维尔亲王骑马指挥。儒安维尔亲王脸上有胡子,在我看来,这违反了海军的规定。他第一次戴上了荣誉军团大绶带。到目前为止，他只是作为一名骑士出现在军团名录(livre de la Légion)中。

灵车准时地来到了我面前，然而不知道到底在瞬间出现了什么障碍。灵车在圣女贞德(Joan of Arc，1412—1431)雕像和法国国王查理五世(Charles V，1338—1380)雕像之间停了几分钟。这让我可以从容地观察它。灵车整体非常大。它是一个巨大的、通体镀金的物体，呈金字塔状，下面则是承载它的四个大型镀金轮子。外部由一片布满蜜蜂图案的紫色绉绸自上而下遮盖，人们可以在绉绸下方看出一些相当漂亮的细节：底座上是腾空的老鹰，加冕礼上的14座胜利女神像在金桌上支撑着一个人们仿造的棺材。世人没有看到真正的棺材。它被放置在底座的暗格里，这削弱了人们的一些情感。

这就是灵车的严重缺陷。它隐藏着人们想看到的东西、法国所要求的东西、人民所等待的东西、所有人的目光都在寻找的东西——拿破仑的棺材。在假石棺上，放置着皇帝的标志性物品，皇冠、佩剑、权杖和大衣。在将胜利女神像与底座的老鹰隔开的镀金凹槽中，尽管有已半数剥落的镀金阻挡，但人们仍能清楚地看到杉木板的缝合线。另一个缺陷是这种黄金装饰只在棺材表面。内里实际上是杉木和石板。我希望皇帝的灵车能有一种真实的壮美。①

---

① 维克多·雨果(Victor Hugo)：《见闻录》，1840年12月15日。

九
身后事

拿破仑三世让他重生

不过,当时正在英国流亡的路易-拿破仑·波拿巴,皇帝的侄子,将这次拿破仑遗体回归视为一种挑衅。这个计划一经宣布,他就让人重新出版了他的《拿破仑思想》(*Idées napoléoniennes*),并加上了这样的前言:"我们应该带回法国的不仅是皇帝的遗体,还有他的思想。"

1840年8月6日,路易-拿破仑·波拿巴试图推翻路易-菲利普的君主制政权,并在距离滨海布洛涅3公里的维姆勒海滩登陆。而1803年拿破仑差点丧生于此。路易-拿破仑·波拿巴身边只有40多个支持者,他们当中有法国人,也有意大利人和波兰人,大多数人是失业者。即使如此,他也在街上张贴布告:"布洛涅的居民们,拿破仑如此深爱着你们!你们将成为团结所有文明人民的链条的第一环!想一想拿破仑,他正站在大军团纵队之上俯视着你们!"①

不幸的是,路易-拿破仑被捕了,并被判处终身监禁,他与他的几个同谋(包括蒙托隆)一起关在皮卡第地区(Picardie)的哈姆要塞。在得知拿破仑的遗体被转移到荣军院所激起的热情后,他幻想着一场惊人的团聚,并为皇帝的灵魂写下了《皇帝英灵保佑》(*Invocation*

---

① 阿兰·弗雷勒让:《拿破仑三世》,法亚尔出版社,2017年,第56页。

aux mânes de l'Empereur)：" 陛下，您重返都城，人们成群结队地迎接您的归来。而我在监狱深处只看到太阳照亮了您葬礼的微光。在您奢华的送葬队伍中，一些人对你表达敬意，您转过身，把目光投向我黑暗的住所，想起童年时您对我的爱抚，您对我说：'你为我受苦了，我的朋友，我对你很满意。'"①

在被关押了六年后，路易-拿破仑从哈姆堡越狱，并在三年后成为法兰西第二共和国首任总统。这位此前几乎不为人知的拿破仑皇帝的侄子赢得了74%的选票，这表明当时在选民中占绝大多数的法国农民为拿破仑这个名字的魔力着迷。又过了三年，他只需宣布："帝国就是和平"，这一次97%的法国人民就选举他为皇帝。在1852年至1870年的法兰西第二帝国时期，法国夺取了尼斯和萨伏伊，以惊人的速度实现了现代化，铁路网的规模翻了两番，信贷、煤气灯、电报和港口蓬勃发展，并成为一个伟大的工业和殖民强国。

这段时间也是巴黎的面貌一新的时期，两次世界博览会在这里举办。拿破仑一世非常喜欢巴黎，他已经在那里建造了大型工程。拿破仑三世继续这项工作。他对巴黎进行了现代化改造和清理整顿，并借助布洛涅森林、文森森林、肖蒙商丘（Buttes-Chaumont）、蒙苏里公园（parc Montsouris）和24个广场让巴黎绿意盎然。

这段时间也是法国与英国结盟的时期，拿破仑三世在六次流亡

---

① 《拿破仑三世作品》，普隆出版社，第一卷，1869年，第435页。

九 身后事

英国中均受到英国政府欢迎,他在这里经历了他最热烈的爱情——与哈利叶特·霍华德(Harriet Howard, 1823—1865)的爱情。直至今日,他依然与欧仁妮皇后(impératrice Eugénie, 1826—1920)和年轻的帝国皇储拿破仑四世(Napoléon IV, 1856—1879)一起长眠于英国法恩伯勒(Farnborough)。

这也是英国君主自百年战争(guerre de Cent Ans)以来首次访问法国:

> 1855年8月18日,拿破仑三世欢迎英国女王维多利亚(Queen Victoria, 1819—1901)和阿尔伯特亲王(Prince Consort Albert, 1819—1861)以及他们的长女维基(Vicky)普鲁士王后维多利亚(Victoria, 1884—1901)和长子伯蒂(Bertie)英国国王爱德华七世(Edward VII, 1841—1910)来到滨海布洛涅,并在世博会期间,带他们在巴黎度过了九天时光。在战神广场阅兵后,女王前往位于荣军院的拿破仑墓前默哀,大军团的老兵们在那里组成了仪仗队。一场猛烈的暴风雨过后,紧随其后的是令人印象深刻的沉默。然后维多利亚对未来的爱德华七世伯蒂说:
>
> ——匍匐在伟大的拿破仑面前,我的儿子。
>
> 管弦乐队演奏《上帝保佑女王》(God Save the Queen)。[①]

---

① 阿兰·弗雷勒让:《拿破仑三世》,法亚尔出版社,第205页。

保存其遗产

我们虔诚地保存拿破仑的遗产,首先是他口述给"四位福音传道者"的回忆录:拉斯卡斯的《圣赫勒拿回忆录》(*Mémorial de Sainte-Hélène*)(1822 年出版)、蒙托隆的《关于拿破仑皇帝被囚禁在圣赫勒拿岛的记录》(*Récits de la captivité de Napoléon à Sainte-Hélène*)(1847 年出版)、古尔戈的《圣赫勒拿岛未发表的日记》(*Journal inédit de Sainte-Hélène*)(1899 年出版)以及贝特朗的《圣赫勒拿岛笔记》(1949 年出版)。此外,还有另一份记载,奥马拉于 1820 年出版的《流亡中的拿破仑》(*Napoléon dans l'exil*)。

遗产中还有一些画像,由大卫、热拉尔(François Gérard,1770—1837)和格罗用戏剧化地方式描绘:《波拿巴在阿尔科莱桥》(*Bonaparte au pont d'Arcole*)、《雅法的鼠疫患者》、《翻越大圣伯纳山口》(*Le Passage du Grand-Saint-Bernard*)、《拿破仑一世加冕大典》(*Le Sacre*)、《埃劳之战》(*La Bataille d'Eylau*)。

遗产中同样也有一些制度:《宗教协定》、重新开放天主教教堂、法兰西银行(Banque de France)、证券交易所(Bourse),以及也许是最重要的遗产——《法国民法典》(Code civil),其主要内容在两个世纪后仍在实施。

遗产的最后一部分是纪念碑。"纪念碑也受到充满想象力的(拿

九
身后事

破仑的）喜爱；巨大的建筑项目比其他任何东西更加能够代替战争结束给他留下的空虚。他知道，纪念碑是民族历史的一部分。在这些民族从地球上消失很久之后，纪念碑的长期存在证明了他们的文明曾经存在，它们向未来最遥远的世代证明了这些民族神话般的征服真实存在过。①"

拿破仑并不总是喜欢巴黎人，正如我们在1792年或葡月13日看到的那样。但他喜欢巴黎这座城市。他为巴黎安装了4 500盏煤气路灯。他修建了里沃利街（rue de Rivoli）及其拱廊、加斯特里昂路（rue de Castiglione）、和平街（rue de la Paix）、丰美阁楼（Grenier d'Abondance）。他开凿了乌尔克运河（canal de l'Ourcq），为塞纳河铺上4公里长的石质堤岸，并在河上架起三座桥，其中一座是铁桥。

1806年，为了庆祝奥斯特利茨战役的胜利，他恢复古罗马传统，开始建造卡鲁塞尔凯旋门——君士坦丁凯旋门的缩小版；以及巴黎凯旋门（arc de triomphe de l'Étoile）——提图斯凯旋门的仿制品。卡鲁塞尔凯旋门的浮雕于1808年完成，庆祝大军团挺进维也纳和慕尼黑。1836年巴黎凯旋门的浮雕完成，这让人想起1792年志愿军出发远征、跨越阿尔科莱桥、攻占亚历山大城和阿布基尔海战。巴黎凯旋门的建造在1814—1823年间中断，后由法国国王路易-菲利普恢复，并于1836年举行了落成典礼。它在1840年用于迎接拿破仑遗体的回归，1885年用于维克多·雨果的葬礼。自1919年以来，在这充满

---

① 路易斯-安托万·布里耶纳：《拿破仑、总理府、领事馆和帝国回忆录》，沃伦和塔利尔出版社，第三卷，1829年，第176页。

回忆和民族自豪感的地方，法国无名战士的爱国激情每天都在这里重现。

除纪念碑之外，还有雕像。多亏了拿破仑三世，法国现有大约 30 座拿破仑雕像。在巴黎、维米耶（Wimille）、布孔维尔-沃克莱尔（Bouconville-Vauclair）、斯坦维尔（Stainville）、布利尼（Bouligney）、欧索讷、塞农什（Senonches）、阿雅克肖和巴斯蒂亚，大部分雕像为他的站姿形态，通常表现他作为小伍长的形象，戴着军帽，穿着大衣，但也有雕像表现的是拿破仑打扮成罗马皇帝形象。有些雕像表现他在马背上的英姿，如在瑟堡（Cherbourg）、鲁昂（Rouen）、拉罗什（La Roche-sur-Yon）、蒙特罗（Montereau）和拉弗里。还有一些质朴的半身像，如在梅森-拉菲特（Maisons-Laffitte）、欧里亚克（Aurillac）、圣瓦利耶（Saint-Vallier）和瓦洛里（Vallauris）。还有几座雕像回塑了他青年时期的样子，如在布里埃纳和瓦朗斯。

波折最多的纪念碑是旺多姆圆柱。1803 年，梦想着与征服西欧大部分地区的查理曼比肩的波拿巴决定为他竖立一座雕像以作纪念。在面对当时还没有竖立方尖碑的协和广场（place de la Concorde）思考片刻后，他下令："在巴黎旺多姆广场中央竖起一根圆柱，效仿罗马人为纪念图拉真皇帝（Trajan, 53—117）竖起的圆柱。在其轮廓或螺旋形青铜片上装饰 108 个各有寓意的铜制人物雕像，每个人物高 97 厘米，代表法兰西共和国各省。圆柱顶部是一个装饰着橄榄叶的半圆形基座，其上为查理曼的立像。"

三年后，内政部长和元老院提议用从奥斯特里茨战役中缴获的俄奥联军的大炮来装饰铜柱,并用奥斯特里茨战役的情节代替寓意各省的人物,用"法国所珍视的王子"(拿破仑)雕像代替查理曼雕像。1806年3月14日,"根据法国国家和法兰西美术学院(Beaux-Arts de l'Institut)的意愿,拿破仑将这根柱子命名为'奥斯特里茨柱'"。第一块石头在凯旋门奠基的几周后被放置。这根柱子也被称为"大军团柱",最终会达到43米高、3.60米宽。柱身有一个180级的螺旋形阶梯,上面有76幅浮雕,描述拿破仑在德国战役中的事迹。雕像以罗马皇帝的形象展现拿破仑,他头戴月桂冠,一手持剑,另一手握着金球,金球上站着带翅膀的胜利女神。圆柱的落成仪式于1810年8月15日举行,当天是皇帝诞辰纪念日,那时他也正处于权力的巅峰。年仅八岁的维克多·雨果就在观众席上。二十年后,他回忆起这个难忘的时刻:

啊!在一个美好的日子里,在旺多姆广场,
一个人的灵魂被整个民族所崇拜,
你来时表情严肃,神情安详,
看到你的宏伟作品,
宁静而又包含着和平的姿态
你的四只铜鹰;
那时,当十万人民围绕着你时,
就像所有的小罗马人挤在保罗·艾米尔身边一样,
我们这些孩子,在你经过的道路上一字排开,在队伍中寻找一位满脸骄傲的父亲。

我们拍着手。

1814年4月，保王党人考虑推倒这根令人厌恶的柱子，但反法同盟军队只让他们移走皇帝的雕像，路易十八用一支箭替代它，顶部装饰着四面鸢尾花并插着白旗。即使在波旁王朝复辟时期，那些怀念拿破仑帝国史诗的人、大军团的老兵和被解职的法兰西第一帝国军官仍然会来到圆柱脚下。

1833年，法国国王路易-菲利普并没有被再现拿破仑的纪念物所吓倒，他委托艺术家制作了一尊新的拿破仑皇帝雕像。这尊雕像不再是罗马风格，而是穿着灰色大衣、戴着传奇性的小帽子，右手拿着一个望远镜，左手从马甲的开口处穿过。然而，1863年，拿破仑三世将这座雕像送去装饰库尔贝瓦环形广场，并在旺多姆圆柱的顶端用恺撒大帝的雕像代替它。

1871年，比路易十八和反法同盟更强硬的巴黎公社社员决定摧毁整个纪念碑，并公布了下列法令：

考虑到旺多姆广场的帝国柱是一座代表野蛮行为的纪念碑，是暴力和虚荣的象征，是对军国主义的肯定，是对国际权利的否定，是胜利者对被征服者的永久侮辱，是对法国大革命的伟大原则之一——博爱的永久攻击。

巴黎公社宣告：

单一条目：拆除旺多姆广场圆柱。

九

身后事

5月16日,在凡尔赛法国政府军队进攻巴黎的五天前,在司法部阳台上的公社代表的注视下,这根柱子被推倒了。纪念柱的柱身像树干一样被人们从底部锯断。借助绞盘收紧的绳索,这个庞然大物倒塌了,在沙子、稻草和柴捆铺成的垫子上破碎。

马克西姆·维约姆(Maxime Vuillaume,1844—1925)在他的《红色笔记本》(Cahiers rouges)中写道:"在我眼前,一个巨大而弯曲的东西……突然像巨大的鸟拍打翅膀一样发出声响了……轰的一声!……一片灰尘。这一切都结束了。圆柱倒在地上,四分五裂,风中夹杂着柱子里的石粉。恺撒雕像仰面躺着,身首异处。戴着桂冠的头颅像南瓜一样滚到了路边……"[1]

圆柱在人群的欢呼声中倒下,人们同时奏响了《马赛曲》。纪念品爱好者冲向不成型的废墟,扯下石头或金属的碎块。巴黎公社战士站在空荡荡的基座上,对着摄影师的镜头骄傲地摆出姿势。

次日,在《政府公报》(Journal officiel)上,巴黎公社为推倒了这个"专制主义的象征"而洋洋自得。四天后,麦克马洪(Patrice de Mac Mahon,1808—1893)率领凡尔赛军队进入巴黎,他曾在给部队下达的当日公告中谴责了"攻击国家荣誉的卑鄙之人"。

幸运的是,这场灾难并非无法补救。两年后,1873年5月30日,经过激烈的讨论,国民议会决定修复圆柱,并放弃用法国人物形象置于柱顶的想法,人们对这一点已经讨论了很长时间。这项工作由建

---

[1] 马克西姆·维约姆:《我的红色笔记本:公社回忆录》,发现出版社,2011年。

筑师阿尔弗雷德·诺曼(Alfred Normand)指导，历时两年多。石质柱身的重建并没有遇到任何困难。人们在圆柱的碎片中发现了一些覆盖圆柱表面的完整浮雕；其他的浮雕是根据图纸重新制作的。最后，雕像虽然因从40米高处坠落而严重受损，但可以修复。1875年12月28日，雕像被放回了圆柱顶部。带翅膀的胜利女神像是第一座雕像留下的唯一遗憾，已经永远消失了。新胜利女神像根据石版画制作而成。

　　与卡鲁塞尔凯旋门一样，旺多姆圆柱是巴黎为数不多的在拿破仑统治时期完成的纪念碑之一。在很长一段时间内，它是帝国辉煌的真正象征，是民众崇拜的主要对象。圣赫勒拿岛的勋章获得者们每年都会在5月5日，即朗伍德的囚徒拿破仑逝世纪念日，来到纪念碑下献上花环和花束。

　　亨利·罗什福尔(Victor-Henri Rochefort, marquis de Rochefort-Lucay, 1830—1913)曾说："巴黎凯旋门就是法国！旺多姆圆柱就是波拿巴！"①

---

① 雅克·詹森斯(Jacques Janssens)：《旺多姆圆柱有150年的历史》，《两个世界杂志》，1961年1月15日，第308—317页。

参考文献

洛尔·朱诺·阿布兰特什公爵夫人:《回忆录》,10卷,加尼耶兄弟出版社,1905—1911年。

让-约瑟夫·阿代尔、博韦、查尔斯:《埃及和叙利亚远征史》,安布罗斯·杜邦出版社,1827年。

安托马奇·弗朗索瓦:《回忆录》,杜·巴卢瓦出版社,1825年。

安托万·阿尔诺:《60岁老人的回忆》,杜菲出版社,1933年。

奥克塔夫·奥布里:《圣赫勒拿岛》,弗拉马利翁出版社,1973年。

雅克·班维尔:《拿破仑》,法亚尔出版社,1951年、2020年。

保罗·巴特尔:《拿破仑未公开的青春时代》,阿米奥-杜蒙出版社,1954年。

朱尔·贝托:《被忽视的拿破仑》,斯费尔特出版社,1951年。

贝特朗将军:《圣赫勒拿岛笔记》,3卷,阿尔班·米歇尔出版社,1959年。

约瑟夫·波拿巴:《军事通信和回忆录》,佩罗坦出版社,1855年,法国国家图书馆。

拿破仑·波拿巴:《先知面具及其他青年时期作品》,沃克斯出版社,1945 年。

拿破仑·波拿巴:《关于基督教的对话》,岩石出版社,2014 年。

拿破仑·波拿巴:《拿破仑·波拿巴的通信,根据拿破仑三世的命令出版》,法亚尔出版社,2004 年。

亨利·博简:《诺森伯兰号上的拿破仑》,普隆出版社,1936 年。

路易斯-安托万·布里耶纳:《关于拿破仑的回忆录》,14 卷,沃伦和塔利尔出版社,1829 年。

安托万·卡萨诺瓦:《拿破仑及其时代的思想:一部独特的思想史》,历史出版社,2000 年。

安托万·卡萨诺瓦:《拿破仑少年时期的科西嘉岛》,阿尔比亚纳出版社,2009 年。

安德烈·卡斯特罗:《拿破仑》,佩林出版社,1968 年。

科兰古将军:《回忆录》,普隆出版社,1993 年。

让-安托万·沙普塔尔:《亲历拿破仑》,法国水星出版社,2011 年。

弗朗索瓦·勒内·德·夏多布里昂:《拿破仑的一生》,德·法鲁瓦出版社,1999 年。

罗贝尔·克利斯朵夫:《备受争议的拿破仑》,法国帝国出版社,1967 年。

亚瑟·丘凯:《青年拿破仑》,阿尔芒·科林出版社,1898 年。

让-罗克·科涅:《科涅上尉笔记:帝国战争纪事》,阿歇特出版社,1883 年。

康斯坦:《拿破仑一世的私生活回忆录:由他的随从撰写》,法国水星出版社,2020 年。

弗朗索瓦·德·科斯顿:《拿破仑·波拿巴早年传记》,马尔克·奥雷尔书局,1840 年。

玛丽·库特芒什:《拿破仑,可变数学的信徒》,瑟夫出版社,2019 年。

吉斯兰·德·迪斯巴赫、罗贝尔·格鲁维尔:《波拿巴的战败:路易-埃德蒙·德·菲利波》,佩林出版社,1979 年。

史蒂文·恩格伦德:《拿破仑》,德·法鲁瓦出版社,2004 年。

让·埃特韦诺:《拿破仑面对上帝:关于皇帝个人信仰和宗教政策的文章》,奥斯蒙德出版社,2007 年。

阿加顿·费恩:《1814 年手稿》,数字图书馆出版社,2019 年。

拿破仑基金会:《拿破仑一世传》,数字图书馆出版社。

马克斯·加洛:《拿破仑》,罗伯特·拉方特出版社,3 卷,1997 年。

皮埃尔·加西尔:《戈雅》,斯齐拉出版社,1955 年。

阿兰·哥德彻:《拿破仑一世:终极解剖》,SPM 出版社,2012 年。

古尔戈将军:《综合日志》,由雅克·马凯发表,佩林出版社,2019 年。

帕特里斯·盖尼菲:《波拿巴》,伽利玛出版社,2013 年。

苏迪·哈扎里辛格：《拿破仑传奇》，塔朗迪耶出版社，2005年。

罗杰·亚皮尼：《拿破仑的日复一日》，迷迪出版社，2009年。

巴兹尔·杰克逊：《从滑铁卢到圣赫勒拿岛》，儒尔当出版社，2015年。

拉斯卡斯：《圣赫勒拿回忆录》，伽利玛出版社的"七星文库"，1956年。

安托万·德·拉瓦莱特：《回忆录》，法国水星出版社，1994年。

G.勒诺特尔：《追随拿破仑》，格拉塞出版社，1935年。

蒂埃里·朗茨：《拿破仑一百问》，塔朗迪耶出版社，2019年。

蒂埃里·朗茨、雅克·马凯：《拿破仑之死：神话、传说和谜团》，佩林出版社，2009年。

蒂埃里·朗茨：《波拿巴已不在！世人得知拿破仑的死讯》，佩林出版社，2009年。

让·卢卡斯-杜布雷顿：《拿破仑崇拜：1815—1848》，阿尔滨·米歇尔出版社，1959年。

阿尔贝托·伦布罗索：《拿破仑是基督教信徒吗？》，阿歇特出版社，1910年。

雅克·马凯：《古尔戈将军》，新世界出版社，2001年。

艾蒂安-路易·马卢斯：《马卢斯日记：埃及远征回忆录》，冠军出版社，1897年。

克劳德·曼塞龙：《拿破仑的最终抉择》，罗伯特·拉方特出版社，1960年。

马尔尚·路易:《回忆录》,2卷,塔朗迪耶出版社,2003年。

马尔蒙元帅:《回忆录》,佩罗坦出版社,1857年。

弗雷德里克·马松:《青年拿破仑》,阿歇特出版社和法国国家图书馆,1922年。

弗雷德里克·马松:《不为人知的拿破仑:未发表的文章》,奥伦多夫出版社,1895年。

勒内·莫里:《阿尔比娜:拿破仑最后的爱情》,卡尔曼-勒维出版社,1998年。

勒内·坎德-蒙托隆·弗朗索瓦·德·莫里:《刺杀拿破仑的刺客》,阿尔滨·米歇尔出版社,1994年。

克劳德·德·梅内瓦尔:《关于拿破仑1802—1815年历史的回忆录》,登图出版社,1899年。

雅克-弗朗索瓦·米奥:《埃及远征以及叙利亚远征回忆录》,勒诺曼出版社,1814年。

阿尔比娜·德·蒙托隆:《圣赫勒拿的回忆:由弗勒里伯爵出版》,埃米尔·保罗出版社,1901年。

蒙托隆将军:《拿破仑执政时期法国历史回忆录》,杜菲出版社,1933年。

蒙托隆将军:《被囚在圣赫勒拿岛上的拿破仑》,保兰出版社,2卷,1847年。

巴里·奥马拉:《流亡中的拿破仑》,拿破仑基金会,2卷,塔朗迪耶出版社,1993年。

保罗-弗朗索瓦·保利:《波拿巴:关于基督教的对话》,岩石出版社,2014年。

珀西男爵:《战争日志》,塔朗迪耶出版社,2002年。

娜塔莉·佩蒂托:《拿破仑·波拿巴——民族的化身》,2015年。

娜塔莉·皮高特:《冒牌拿破仑》,法国国家科学研究中心出版社,2018年。

吉尔伯特·普鲁托:《艾克斯岛之夜,或神的黄昏》,阿尔滨·米歇尔出版社,1985年。

拉普将军:《回忆录》,阿歇特出版社和法国国家图书馆,2004年。

路易·雷博:《法国远征埃及的科学和军事史》,阿歇特出版社,2016年。

朱尔·罗曼:《拿破仑本人:皇帝著作节选》,佩林出版社,1962年。

洛德·罗斯伯里:《拿破仑:最后的阶段》,阿歇特出版社,1901年。

让-马里·鲁亚特:《拿破仑或命运》,伽利玛出版社,2012年。

布鲁诺·罗伊-亨利:《圣赫勒拿岛遗骸发掘之谜》,群岛出版社,2003年。

路易·艾蒂安·圣丹尼斯:《马穆鲁克·阿里关于拿破仑皇帝的回忆》,阿尔莱亚出版社,2000年。

罗伯特·索莱:《波拿巴的学者》,瑟伊出版社,1998年。

参考文献

安德烈·苏比朗：《拿破仑与百万逝者》，肯特塞格普出版社，1969年。

苏尔特元帅：《回忆录》，贝尔纳·乔瓦嫩吉利出版社，2000年。

安托万·克莱尔·蒂博多：《拿破仑·波拿巴私人和公共生活史》，阿歇特出版社和法国国家图书馆，2019年。

克里斯蒂·托特尔、帕特里夏·卡利尔：《波拿巴，从土伦到开罗：根据弗朗索瓦-贝尔诺的19封信撰写》，埃尔米纳·艾迪卡尔出版社，1996年。

让·图拉德：《拿破仑和圣赫勒拿岛之谜》，群岛出版社，2003年。

让·图拉德：《拿破仑：命运的伟大时刻》，法亚尔出版社，多元丛书，2013年。

让·图拉德等：《拿破仑辞典》，法亚尔出版社，1988年。

让·图拉德、路易·卡洛斯：《拿破仑每日行程》，塔朗迪耶出版社，1992年。

让·图拉德、盖伊·戈德莱夫斯基：《拿破仑在厄尔巴岛：流放三百天》，新世界出版社，2003年。

布莱恩·昂温：《可怕的流放：拿破仑在圣赫勒拿岛的最后日子》，I.B.陶里斯出版社，2010年。

夏尔-埃卢瓦·维亚尔：《拿破仑在圣赫勒拿岛》，佩林出版社，2018年。

多米尼克·德·维尔潘：《百日王朝》，佩林出版社，2001年。

爱德华·德·维利耶·杜·特拉吉：《埃及远征》，宇宙出版社，2001年。

威廉·沃登：《一个英国人眼中的拿破仑：圣赫勒拿岛来信》，亨利·维维安出版社，1901年。

本·韦德：《谋杀拿破仑》，康顿和拿铁出版社，1982年。

安娜·怀特海德：《皇帝的阴影：波拿巴、贝琪和巴尔克姆一家》，阿兰和安文出版社，2017年。

津斯·罗纳德：《拉纳将军》，贺拉斯·卡登出版社，2009年。

致　谢

　　拿破仑是我们家族的恩人。陛下不仅任命乔治·弗雷勒让（Georges Frerejean）为工业委员会（Conseil des manufactures）成员，帮助他发展铜冶金，还为他做了很多其他事情。面对克勒佐（Creusot）的困境，1812年9月20日，在莫斯科大火中，陛下忙于给沙皇亚历山大一世写最后一封信和制定法兰西喜剧院章程改革计划，但仍抽出时间将一座铁矿的开采权授予我的直系祖先路易·弗雷勒让（Louis Frerejean），并委托他按英国风格建造新型冶炼焦炭的鼓风炉。感谢您的信任，陛下。

　　为了更好地了解陛下您的生平，我首先采访了您身边的人，并从研究最受您青睐的两位科学家尼古拉·孔戴（Nicolas-Jacques Conté，1755—1805）和克劳德·贝托莱（Claude-Louis Berthollet，1748—1822）的生平入手。在此，感谢塔朗迪耶出版社在《发明家的土地》一书中发表了我为这两位令人着迷的人物撰写的传记。

　　之后，我一直尝试去了解您对科学和哲学的好奇。为此，我热切地研究了您在"东方号"、"米龙号"、"泊勒洛丰号"和"诺森伯兰号"上的漫长航行中的辩论和谈话。万分感谢何塞·洛克索尔（Josée

Locussol）在拉比斯金出版社（La Bisquine）出版了我的《拿破仑在海上：一连串问题》。

但是，陛下，最让我引以为豪的当然是，让·图拉德像在《拿破仑在海上》中那样，为这本书作了一篇倍感亲切的序言。在了解您光辉史诗的过程中，让·图拉德有着不可替代的地位。